큰소리 영어 학습법 **플러스**

큰소리 영어 학습법 플러스

세상에서 가장 간단한 영어 학습의 비밀

곽하림 지음

프롤로그

영어는 쉽고, 재미있고, 간단하다

영어는 쉽다. 재미있다. 간단하다.

이런 말에 독자 여러분은 어떻게 반응하겠는가? '거짓말이다'라는 반응이 대부분일 것이다. 그리고 고백하자면, 서른여덟 살 이전의 나도 같은 반응을 보였다. 하지만 나는 입으로 배우는 영어 공부를 시작한 뒤에는 영어가 우리말보다 간단하고 쉽고 재미있다는 사실을 알게 되었고, 또한 그렇게 말할 수 있게 되었다. 더불어 내가 익힌 방식대로 우리 집 세 아이들을 가르쳤더니 놀라운 결과를 얻을 수 있었다.

핵심은 전통적인 한국식 영어 교육에서 완전히 이탈하는 것이었다. 나는 두 달 동안 영문법은 아예 존재하지도 않는 것처럼 영어책을 큰소리로 하부에 대여섯 시간씩 읽었고, 아이들에게는 강도 높게 단어 훈련을 시킨 다음 큰소리로 영어 소설을 읽게 했다. 아이들이 읽은 소설들은 영미권에서 가장 재미있다고 소문난 것들이어서 언제나 웃으며 공부할 수 있었다.

결과만 놓고 보면 '이 아이들은 특별한 아이들이겠지.' 하는 생각이 먼저 들 수도 있다. 그러나 그 이후에 내가 영어를 가르치면서 느낀 점은 보통의 머리만 있으면 누구나 이러한 결과를 만들어낼 수 있다는 사실이다.

다만 중요한 것은 우선 문법을 가르치지 않아야 하고, 파닉스에 시간 낭비를 하지 말아야 한다. 물론 문제풀이 위주의 교육도 지양해야 한다. 이런 조건이 충족되는 동시에 단어 외우기는 강도 높게, 소설책 읽기는 큰소리로 재미있게, 듣기는 음원 파일을 활용해 꾸준히 반복하면 영어는 간단히 끝난다.

대부분이 중시하는 문법을 전혀 공부하지 않는 까닭은 시간을 절약하기 위한 것이 아니라 문법이 해롭기 때문이다. 이는 내가 10년 동안 영어를 스스로 공부하고 가르치면서 내린 결론이다.

또한 문제풀이 중심의 교육에서 아이들을 해방시켜라. 대신에 재미있는 소설책을 읽게 하라. 수능 및 모의고사 영어 지문을 푸는 데 20분이면 충분한 것이다. 한국식 직독직해는 사실상 사기에 가깝다. '문장을 조각조각으로 분해해놓고 해석한 다음 다시 합쳐서 전체 의미를 파악하는 것'을 어떻게 직독직해라고 부를 수 있단 말인가?

문법도 사기에 가깝다. 문법을 가르치는 사람들은 학생들이나 학부모들에게 '영어를 제대로 배우려면 문법을 먼저 체계적으로 배워야 한다'고 설득한다. 그러나 정작 문법 도사인 그들 중에서 영어 말하기나 에세이 쓰기를 할 수 있는 사람은 거의 없다. 오히려 아이들한테 문법을 아예 안 가르쳤을 때 말하기, 쓰기가 더 쉽게 이루어졌다. 문법 공부를 하면 문장 내에 있는 문법 문제를 더 잘 풀게 되는가? 전혀 그렇지 않다. 따지고 분석하느라 시간만 더 걸릴 뿐이다.

무엇이라도 60~70년 해봐서 실패했으면 재고해야 하고, 계속해야 할 필요가 없다면 폐기해야 한다. 바로 문법이 그런 것이다. 문법을 잘 안다고 영어를 더 잘하지도 않고, 문법을 모른다고 영어를 못하는 것이 아닐 뿐만 아니라, 문법 대신에 영어로 된 재미있는 책을 읽게 한다면 무서운 줄 모르고 영어책을 읽으면서 영어 실력을 향상시킬 텐데, 무엇이 두려운가?

서울대, 연세대, 고리대 학생 대부분이 『해리 포터(Harry Poter)』뿐 아니라, 『찰리와 초콜릿 공장(Charlie and the Chocolate Factory)』조차도 원서로 읽지 못하는 이유는 그들 또한 문법과 문제풀이 중심으로 입시 준비를 했기 때문이다. 때문에 미국 초등학교 고학년 수준의 우리나라 대학생들은 영어 소설 읽기를 힘들어할 수밖에 없다.

이제 정상으로 돌아와야 한다. 책을 읽을 때 해석하고 분석하는 일은 그만두어야 한다. 문법적으로 따져서 시간을 두 배나 들게 하는 어리석음에서 벗어나야 한다.

영어는 재미있고 쉬운 것이다. 이 책에서 강조하는 바처럼 입으로 연습하는 일을 생활화해서 재미있고 자유롭게 영어의 어순감각을 익혀라. 소설도 번역서로 보지 말고 원서로 읽어보라. 그 읽는 맛이 얼마나 오묘하게 다른지, 얼마나 의미 파악이 더 잘되는지 알게 될 것이다.

영어 하나만이라도 제대로 잘하면 모든 것이 달라진다. 좋은 대학에 들어가는 것은 기본이고 나중에 활약할 무대가 달라진다. 국제기구, 국제금융기관, 다국적 기업과 국제 NGO 등이 당신의 무대가 될 것이다. 영어를 제대로 할 수 있는 한국인이 드물기 때문에 자기 분야에 맞는 실력과 영어로 무장하면 이 좁은 땅에서 굳이 많지도 않은 월급을 받으려고 머리 아프게 경쟁할 필요가 없다. 세계로 나가 훌륭한 한국인 리더로 활약할 수 있다.

유엔사무총장, 국제형사재판소장, 세계보건기구 사무총장이 한국인이 될 거라고 그전에는 상상이나 해본 적 있는가. 이제는 연예인도 전 세계로 진출하는 시대가 되었고, 스포츠인도 영어로 인터뷰 정도는 할 수 있어야 한다. 미국 LPGA에서 한국 여자 선수들의 활약상을 보다 못해 겨우 잡은 약점이 영어 실력이지 않은가? 얼마나 급했으면 영어를 일정 수준 이상 구사하지 못하면 참가를 배제하겠다고 하겠는가? 그 뛰어난 자신의 재능이 영어가 안 된다는 이유로 발휘할 기회조차 받지 못한다면 얼마나 답답하겠는가!

재미있는 이야기 하나 하자. 언젠가 고위공직자 청문회에서 재산을 부정한 수단으로 모아 문제가 된 사람에게 기자가 왜 그랬느냐고 물었다. 그러자 그 사람의 대답이 걸작이었다. "내가 이렇게까지 높은 자리에 오를 줄 알았느냐고……."

그렇다. 스포츠 선수가 영어로 인터뷰할 기회가 이렇게 올 줄 알았겠는가? 나는 글로벌화가 점점 더 가속화되는 시대에 살고 있음을 피부로 느낀다. 이 시대에는 영어를 제대로 준비한 사람만이 먼저 기회를 가진다. 기회가 왔을 때 준비하려고 하면 이미 늦었다.

어떤 사람이 미국으로 자기 사업을 확장하려고 하는데 영어 하나가 안 되어 억울하다 말하면, 나는 냉정하게 "당신은 억울한 게 아니야!"라고 꾸짖을 것이다. 그렇게 따지면 억울하지 않은 사람이 없다. 그런 사람은 적군이 쳐들어왔을 때 "나 전쟁 준비하게 잠깐만 기다려."라고 말할 사람이다. 영어 공부를 안 한 사람이 그 기회를 이용하지 못한 것은 억울한 게 아니다. 중요한 점은 미리 영어를 끝내주게 준비한 사람들은 결국 기회를 잡는다는 사실이다. 예컨대 요즘 우리나라에서는 준비된 여성들이 국제기구에 많이 진출하는데, 나는 그들이 매우 자랑스럽고 대견스럽다.

독자 여러분도 영어를 미리미리 준비해서 자신의 꿈을 전 세계에 펼칠 수 있는 사람이 되었으면 좋겠다. 특히 이 책을 통해서 영어를 아주 쉽게 배우고, 남는 시간에는 전공 분야를 열심히 공부했으면 한다.

나는 이렇게 쉽게 영어를 익히게 하는 것을 사명이자 사업으로 삼고 있다. 우리나라 아이들이 영어를 쉽고 재미있게, 그리고 간단하게 배워서 영어 실력이 쑥쑥 향상되고 나중에 그 아이들이 주도하는 사회가 되었을 때 전 세계를 주름잡을 이가 바로 그 아이들이 되었으면 한다.

이 엄청난 일을 하는 데 내가 힘을 보탤 수 있다면 더없는 영광일 것이다. 다만, 이 일은 한 사람이 할 수 있는 일이 아니기 때문에 뜻을 같이하는 분들이 힘을 모아서 우리나라 영어의 정상화를 사명처럼 생각하고 함께 이루었으면 좋겠다.

나는 이 책이 이미 죽어버린 문법을 중심으로 영어 교육이 이루어지는 우리 사회, 원어민을 불러와서 영어로 또다시 영문법을 강의하게 하는 이 '병든 영어 사회'에 경종을 울렸으면 좋겠다. 나는 그 경종을 울리기 위해 10년을 준비해왔다. 문법을 배우지 않는 게 좋다고 조언하는 사람에게 "너는 문법을 배웠으니까 그런 소리를 하지." 하고는 단번에 무찔러버리는 이 사회에 답변하기 위해 10년 동안 직접, 문법은 아예 하나도 안 가르치고 강도 높게 단어 훈련을 한 다음에 큰소리로 책을 읽게 하는 실험을 해왔다. 그리고 그 실험에 우리 세 아이를 참여시켰다. 이외에도 증언을 해줄, 이 방법으로 배운 수많은 학생과 학부모가 있다. 그 내용들이 이 책 곳곳에 소개되어 있다.

나는 큰소리 영어 학습법으로 영어를 익히는 것이 더 효율적임을 누구에게나 증명해 보일 수 있다. 또한 이 방법으로 했는데도 영어가 안 되면 나에게 항의하라고 말할 수 있다. 멋모를 때는 이 학습법이 수많은 영어 교육 방법 가운데 하나인 줄 알았다. 그런데 알고 보니 사실상 유일하게 의미를 가지는 정통한 방법이라는 것을 나중에야 깨달았다.

내가 큰소리 영어 학습법으로 이 병든 영어 사회에 도전하는 것처럼, 독자 여러분 또한 이 책을 읽은 뒤 얼마든지 나에게 도전할 수 있고 평할 수 있다. 나는 이 도전을 영광스럽게 생각하며 얼마든지 이론과 증거로 응답할 준비가 되어 있다. 그러는 가운데 우리나라의 영어가 조금이라도 더 나은 단계로 업그레이드되었으면 좋겠다. 독자 여러분의 신랄한 비판과 충고를 기다리며 독자 여러분의 안녕을 기원하는 바이다.

2010년 2월

곽세운

또 다른 시작

『큰소리(SOL) 영어 학습법 플러스』를 출간하며

    곽세운 선생님의 저작 『큰소리(Speaking Out Loud, SOL) 영어 학습법』을 출간한 지 벌써 5년이란 세월이 흘렀습니다. 책이 출간된 뒤 기독교 100주년 기념회관에서 처음 열렸던 저자 강연회를 아직도 잊을 수 없습니다. 천 명에 가까운 학부모들과 학생들이 강연장을 가득 채우고 거침없는 질문을 쏟아부었죠. 그만큼 큰소리 영어 학습법에 대한 열기는 뜨거웠습니다. 그날 저는 우리나라 학부모들이 영어 학습에 얼마나 큰 갈증을 느끼고 있는지 온몸으로 깨달을 수 있었습니다.

    곽세운 선생님과 저는 대한민국의 영어 교육을 바꿀 수 있는 깊이 분명히 존재한다고 믿었습니다. 그리고 '큰소리 영어 학습법'이야말로 우리 아이들과 학부모들, 더 넓게 보면 비영어권 지역에 사는 모든 사람들을 영어의 고통으로부터 해방시켜줄 수 있는 가장 효과적인 방법이라고 확신했습니다.

뜻이 통했던 우리는 수차례 의기투합해서 큰소리 영어 학습 교육 사업을 구상했습니다. 그런데 며칠 지나지 않아 청천벽력 같은 소식이 들려왔습니다. 곽세운 선생님이 갑자기 돌아가신 것입니다. 『큰소리 영어 학습법』이 출간된 지 한 달도 채 되지 않을 때였습니다.

곽세운 선생님이 돌아가신 뒤, 따님인 곽하림 양이 미국 라이스대학을 휴학하고 돌아와 2년 동안 강남 압구정동에 위치한 큰소리 영어 공부반에서 학생들을 가르쳤습니다. 저도 큰소리 영어 학습법이 이렇게 사라지는 게 안타까워 곽세운 선생님의 뜻을 이어가고자 목동에 큰소리(Speaking Out Loud, SOL) 어학원을 세우고 3년째 운영하고 있습니다.

책이 출간되고 5년의 세월이 흘러가는 동안 많은 것이 변했습니다. 특히 저는 어학원을 운영하면서 학부모가 자발적으로 큰소리 영어 학습법을 이용해 자녀들을 지도하고 원어민 수준으로 실력을 끌어올린 사례를 여러 번 접했습니다. 나아가 큰소리 어학원은 큰소리 영어 학습법을 전파하는 본원으로서의 위상을 갖추고 세계로 뻗어나가기 위해 미국 콩코디아 국제대학교(Concordia International University)와 협약을 체결, 큰소리 영어 학습법의 교육 방법과 커리큘럼을 체계적으로 개발하고 있습니다. 100여 명의 영어권 국가 교수님들과 교육 박사님들, 이중언어(Bilingual)를 상용하시는 학자분들도 큰소리 영어 학습법의 효과를 인정하시고 국제 표준 교수법으로 만드는 데 심혈을 기울이고 있습니다.

큰소리 영어 학습법은 "영어는 쉽다! 영어는 간단하다! 영어는 재미있다!"는 기본 전제에서 출발합니다. 영어는 가장 배우기 쉬운 언어이기 때문에 전 세계 유일의 공통어(단일 제국어)가 될 수 있었습니다. 누구나 제대로 된 방법으로 노력하면 영어를 구사할 수 있다는 뜻입니다. 그리고 영어를 가장 효과적으로 쉽게 배울 수 있는 방법이 바로 '큰소리 영어 학습법'입니다.

큰소리 영어 학습법을 통해 외국어를 습득한 가장 유명한 사람은 독일 출신의 사업가이자 고고학자인 하인리히 슐리만(Heinrich Schliemann, 1822~1890)입니다. 트로이와 미케네 유적을 발굴한 사람으로 널리 알려진 슐리만은 무려 15개 외국어에 능통한 어학 학습자이기도 했습니다. 슐리만은 자신이 외국어를 쉽게 배울 수 있었던 비결을 이렇게 밝혔습니다.

1. 큰소리로 소리 내어 거침없이 말한다!
2. 결코 모국어로 해석(번역)하지 않는다!
3. 매일 한 시간씩 공부한다!

그는 이 세 가지만 지키면 누구나 영어는 물론 다른 외국어도 쉽게 학습할 수 있다고 주장했습니다. 실제로 슐리만은 큰소리 학습법으로 영어 공부를 시작한 지 6개월 만에 원어민 수준에 올랐는데, 매일 밤 두세 시간씩 큰소리로 영어책을 읽어대는 바람에 이웃들이 시끄럽다며 그를 집에서 쫓아내기도 했습니다. 하지만 슐리만은 그런 불만에 아랑곳하지 않고 끝까지 큰소리로 영어책을 읽었고, 결국 자신의 목표를 성취했습니다.

곽세운 선생님도 슐리만처럼 큰소리 영어 학습법으로 영어를 깨우쳤고, 세 자녀에게도 강도 높은 학습을 시켰습니다. 그렇게 하루에 두세 시간씩 큰소리로 영어책을 읽게 했더니 모두 6개월 만에 원어민 수준에 다다를 수 있었죠. 누구보다도 쉽게 영어를 깨우친 세 자녀는 외국 유학 없이 대한민국의 고등학교에서 공부해 모두 미국 명문 대학에 진학했습니다.

큰소리 영어 학습법은 기본적으로 문법 교육과 한글 해석 교육을 하지 않습니다. 이 두 가지를 가르칠 경우, 시험 문제를 잘 풀 수는 있어도 영원히 말을 하지 못하는 '벙어리 영어'로 전락하기 때문입니다. 대신 큰소리 어학원에서 개발한 재미있는 교재를 '소리로 듣고, 큰소리로 읽고, 녹음하고, 발표하는 단계적 교육 과정'을 통한다면 어순감각(듣기/말하기)과 읽기, 쓰기 실력을 크게 성장시킬 수 있습니다. 또한 엄격한 기준을 거쳐 선별한 단어장을 강도 높게 암기함으로써 어휘력을 빠르게 향상시킬 수 있습니다. 어느 정도 수준에 오른 뒤의 영어 실력은 어휘력이 결정하기 때문에 처음부터 미리 준비하는 게 중요합니다.

큰소리 영어 학습법을 일찍 접하는 아이와 학부모는 인생에 커다란 행운을 선물받는 것과 같습니다. 큰소리 영어 학습법은 보통 한 권의 영어책을 최소 30번 이상 소리로 듣고, 큰소리로 읽고, 녹음하게 합니다. 처음에는 인내심이 필요하지만, 조금만 적응하면 정말 흥미로운 세계가 열리는 기쁨을 경험할 수 있습니다. 영어를 못하는 아이들도 30번 이상 듣고 큰소리로 읽다 보면 그 문장과 뜻이 살아남을 느끼게 됩니다.

이러한 과정을 '현현(玄玄)하다'라고 표현하는데 '오묘하고 신묘한 뜻이 조금씩 밝혀진다'는 의미입니다. 모든 공부는 이 과정이 기본입니다. 공부를 하면서 현현함을 조금씩 느낄 수 있을 때 학습에 대한 흥미를 잃지 않을 수 있습니다. 그리고 이것이 바로 문리(文理)를 트는 가장 좋은 방법입니다.

큰소리 영어 학습법은 아이들에게 자신감을 심어줍니다. 큰소리로 책을 읽다 보면 자연스레 발표 능력이 향상되고, 다른 사람 앞에서 연설하는 능력도 발달되어 리더십의 기초를 쌓을 수 있습니다. 그야말로 일석이조인 셈입니다. 큰소리 영어 학습법으로 영어를 배운 학생들 가운데에는 이 방법을 다른 과목에 적용하여 성적을 크게 향상시킨 경우가 수없이 많습니다.

마지막으로 당부드리고 싶습니다. 지금까지 말한 큰소리 영어 학습법의 모든 효과는 제대로 실천했을 때 빛을 볼 수 있습니다. 자신이 이해하는 수준에서 임의적인 방법으로 가르치거나 공부하면 실패합니다.

곽세운 선생님과 곽하림 선생님, 수백 명의 영어 지도 전문가, 그리고 큰소리 어학원의 선생님들도 10년 이상 시행착오를 거쳤습니다. 그렇게 시행착오를 거쳐 개발한 큰소리 영어 학습법을 통해 빠르고 효과적으로 수천 명의 학생을 원어민 수준으로 끌어올렸습니다. 『큰소리 영어 학습법 플러스』는 숱한 시행착오 끝에 얻은 노하우를 중심으로, 더 나은 큰소리 영어 학습법의 방법론을 체계적으로 제시하고자 쓰인 책입니다.

영어를 배우고자 하는 사람들과 자녀에게 영어를 가르치고자 하는 학부모님들께서도 큰소리 영어 학습법에 대해 깊이 이해하고자 하는 자세를 가져주십시오. 그런 마음가짐으로 이 책을 3번 정도 정독하면 누구든 자신과 자녀들의 영어 실력을 원어민 수준으로 끌어올리는 방법을 찾을 수 있습니다.

큰소리 영어 학습법의 적용에 대해 궁금한 점은 콩코디아 국제대학교 부설 큰소리(SOL) 어학원 홈페이지를 통해 언제든지 질문해주십시오. 자세하고 구체적인 답변을 드리도록 하겠습니다. 콩코디아 국제대학교 부설 큰소리(SOL) 어학원은 대한민국뿐만 아닌 전 세계 비영어권과 영어권 국가에 영어 교육의 표준을 정립하고, 큰소리 영어 학습법을 통해 국제적인 글로벌 인재를 양성함은 물론 우리나라 영어 수준을 획기적으로 전진시킬 수 있는 주춧돌이 되기 위해 최선을 다하겠습니다.

2015년 5월

Concordia International University 부설

㈜큰소리(SOL) 어학원

대표 김선식 올림

| 프롤로그 | 영어는 쉽고, 재미있고, 간단하다 ——— 004 |
| 또 다른 시작 | 『큰소리(SOL) 영어 학습법 플러스』를 출간하며 ——— 012 |

chapter 1
나는 큰소리 영어 학습법을 이렇게 가르쳤다

01 큰아들 석천이가 들려주는 큰소리 영어 학습법 이야기 ——— 026
02 작은 딸 하림이가 들려주는 큰소리 영어 공부반 이야기 ——— 038
03 큰소리 영어 학습법 궁금증 Q & A ——— 054
04 대한민국의 부모님들에게 띄우는 편지 1 ——— 078
05 대한민국의 부모님들에게 띄우는 편지 2 ——— 087

chapter 2
왜 우리는 영어를 어렵게 배우는가?

01 해로운 한국식 영문법 ——— 97
02 마구잡이 문제풀이식 교육 ——— 111
03 방향 없는 단어암기법 ——— 124
04 눈으로만 배우는 엉터리 영어 ——— 128
05 불가능한 미션, 동시학습법 ——— 134
06 공부의 재미를 없애는 파닉스 ——— 138

chapter 3
어떻게 영어는 머리에 온전히 기억되는가?

- 01 큰소리 영어 학습법의 탄생 — 148
- 02 잠재력을 자극하자 — 153
- 03 부모가 역할 모델이 되자 — 158
- 04 잠재학습이론을 이용하자 — 161
- 05 영어가 한국어보다 쉽다 — 174

chapter 4
큰소리 영어 학습법 제대로 따라 하기

- 01 어순 극복하기 — 188
- 02 강도 높은 단어암기 — 195
- 03 무조건 재미있는 교재 — 207
- 04 스토리 있는 소설책을 중심으로 — 213
- 05 눈 말고 입으로 — 218
- 06 미국 드라마 활용하기 — 223
- 07 듣기 능력 키우기 — 227
- 08 말하기 능력 키우기 — 232
- 09 에세이 쓰기 — 238
- **곽하림 선생님의 생생 암기박스 활용법** — 242

chapter 5
큰소리 영어 학습법으로 영어 끝내기

01 어학연수에서 성공하기 — 252
02 유학에 성공하기 — 256
03 초등학교 때 영어 끝내버리기 — 262
04 영어 시험 완벽하게 준비하기 — 266
05 영어가 없으면 안 된다는 절박감 갖기 — 272
곽하림 선생님의 생생 유학 일기 — 276

chapter 6
큰소리 영어로 키운 아이들

01 삼 남매의 1년 — 294
02 작은 딸 이야기 — 297
03 막내 이야기 — 302
04 큰아들 이야기 — 306
05 이 방법으로 배운 많은 학생들 — 312

에필로그 영어를 쉽고 재미있게 끝내야 한다! — 316

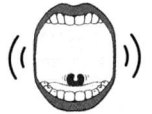

chapter 1

나는 큰 소리
영어 학습법을
이렇게
가르쳤다

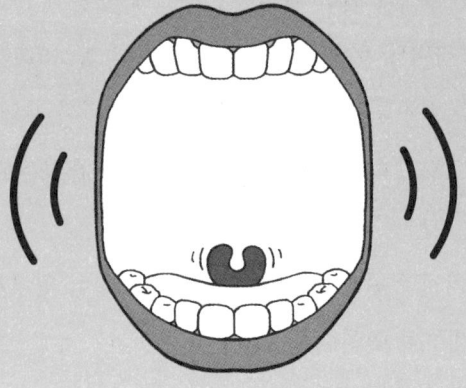

큰아들 석천이가 들려주는
큰소리 영어 학습법 이야기

세련된 영어를 구사해야 하는 이유

    2013년 11월 어느 날 아침, 한 통의 이메일이 도착했다. 휴대 전화로 확인해보니 하버드 로스쿨에서 보내온 합격 통보였다. 가슴이 두근거렸다. 그런데 그때 하필 군 복무 중이던 부대에서 사격 훈련을 하고 있던 터라 방방 뛰거나 소리를 지를 수는 없었다. 혼자서 조용히 미소만 지을 뿐이었다.

    당연한 말이지만 하버드 로스쿨 합격은 탄탄한 영어가 뒷받침되지 않았더라면 불가능한 일이다. '외국인 치고 잘하는 수준'으로는 턱도 없다. 특히 읽기와 쓰기가 매우 중요하다. 로스쿨 당락에 큰 영향을 미치는 LSAT(Law School Admission Test, 법과대학원 입학시험)는 원어민 학생들도 애를 먹을 정도로 정확하고 빠른 독해를 요구하며, 두 장 이내의 자기소개서를 통해 왜 나를 뽑아야 하는지 설득시켜야 한다.

내가 이런 얘기를 하는 까닭은 자기 자랑을 하고 싶어서가 아니다. 큰소리 영어 학습법이 영어 실력 향상에 효과적이라는 사실을 각인시키기 위해서다. 그리고 나의 경험이 영어 실력을 더욱 고급스럽게 향상시키려는 이들에게 도움이 되기를 바라는 마음에서다. 만약 내 견해 가운데 아버지가 집필한 내용과 일부 다른 부분이 존재한다면, 그것은 내가 말하고자 하는 내용이 보다 상위 레벨의 학습자에 초점을 두었기 때문이며, 공부를 하는 방식에 개인마다 차이가 있기 때문이다. 하지만 조금 다르다 해도 전체적인 큰소리 영어 학습법의 골자에서는 크게 벗어나지 않으니 안심하기 바란다.

"영어를 잘하기 위해서는 영어권 국가에 사는 게 제일 좋다."라는 말을 흔히 한다. 틀린 말은 아니다. 일단 외국에 있으면 좋든 싫든 그 나라 말을 쓸 수밖에 없다. 그리고 어린 나이에 영어를 접할수록 더 빨리 습득한다는 이론에도 이견이 없다.

하지만 조기 유학이나 어학연수를 간다고 해서 영어 공부가 끝나는 것은 아니다. 나는 해외에서 공부하며 많은 유학생을 만났고, 군에 복무할 때는 통역 장교 임무를 수행하면서 어학병 선발을 위해 수백 명의 지원자를 평가해본 경험도 있다. 이 과정을 통해 내가 느낀 점은 첫째, 해외 유학을 다녀왔다는 사실만으로는 더 이상 메리트가 되지 않을 만큼 유학생이 흔해졌고, 둘째, 그럼에도 불구하고 영어를 잘하는 사람이 적다는 것이다. 특히 해외에서 몇 년 살다 온 친구들은 말은 곧잘 하는데 글 쓰는 법은 모르는 경우가 많았다. 기존의 한국식 영어 학습법이 말 못하는 문법 수재를 양산했다면, 이제는 다른 의미에서의 반쪽짜리 영어가 횡행하고 있는 셈이다.

물론 회화를 잘하는 것도 중요하다. 그마저도 어려워서 고민하는 사람이 얼마나 많은가. 하지만 갈고닦은 영어 실력을 직장이나 학교에서 유의미한 방식으로 발휘하려면 혀를 잘 굴리는 것만으로는 부족하다. 조금 더 고차원적이고 세련된 영어를 구사할 줄 알아야 한다.

고급 영어로 가는 길

고급 영어를 구사하는 방법은 간단하다. 많이 읽으면 된다. 글쓰기 방법을 소개하는 우리나라 책들은 항상 다독(多讀)이 필수라고 말한다. 영어도 다를 바 없다. 언어 능력은 근력과 비슷하다. 반복해서 사용해야 는다. 좋은 글을 많이 읽어야 좋은 글을 쓸 수 있고 독해력도 향상된다.

그런데 영어 원서를 읽어오라고 하면 지레 겁을 먹는 경우를 종종 봤다. 오히려 아이들보다 어른들이 더 그렇다. 한글로 된 책도 1년에 몇 권 볼까 말까 한데 영어로 된 책을 읽으라니 막막했던 탓일까. 만약 글자 빽빽한 성인용 원서가 어렵게 느껴진다면 짧고 간결한 어린이용 책부터 보면 된다. 공부를 하는 데 부끄러워할 이유가 전혀 없다.

문법이나 어휘를 먼저 보강한 뒤에 책을 읽는 게 맞지 않느냐고 묻는 사람도 있다. 그러나 나는 책을 한 쪽이라도 더 보는 게 유익하다고 생각한다. 문법 공부는 자꾸 틀리거나 그 구조를 도저히 이해할 수 없을 때 트러블 슈팅(Trouble shooting: 문제 또는 고장의 해결) 도구로서 접근해야 한다.

단언컨대 문법 공부는 그 이상의 효능은 없다. 수영을 배울 때에도 수영에 대한 이론서를 읽는 것과 몸을 직접 물에 담그는 일이 다르듯이, 문법 공부를 하는 것과 실제로 영어에 노출되는 일은 별개다. 어휘 또한 사전적 의미를 달달 외워봤자 실제로 사용되는 맥락을 모르면 아무짝에도 쓸모없다. 그리고 몇 번 반복해서 읽을지, 진도를 몇 쪽씩 나갈지 등을 고민하느라 정작 책 읽기는 뒷전인 경우도 보았다. 어떤 경우든 일단 책에 부딪히고 난 다음에 생각하라 얘기하고 싶다.

원서를 처음 읽을 때에는 일단 무조건 큰소리로 반복해서 읽어야 한다. 큰소리 읽기의 필요성과 방법에 대해서는 뒤에서 자세히 설명할 예정이므로 여기서는 그 효과를 극대화시키는 방법에 대해서만 얘기하도록 하겠다. 책을 여러 번 읽다 보면 어느 순간 그 효율성이 떨어지는 시점이 온다. 영어로 말하는 게 자연스럽고, 영문을 읽을 때의 속도와 이해도가 국문을 읽을 때와 비등해지는 시점이 바로 그때다. 좀 더 쉽게 얘기하자면 영어가 더 이상 외국어로 느껴지지 않는 순간이 온다는 것이다. 집중적으로 영어를 공부할 수 있는 환경을 가진 어린아이가 이 정도 수준에 닿으려면 빠르게는 1년, 보통은 그 이상의 시간이 필요하다.

이 단계부터는 반복해서 읽는 횟수를 줄이고, 텍스트의 양과 다양성을 늘리면 된다. 예를 들어 전에는 한 쪽을 스무 번 읽었다면 지금부터는 열 쪽을 두 번 읽는 것이다. 기존의 반복적 책 읽기가 입과 뇌에 영어 문장 패턴을 각인시키는 작업이었다면, 다양한 책 읽기는 영어의 구조와 표현들이 어떻게 변형되고 응용되는지 최대한 많이 보고 익히는 작업이다. 다양한 종류의 글에 계속 노출되면 언어 뉘앙스에 대한 감각이 늘어날 뿐만 아니라, 좋은 글인지 아닌지 구분할 수 있는 눈이 생긴다. 그러면 좋은 글을 취해서 자신의 것으로 만들 수 있고, 이는 나중에 좋은 글을 쓸 수 있는 근간이 된다.

그렇다면 영어 문장 패턴을 익힌 뒤에도 반드시 책을 큰소리로 읽어야 할까? 스피킹을 따로 연습하기 어려운 환경이라면 꼭 필요하다고 본다. 입도 근육이고 쓰지 않으면 녹스는 연장이다. 아무리 눈과 뇌가 계속 영어를 접해왔다고 해도 입을 꾸준히 사용하지 않으면 막상 필요할 때 말문이 막힐 수밖에 없다. 그러므로 매일 영어를 사용하는 사람이라도 책을 큰소리로 읽는 것은 여전히 유용한 방법이라고 생각한다.

어느 정도 경지에 오른 사람은 정해진 방식을 따르기보단 자신에게 가장 잘 맞는 독서 방법을 찾아서 사용하는 게 좋다. 책에 따라서는 접근 방법이 달라지기도 할 것이다. 영국의 철학자 프랜시스 베이컨은 "맛만 볼 책이 있고, 삼켜야 할 책도 있으며, 씹어서 소화시켜야 하는 책도 있다."고 말했다. 한 번 훑어보기만 해도 충분한 책이 있는 반면, 여러 번 반복적으로 심혈을 기울여 읽어야 하는 책도 있다는 뜻이다. 그리고 반드시 큰소리로 읽어야 하는 책도 있다. 장르의 특성상 시와 희곡이 큰소리 책 읽기의 범주에 속하고, 산문에도 이러한 경우가 존재한다.

글쓰기는 많이 쓰는 일도 중요하지만 반드시 피드백을 받는 게 특히 중요하다. 그러므로 혼자서 실력을 닦기란 쉬운 일이 아니다. 이럴 경우 영문 교정 인터넷 사이트를 찾아 이용해보는 것도 좋은 방법이다. 영문 글쓰기를 할 때 명심해야 할 한 가지 팁을 얘기하자면 '현란한 문장이 좋은 문장은 아니라는 사실'이다. 영작 실력과 문장 길이가 비례한다는 착각에 빠지면 절대 안 된다. 간결하고 명료한 글이 으뜸이다. 이는 한국어도 마찬가지다.

정리하자면 무엇보다도 중요한 건 이 책에 소개된 큰소리 영어 학습법을 충실히 따라 하여 그 기초를 다지는 일이다. 여기까지 다다르는 데에도 상당한 시간이 필요하다. 그 이후에는 학습자의 성향과 필요에 맞춰 다독과 낭독의 수준을 적절히 조절하면 된다.

공부만 공부가 아니다

언젠가 한 학부모가 고민 상담을 요청해온 적이 있다. 아들이 하라는 영어 공부는 안 하고 가요나 듣는다며 이러다 뭐가 될지 모르겠다는 것이었다. 그런데 이야기를 듣다보니 이 학부모는 '공부'를 매우 한정적인 개념으로만 이해하고 있었다. 그 학부모에게 공부는 교과서나 문제집을 푸는 일이었고, 따라서 음악 감상은 당연히 시간 낭비라 생각되었던 것이다. 그리고 나는 "아들에게는 전혀 문제가 없습니다."라고 대답해주었다.

단기간에 외국어 실력을 향상시키기 위해서는 몰입(immersion)이 중요하다. 배우고자 하는 언어를 사용할 수밖에 없는 환경을 만들어야 한다. 하지만 사람의 집중력에는 한계가 있다. 의무적으로 영어책을 읽거나 영어로 대화하는 일은 재미를 느끼기 힘들고 영어 실력 향상에도 도움이 되지 않는다. 그렇다면 힘들이지 않고 지속적으로 영어에 노출될 수 있는 방법은 없을까? 있다. 취미 생활을 영어로 하면 된다. 어차피 놀 거라면 영어로 놀아보는 것이다.

앞서 언급한 학생처럼 음악을 좋아하는 사람은 팝송을 들으면서 영어를 공부하면 된다. 가사를 먼저 읽고 반복적으로 노래를 따라 부르며 흥겹게 그 내용을 익힐 수 있다. 게다가 노래를 부르는 데에는 따로 시간을 들이지 않아도 된다. 버스를 타거나 걸어가면서 충분히 자투리 시간을 이용할 수 있다.

나를 개인적으로 모르는 분들은 내가 공부를 열심히 하느라 게임 같은 놀이는 멀리했을 거라고 생각한다. 하지만 전혀 그렇지 않다고 자신 있게 말할 수 있다. 얼마나 게임을 좋아했는지 그동안 게임하느라 보낸 시간을 따져볼 엄두도 나지 않는다. '그 시간에 책을 더 읽었더라면······.' 하고 자주 후회하면서도 사실 아직까지 게임을 손에서 놓지 못했다. 그러나 게임에 쏟았던 시간이 완전 백해무익했다고는 말할 수 없다. 나는 게임을 통해서 적지 않은 양의 영어를 배웠기 때문이다.

나는 두뇌 회전이 그다지 빠르지 않고 손도 굼뜬 편이다. 게다가 무슨 일이든 한 가지만 오래 하면 쉽게 질리는 성격이어서 우리 세대에 유행했던 '스타크래프트'나 '디아블로' 같은 게임에는 흥미가 없었다. 대신 역사 시뮬레이션 게임이나 RPG 게임을 좋아했는데, 아무래도 비주류 장르다보니 한글 번역이 안 되어 있거나 엉터리인 경우가 대부분이었다. 그래서 게임을 진행하기 위해 방대한 양의 텍스트를 따로 읽고 분석해야 했으며, 시대적 배경에 흥미를 느껴 관련 서적이나 인터넷 자료를 영어로 찾아본 적도 많았다. 그리고 이렇게 배운 내용들을 나중에 나름 유용하게 써먹었다.

이처럼 취미를 통해 영어를 배울 수 있는 기회는 비단 음악이나 게임에 한정되지 않는다. 어떤 취미든지 영어를 접목시키는 방법을 찾을 수 있을 뿐만 아니라, 거의 모든 분야에서 영어로 된 자료가 한국어로 된 자료보다 압도적으로 많다. 공부는 내적이든 외적이든 동기 부여가 충분히 되어야만 효과적으로 지속할 수 있다. 그리고 나는 취미를 통해 흥미를 고취시키는 것만큼 좋은 동기 부여 방법이 없다고 본다.

얼마 전 《뉴욕 타임스》에서 흥미로운 기사를 읽었다. 십수 년간 캔자스시티 로열스(Kansas City Royals) 야구팀의 열혈팬으로 활동 중인 한국인 이성우 씨에 대한 이야기였다. 그는 아무런 연고도 없이 우연히 알게 된 캔자스시티 로열스에 관심을 가지게 되었고, 그 역사와 전통을 공부하면서 하루도 빼놓지 않고 경기를 찾아보는 열성적인 팬이 되었다. 그리고 마침내 구단과 팬들이 그의 방문 소식을 듣고 평생 잊을 수 없는 소중한 추억을 선물했던 것이다. 여기서 내가 주목한 건 이성우 씨의 영어 공부법이었다. 비인기 구단인 캔자스시티 로열스의 행보를 추적하고, 미국 내 다른 팬들과 소통하기 위해 그는 영어 공부에 얼마나 많은 노력을 기울였을까. 영어 공부를 하는 내내 얼마나 즐겁고 행복했을까.

결국 본인이 원하지 않으면 안 된다

지지자 불여호지자 호지자 불여락지자(知之者 不如好之者 好之者 不如樂之者). 알기만 하는 사람은 좋아하는 사람에 미치지 못하고, 좋아하는 사람은 즐기는 사람에 미치지 못한다(어떤 이는 '지지자'를 '천재'로 해석하기도 한다). 논어(論語)에 적힌 공자님 말씀이다.

하기 싫어하는 이에게 공부를 억지로 시키는 일은 정말 힘들다. 공부를 하는 사람이나 시키는 사람이나 똑같다. 그러므로 영어 공부가 힘들게 느껴지는 이들은 자신이 왜 영어 공부를 해야 하는지 진지하게 고민해볼 필요가 있다. 자녀에게 영어 공부를 시키는 학부모도 마찬가지다. 왜 자녀가 영어 공부를 해야 하는지 충분한 시간을 가지고 대화를 통해 설득할 필요가 있다.

영어 공부의 목적을 찾는 데에는 두 가지 이유가 있다. 첫째, 언어

학습을 하다 보면 주기적으로 실력이 정체되는 고비가 찾아온다. 이때 그 위기를 극복하려면 좌절하지 않고 계속 노력할 수 있는 계기, 즉 원동력이 필요하다. 뚜렷한 공부 목적은 의욕을 고취시킬 수 있는 최고의 주문이다. 둘째, 공부 목적에 따라 방법과 방향에 차이가 생길 수 있다. 예를 들어 논문을 쓰는 사람과 관광을 하는 사람은 사용하는 영어가 완전히 다르다. 각자 자신에게 필요한 영어가 무엇인지 정확히 알고 학습 방법과 방향을 설정해야 한다.

영어를 배우는 데에도 여러 이유가 있을 수 있다. 영어 공부 자체를 즐기는 사람도 있고, 원하는 직장에 취직하기 위해 공부를 하는 사람도 있다. 외국에 나가 넓은 세상을 만나고 싶어 공부하는 사람도 있을 것이다. 물론 공부의 목적에 정답은 없다. 단지 즐겁게, 열심히 공부할 수 있도록 확실한 동기 부여만 된다면 말이다.

그러나 단순히 점수를 얻기 위해, 또는 남들에게 뒤처지지 않기 위해 영어를 배우는 일은 좋지 않다고 생각한다. 사실 대한민국에서는 학교든 직장이든 무슨 일을 하려면 죄다 영어 점수를 요구하니 그 때문에 영어 공부를 하는 이가 많다. 이렇게 불안함에 쫓겨 하는 공부에서는 배움의 즐거움을 찾기 힘들다. 억지로 하는 공부는 어느 순간 번아웃 신드롬(Burnout syndrome)에 빠질 가능성이 높다. 의지를 상실해서 손을 놓게 된다는 말이다. 정말 안타까운 일이 아닐 수 없다.

만약 점수 때문에 영어 공부를 시작한 사람이라면 지금부터라도 다른 목적을 찾아 자신을 설득해보는 건 어떨까. 아이들이 영어에 흥미를 느낄 수 있도록 다양한 프로그램을 계획해보는 건 어떨까. 누가 억지로 하고 좋아서 하는지는 가르쳐보면 안다. 실력이 향상되는 속도가 다르기 때문이다. 공부는 본인이 좋아서 할 때에만 효과가 있다.

나는 아직도 영어 공부를 한다

사람들은 묻는다.

"언제까지 공부해야 영어를 정복할 수 있나요?"

답은 "Never!"다. 몇몇은 실망했겠지만 아마 대부분은 예상하고 있었을 것이다. 공부에 과연 끝이라는 게 있긴 할까.

나는 스스로 영어 잘한다는 말을 하지 않는다. 주변에 나보다 영어를 잘하는 이들이 수두룩하며, 나는 여전히 영어 때문에 스트레스를 받고 있기 때문이다. 그래서 『큰소리 영어 학습법』이 출간되었을 당시 우리 남매가 '영어 천재'로 소개되는 것을 보고 속으로 약간 뜨악했다. '천재'라는 단어 속에 특출한 재능을 가지고 태어났다는 뉘앙스가 있어 더욱 그랬다.

누구나 영어를 잘할 수 있다. 거기엔 특출한 재능이 필요하지 않다고 생각한다. 열정과 꾸준함만이 필요하다. 그중에서도 후자가 더 중요하다. 언어 공부는 장기전이다. 열정은 화르르 타올랐다가 식기 쉽지만 꾸준함은 습관을 만든다.

『아웃라이어(Outliers)』의 저자 말콤 글래드웰은 '1만 시간의 법칙'을 설파하였다. 어떤 분야에서 전문가가 되고 싶다면 1만 시간을 투자하라는 것이다. 실제로 유효한 법칙인가에 대해서는 아직 논쟁이 이어지고 있지만, 언어 공부에 대해서는 절대적으로 맞는다고 본다. 그리고 어떤 일이든 1만 시간을 할애하려면 그 과정을 습관으로 만들 수밖에 없다. 어느 날 영어 공부를 건너뛰기라도 하면 불안해서 안절부절못할 정도가 되어야 한다.

솔직히 말하자면 다시 학교로 돌아가는 데 두려움이 없지 않다. 그곳엔 나보다 더 빨리 읽고, 더 정확히 이해하고, 더 매끄러운 글을 쓸 수 있는 사람이 많다. 체력적으로 감당할 수 있을지도 걱정이다. 항상 즐겁게 공부할 수 있으리라 생각하지도 않는다. 그래도 좌절하지 않고 지금까지 해온 것처럼 열심히 영어 공부를 할 것이다. 그럴 수밖에 없다. 그러지 않으면 몸이 근질근질하기 때문이다.

작은 딸 하림이가 들려주는
큰소리 영어 공부반 이야기

독립심을 길러라

나는 지난 2년 동안 아버지의 큰소리 영어 공부반을 맡아서 학생들을 지도한 바 있다. 그때 공부반에 다녔던 현욱이 어머니는 맞벌이 때문에 아이들을 꼼꼼하게 챙기지 못한다며 속상한 마음을 토로하셨다.

"다른 엄마들은 아이랑 놀아주기도 하고 공부도 꼼꼼히 지켜봐주는데, 저는 맨날 밖에서 일만 하니 미안한 마음뿐입니다. 집에 있을 때는 집안일 하느라 바쁘고요. 동생들을 잘 돌봐주는 큰애한테 늘 고맙습니다."

마치 오래전의 우리 집을 보는 것 같았다. 내가 어렸을 때 어머니는 초등학교에서 아이들을 가르치셨고, 아버지는 여러 사업을 하느라 밖에 계시는 시간이 많았다. 그래서 오빠가 내 보호자 역할을 대신하곤 했는데, 유치원에 다닐 때는 통원버스를 줄 서서 기다리는 다른 아이들은 아랑곳하지 않고 나부터 버스에 태우는 바람에 학부모들 사이에서 유명했다고 한다.

내가 초등학교 5학년이 되자 어머니는 아버지의 사업을 돕기로 결정하셨다. 부모님은 항상 밤 10시가 넘어야 집에 들어오곤 하셨다. 그리고 그때는 오빠가 영국 유학 중이어서 전과 달리 내가 동생을 돌보아야 했다. 그런데 그동안 받기만 해서 철이 없었던 까닭일까. 나는 내가 배고프지 않다는 이유로 어린 동생에게 저녁 늦게까지 밥을 주지 않아 어머니께 혼이 나기도 하고, 누나 노릇을 하기 싫어 도우미 아주머니가 계시는 친구네 집을 부러워하기도 했다. 그래도 그렇게 서로를 의지하면서 보냈던 덕분에 우리 삼 남매는 사춘기를 거치는 동안 한 번도 싸운 적이 없었다.

물론 한때는 우리를 잘 챙겨주지 못하는 부모님이 원망스럽기도 했다. 그러나 지금에 와서 돌이켜보면 그 과정이 우리에게 독립심을 키워주었던 것 같다. 함께 공부하는 유학생들을 보면 한국에서 국제 우편을 이용해 반찬을 받는 경우가 많다. 그런데 우리 집은 조금 특이하다. 부모님께서 따로 챙겨주지도 않거니와 우리 역시 그럴 필요성을 못 느낀다. 원하면 직접 장을 봐서 해 먹거나 한국 음식점을 찾으면 되기 때문이다. 이렇게 낯선 땅에서 살아가는 법을 배우는 일 또한 우리 형제는 즐거운 공부로 받아들인다.

시간이 없어 매사 자녀들을 챙기기 힘든 부모님들은 이제 반대로 생각해보는 건 어떨까? 자녀들에게 독립심을 길러줄 수 있는 좋은 기회라고 말이다. 독립심을 가진 아이가 공부에 더 적극적으로 임하는 법이다.

동기 부여가 절반이다

상담을 위해 큰소리 영어 공부반을 찾은 부모님들이 공통적으로 꺼내는 얘기가 있다.

"아이에게 영어를 가르쳐 주고 싶은데, 저는 영어를 못해요."

"제가 못하는 모습을 보이면 아이가 무시하지는 않을까요?"

가정에서 영어를 지도하기 위해 부모님이 꼭 영어를 잘할 필요는 없다. 부모님이 할 일은 지도가 아니라 '동기 부여'다. 안타까운 일이지만 책이나 인터넷을 통해 큰소리 영어 학습법을 접한 분들은 몇 주 시도하다가 효과가 없다며 포기하는 경우가 태반이다. 끝까지 학습을 밀고 나갈 동기가 없기 때문이다.

큰소리 영어 학습법은 단순한 방법론을 가지고 있는 만큼 '끝까지' 학습을 이어나가는지의 여부가 성패를 좌우한다. 부모님들이 가정에서 할 일은 아이에게 동기를 부여해줄 수 있는 도구를 찾는 것이다. 동기 부여만 제대로 된다면 영어의 절반은 정복한 셈이다.

그렇다면 아이에게 동기를 부여할 수 있는 도구는 무엇일까? 그건 부모님들이 가장 잘 알고 있다. 영문을 몰라 얼떨떨하겠지만 이게 사실이다. 가정의 상황과 아이의 성향이 각각 다르니 똑같은 방식으로 동기 부여를 할 수는 없다. 동기 부여의 도구는 학습에 방해를 주지 않는 선에서 어떤 것이든 상관없다.

그리고 가능하다면 틈틈이 시간을 내어 아이의 영어 숙제를 확인해주자. 아이가 큰소리로 책을 읽는지, 학교나 큰소리 영어 공부반에서 배운 영단어를 잊지는 않았는지 관심을 가지고 표현해보자. 어떤 아이는 부모님이 자신의 학습 상태에 관심을 가진다는 사실만으로도 충분히 공부의 필요성을 느낀다. 부모님의 영어 실력이 좋지 않아도 얼마든지 가정에서 큰소리 영어 학습법을 실천할 수 있다.

원동력이 필요하다

'기쁜 소식이에요. 연락 주세요.'

어느 날, 수업을 하고 있는데 재웅이 어머님에게서 문자가 왔다. 몇 주 전에 보았던 토익 시험 때문인가 싶어 연락을 드렸더니 재웅이가 성적 우수자로 선정돼 금상을 받게 되었다며 매우 기뻐하셨다. 재웅아, 드디어 해냈구나!

중학교 2학년인 재웅이는 큰소리 영어 공부반에 다닌 지 2년 정도가 되었다. 사실 내가 처음 공부반을 맡았을 때부터 재웅이는 영어를 잘하는 아이에 속했다. 공부 욕심도 많아서 받아쓰기 시험을 보면 언제나 만점을 받았고, 영어로 이야기할 때에도 자신감 있게 의견을 표현하곤 했다. 하지만 그런 재웅이에게도 문제가 있었으니 바로 예민한 성격이었다. 재웅이는 자신의 실수를 인정하지 못하고 시험에서 한두 문제만 틀려도 크게 낙담하곤 했다. 옆에서 아무리 격려를 해줘도 자신의 영어 실력이 뛰어나다고 생각하지 않았다.

내가 재웅이 어머님의 이야기를 듣고 기분이 좋았던 까닭은 단순히 재웅이가 상을 받았기 때문이 아니었다. 이번 일을 계기로 재웅이가 자신의 발전 가능성을 깨닫고 더 큰 원동력으로 삼을 수 있을 거란 생각이 들었기 때문이었다. 이처럼 공부를 하는 데에는 무엇보다도 원동력으로 삼을 수 있는 자신만의 특별한 경험이 필요하다.

큰소리 영어 학습법을 처음 시작했을 때만 해도 나는 그다지 영어를 잘하는 편이 아니었다. 한국식 문법 공부 없이 자연스럽게 책을 읽고, 단어를 외우고, 가끔 취미 삼아 글을 써보는 정도였다. 그런데 중학교에 진학한 뒤 '영어 문제를 진짜 빨리 풀면서도 틀리지 않는 아이'로 소문이 났고, 친구들은 내가 푼 시험지를 답안지라 여기며 자신의 시험지와 맞춰보곤 했다. 체면을 위해서라도 더 열심히 영어를 공부하지 않을 수 없었다. 사람들의 기대에 부응하고 싶었다. 이것이 내가 중학교 3학년 때 처음 치른 토익에서 높은 점수를 얻을 수 있었던 원동력이었다.

노력을 이기는 재능은 없다

6학년 정수가 처음 큰소리 영어 공부반에 왔을 때, 정수 어머님은 정수가 한 번도 영어 학원에 다닌 적이 없다고 하셨다. 실제 테스트 결과에서도 정수의 실력은 초등학교 저학년 수준으로 나타났다. 특히 정수에게는 영어의 어순감각이 전혀 형성되어 있지 않았다. 매우 쉬운 영어 퀴즈를 내도 대답을 제대로 하지 못했고, 내뱉은 말들도 제대로 된 의사소통이라고는 보기 힘든 것들이었다. 몇 달 동안의 학습을 통해 어순감각이 형성된 다른 아이들과는 확연한 차이가 있었다.

그러나 정수는 정말 성실했다. 큰소리 영어 공부를 시작하고 치른 첫 번째 시험에서는 60점 이상을, 그다음에는 70점 이상을 맞더니 한 달 뒤에는 90점대 고지에 올랐다. 발표할 때마다 문장의 완성도가 높아졌고, 말도 알아듣기 좋게 또박또박했다. 불과 한 달이 조금 넘은 시점에 몇 달을 공부한 아이들을 앞지를 만한 실력을 갖추게 된 것이다. 가르치는 나로서도 매우 기쁜 일이었다. 지금껏 공부반에서 수십 명의 아이를 지도해왔지만 정수처럼 빠른 아이는 본 적이 없었다.

이렇듯 주목할 만한 발전을 보인 정수에게는 남다른 점이 몇 가지 있었다. 이는 큰소리 영어 학습법으로 좋은 효과를 본 사람들의 공통점이기도 했다.

첫째, 스토리 자체를 매우 즐겼다. 큰소리 영어 공부반에 일찍 도착한 정수가 큰소리로 책 읽는 모습을 몇 차례 본 적이 있다. 정수는 바보 같은 돈키호테의 모습에 와하하 웃음을 터뜨리기도 하고, 'He is crazy!'라고 외치며 스토리를 있는 그대로 받아들였다. 뒷이야기가 궁금한지 미리 책을 읽어오기도 했다.

둘째, 단어를 성실하게 암기했다. 큰소리 영어 공부반 등록에 앞서 상담을 할 때 어머님은 정수에게 암기력이 있다고 말씀하셨다. 하지만 아무리 뛰어난 암기력도 학생 스스로 사용하지 않으면 효과가 없다. 실제로 한 학생은 공부반에서 서너 달 동안 부진한 모습을 보이다가 갑자기 그 재능을 발휘해 나를 놀라게 만들기도 했다. 정수는 누구보다도 단어를 열심히 외웠다. 그 결과 차츰 단어 시험 점수가 높아져서 자신감을 갖게 되었고, 마침내 받아쓰기도 잘하게 되는 긍정적인 사이클을 경험했다.

셋째, 자신의 말 소리를 또박또박 큰소리로 녹음하려고 노력했다. 정수가 처음 해온 녹음은 소리가 작은 편이었다. 그래서 조금 더 크게 해줄 것을 부탁했더니 정말 다음부터는 굉장히 큰소리로 녹음해왔다. 나는 녹음 점수를 너그럽게 주는 편이 아니다. 내가 녹음 평가를 높이 하는 학생들은 그만큼 실력이 빨리 는다.

실력의 차이는 의지의 차이다

초등학생이지만 중학생보다도 영어를 더 잘하는 친구가 있다. 이런 학생은 자신이 영어를 잘한다는 사실을 알면서도 더 많은 걸 배우고 싶어서 안달이다. 반대로 중학생이면서도 초등학생보다 영어를 못하는 친구가 있다. 이런 학생은 자기 학년보다 낮은 학년의 수업에 배정되는 걸 창피하게 여기다가도 시간이 지나면 무덤덤해진다. 의지가 없는 학생은 아무리 많은 시간을 투자해도 성적을 올리기 힘들다. 반면에 의지가 있는 학생은 공부의 '재미'를 알기 때문에 어려운 문제를 낼수록 즐거워한다.

알다시피 공부는 자신과의 싸움이다. 영어를 처음 공부하면 알파벳을 외우는 데 며칠이 걸린다. 간단한 단어를 외울 때까지도 영어가 어렵게 느껴지고 속도가 붙지 않는다. 하지만 꾸준히 몇 주를 지속하다 보면 스펠링과 발음을 연결 지을 수 있게 되고, 나중에는 짧은 시간 안에 많은 단어를 외울 수 있게 된다. 관건은 그 몇 주의 꾸준함을 기꺼이 받아들이고 재미로 연결할 수 있느냐의 여부다.

교육은 선생님과 학생, 부모님의 삼각 고리 관계 속에서 이루어질 때 효과적이다. 선생님과 부모님이 학생의 학습 내용에 관심을 가지고 확인하면 두 배, 세 배의 시너지 효과를 볼 수 있다. 그러나 무엇보다도 중요한 건 학생의 의지와 학습 토양, 과제 수행 여부다. 부모님과 선생님이 아무리 열성적으로 가르쳐도 결국 공부하는 학생의 노력이 없으면 공염불에 불과하다.

대부분의 학생은 학교와 학원에서 일정량의 공부를 한 뒤 집에 돌아가서 숙제를 한다. 숙제를 해오지 않는 학생은 거의 없다. 문제는 그 숙제를 어떤 방식으로 하느냐다. 단도직입적으로 말하자면 보여주기 식으로 숙제를 해서는 안 된다. 선생님이나 부모님께 혼나는 게 두려워서 하는 숙제는 시간 낭비고 에너지 낭비다.

　숙제는 수업에서 배운 내용을 내면화하기 위한 일차적 도구다. 실제로 큰소리 영어 공부반에서 영어를 배우는 친구들 가운데 또박또박 녹음을 해오는 친구들은 실력이 눈에 띄게 향상된다. 이와 달리 불분명한 발음으로 쉬지 않고 읽은 친구들은 시간이 흘러도 제대로 영어를 구사하지 못한다. 영어 문장을 읽을 때에는 내용을 정확히 뇌에 전달하고 기억 저장소에 들어가도록 유도해야 한다.

　숙제를 성의껏 해온 학생들은 수업 태도도 바르다. 그들은 숙제가 재미있고 중요하다고 생각한다. 그래서 선생님이 설명해준 내용을 거의 잊어버리지 않는다. 선생님에게 친밀감을 느끼고 그 과목 자체를 좋아하게 되는 것이다. 당연한 얘기지만 영어 실력이 향상될 수밖에 없다.

　하지만 숙제를 제대로 해오지 않는 학생은 마음이 움츠러들게 된다. 지난 시간의 수업 내용이 기억에 남아 있지 않기 때문에 진도를 나가는 데 자신이 없고 이해도 못한다. 결과적으로 선생님과의 친밀도가 낮아져 수업에 임하는 자세도 소극적으로 변하게 된다.

　이는 특정 수업이나 과목에서만 발생하는 한정된 현상이 아니다. 거의 모든 과목에서 대부분의 학생이 같은 사이클을 반복한다. 선생님이 학생 지도에서 가장 어렵게 느끼는 부분도 바로 이 사이클이다. 학생들을 변화시킬 수 있는 건 열정적인 선생님도, 비싼 과외도 아니다. 그들에게 필요한 건 '의지'와 '자신감의 체험'이다.

균형 있는 학습의 필요성

각종 영어 말하기 대회에서 최우수상을 휩쓸었던 6학년 찬성이는 까다롭고 엄하기로 유명한 강남의 말하기 지도 선생님에게 인정을 받은 아이였다.

처음 상담을 했을 때 나는 찬성이의 영어 말하기 실력에 깜짝 놀랐다. 찬성이는 수능 난이도의 어휘들을 자유자재로 구사했고, 제스처도 자연스러웠으며, 개고기 식용에 반대하는 논리도 매우 깔끔했다. 찬성이 어머니는 그러한 아들의 모습을 자랑스레 바라보셨다.

하지만 쓰기 테스트에서 찬성이는 중학 영단어에 해당하는 'difficult' 등을 제대로 쓰지 못했다. 어떻게 이런 일이 발생할 수 있는 걸까? 그건 '말하기', '듣기', '쓰기', '읽기' 학습 사이에 심각한 불균형이 있었기 때문이다.

그동안 찬성이가 다녔던 학원에서는 원어민 선생님이 찬성이의 원고를 대부분 손봐주고, 찬성이는 말하기 연습에만 집중적으로 매달렸을 가능성이 높다. 물론 그러한 말하기 학습 방법이 아예 효과가 없는 것은 아니다. 그러나 결과적으로 찬성이는 기본적으로 알아야 할 단어를 모른 채 앵무새처럼 말만 잘하는 아이가 되었고, 나는 그 학원에서 진짜 공부를 가르치기보다 하나의 '쇼'를 연습시켰다는 생각이 들었다. 찬성이 어머니는 그런 사실도 모른 채 아이가 영어를 제대로 배웠다고 생각한 것이다.

정확하게 읽어라

큰소리 영어 공부반에서 책을 읽다 보면 'He comes in'에서 's'를 빼놓고 읽는 학생들을 발견하게 된다. 그때마다 그 부분에 동그라미 표시를 해주며 올바르게 읽도록 유도하지만, 이미 길든 버릇을 고치기란 쉽지 않다. 그동안 정확히 읽는 연습을 해본 적이 없기 때문이다. 실제로 정확하게 읽는 습관이 자리 잡는 데에는 시간이 꽤 걸린다.

책을 정확히 읽어야 하는 이유가 무엇인지 학생들에게 설명해야 할 때가 있다. 그때마다 나는 이렇게 묻는다. "애들아, 'He goes home'이 맞니? 'He go home'이 맞니?" 그러면 초등 레벨 정도를 넘긴 학생들은 이구동성으로 외친다. "앞의 문장이 맞아요! 뒤의 문장은 뭔가 어색해요!" 그동안 큰소리 영어 학습법을 통해 올바른 문장 구조가 입에 배었기 때문에, 굳이 문법적인 부분을 따지지 않아도 입에 착 감기는 문장이 무엇인지 바로 아는 것이다. 나는 다시 묻는다. "정확해. 그런데 우리가 만약 'He go home'이라고 수십 번을 반복해서 읽었다면, 둘 중에 어떤 게 틀린 문장인지 바로 알 수 있을까?" 학생들은 모두 고개를 절레절레 흔든다.

영어 문장은 크게 읽는 것뿐만 아니라 정확하게 읽는 것이 중요하다. 틀린 문장을 수십 번 읽는 일은 오히려 안 하느니만 못하다. 큰소리 영어 학습법의 취지는 따로 문법 공부를 하지 않아도 영어를 이해하도록 하는 것인데, 틀린 문장을 외우면 결국 문법 공부를 할 수밖에 없다.

정확히 읽는 것은 발음을 교정하는 데에도 효과가 있다. 발음 교정 발전 정도가 더딘 학생들은 대개 한국말을 할 때에도 입을 조금만 벌리고 우물거리는 경향이 있다. '선생님, 숙제 다 했어요'를 '서새니, 수제 다 해서요' 하는 식이다. 이런 학생들에게는 내 발음을 여러 번 따라 하게 해서 교정할 수 있도록 신경을 쓰지만, 무엇보다도 가장 중요한 건 자신의 의지다. 아무리 조언을 해도 자신이 노력하지 않으면 결코 고쳐지지 않는다.

단, 단어 하나하나의 발음에 너무 집중해서 학생을 다그치는 일은 없어야 한다. 누구든 질책을 받으면 하던 일에 흥미가 떨어지게 마련이다. 무조건 다시 읽으라고 강요하기보단 왜 정확히 읽어야 하는지 인내심을 가지고 설득하는 게 중요하다.

받아쓰기 시험을 보는 이유

2시간 동안 진행되는 수업에서는 30분 정도를 데일리 테스트에 할애하고, 그중에서도 상당 부분을 받아쓰기(dictation) 테스트를 하는 데 쓴다. 이렇게 받아쓰기를 중요시하는 이유는 무엇일까?

첫째, 받아쓰기는 녹음 숙제와 맞물려 학습 내용을 강화해주는 효과가 있다. 초급 레벨 학생들은 'people'이라는 단어를 쉽게 알아들으면서도 제대로 쓰지 못하는 경우가 더러 있다. 그런 학생들에게 받아쓰기 테스트를 실시하면 'people'의 모양과 뜻이 무엇인지 정확히 알게 되고, 다음 녹음 숙제를 할 때 그 단어를 눈여겨보며 기억하게 된다.

its/it's, your/you are, there/their 등도 초·중급 레벨에서 자주 틀리는 단어다. 심지어 나이 어린 미국 학생들도 이들을 혼동할 때가 있다. 하지만 받아쓰기를 통해 그 차이를 여러 번 학습하다 보면 나중에는 정확히 구분할 수 있게 된다.

받아쓰기는 평이한 단어·문장보다 새로 배우는 단어나 난도가 높은 영어를 가르칠 때 효과적이다. 공부반 학생들 역시 이 점을 잘 알기 때문에 낯선 단어와 문장이 등장하면 더욱 집중해서 받아쓰기 시험에 임한다.

둘째, 중요한 표현과 문장 구조를 익히는 데 도움이 된다. 같은 문장을 수십 번 읽고 받아쓰다 보면 'used to'나 'supposed to' 등 영어 문장에서 빈번하게 쓰이는 표현을 익히기가 한결 수월하다. 받아쓰기를 하면 이런 표현들이 자신도 모르는 사이 입에서 습관적으로 나오게 된다.

셋째, 받아쓰기를 하다 보면 듣기 실력이 향상된다. 『큰소리 영어 학습법 트레이닝 북』은 원어민이 읽어주는 문장을 곧바로 따라 하게 되어 있다. 이때 학습의 마무리를 받아쓰기로 진행하면 머릿속에서 원어민의 발음을 고스란히 되살릴 수 있다. 특히 원어민은 과거를 나타내는 시제인 '-ed'나 'would, had' 등을 약하게 읽는다. 받아쓰기를 하면서 이러한 부분을 정확히 쓰는 학생이라면 영어에 대한 감을 확실히 잡았다고 볼 수 있다.

넷째, 받아쓰기 결과를 잘 활용하면 발음 교정 효과를 볼 수 있다.

어떤 초급 레벨 학생은 받아쓰기를 할 때 'all'을 'are'로 쓰고, 읽을 때에도 혀를 뒤로 구부려서 'r'이라고 발음했다. 수업 시간에 대화를 나누거나 녹음 숙제를 들을 때에도 발견하기 힘들었던 미묘한 차이였는데 받아쓰기를 통해 문제를 확인하고 시정할 수 있었다. 'p'와 'f'를 구분하지 않거나 과거형 '-ed'를 대충 읽고 넘기는 학생들도 많다. 이러한 학생들 또한 받아쓰기를 통해 문제를 확인하고 정확한 발음으로 교정해 줄 수 있다.

단어를 못 외우는 체질은 없다

6학년 희연이가 처음 큰소리 영어 공부반에 왔을 때의 실력은 『큰소리 영어 학습법 암기카드 BOX(초등학생용 1000단어)』를 겨우 뗀 정도였다. 희연이는 또래의 수준에 맞추어 중등 단어를 외우고 『Holes』(비교적 쉬운 어휘와 단순한 문장으로 이루어진 중등 난이도의 책. 1999년 미국 뉴베리 수상작)를 읽는 반에 들어가게 되었는데, 이후 서너 달 가까이 받아쓰기와 단어 시험에서 너무 낮은 점수를 기록했다. 급기야 희연이의 자신감을 회복시켜 주기 위해 초등 단어를 공부하는 반으로 보내야 할지 고민하는 지경에 이르렀다. 하지만 나는 조금 더 기다려 보기로 결정했다. 책을 읽다가 재미있는 장면이 나오면 크게 웃는 희연이의 모습에서 가능성을 느꼈기 때문이다.

그렇게 두세 달이 더 지나자 눈에 띄는 변화가 일어났다. 받아쓰기 테스트에서 희연이가 맞히는 문제의 개수가 늘어나기 시작한 것이다. 나는 그때마다 희연이의 시험지에 "희연이의 받아쓰기 실력이 늘고 있어요. 칭찬해주세요."라는 격려의 메모를 남겼다. 그리고 두세 달이 더 지난 뒤에는 희연이도 영어를 잘하고 싶다는 생각이 들었는지 "선생님! 영어 단어를 많이 외우고 싶은데 쉽지 않아요. 아무래도 기억력이 나쁜 체질인가 봐요."라며 도움을 요청해왔다. 나는 상담을 한 결과 희연이가 단어카드를 잃어버릴까봐 사용하지 않고 서랍 안에 보관해두고 있다는 사실을 알게 되었다. 그래서 희연이에게 이렇게 얘기해주었다.

"희연아, 저 단어들이 네 것이 된다면 카드가 너덜너덜해지고 잃어버려도 상관이 없어. 단어를 쉽게 외우는 사람은 복습하고 또 복습하는 사람을 이길 수 없단다. 선생님도 단어를 외우지 못해서 같은 단어를 두세 번 적은 적이 있는 걸. 물론 단어카드를 예쁘게 관리하는 것도 중요하지만 그보다는 네 머릿속에 집어넣는 게 더 중요해."

아직도 희연이의 실력은 다른 학생들과는 차이가 난다. 하지만 받아쓰기에서 만점을 맞는 횟수가 늘어나고, 발음도 좋아지고 있어서 지켜보는 선생님의 입장에서 매우 뿌듯한 게 사실이다.

학생들을 가르치다 보면 재능의 차이가 분명 존재한다는 사실을 느끼곤 한다. 같은 단어를 알려주었는데도 누구는 금방 외우는가 하면, 누구는 몇 시간이 지나도 외우지 못한다. 반대로 단순 암기에는 강하지만 사고력을 요구하는 문제에는 약한 사람도 있다. 바로 나 같은 사람이다.

하지만 의지는 이런 차이를 극복하게 한다. 자신이 약한 부분일수록 남보다 몇 배의 시간을 들여서라도 해내겠다는 의지가 필요하다.

단어를 포기하는 건 영어를 포기하는 것과 같다. 단어암기를 절대 포기해서는 안 된다. 선인장처럼 성장 속도가 더딘 식물이 있는가 하면 해바라기처럼 쑥쑥 크는 식물도 있다. 선인장이 빨리 자라지 않는다고 해서 뽑아버리면 꽃핀 선인장의 모습을 볼 수가 없다. 단어암기도 마찬가지다. 처음에 버거워도 꾸준히 지속하다 보면 자신만의 노하우가 생겨서 가속도가 붙게 된다. 단언컨대 단어를 못 외우는 체질은 없다.

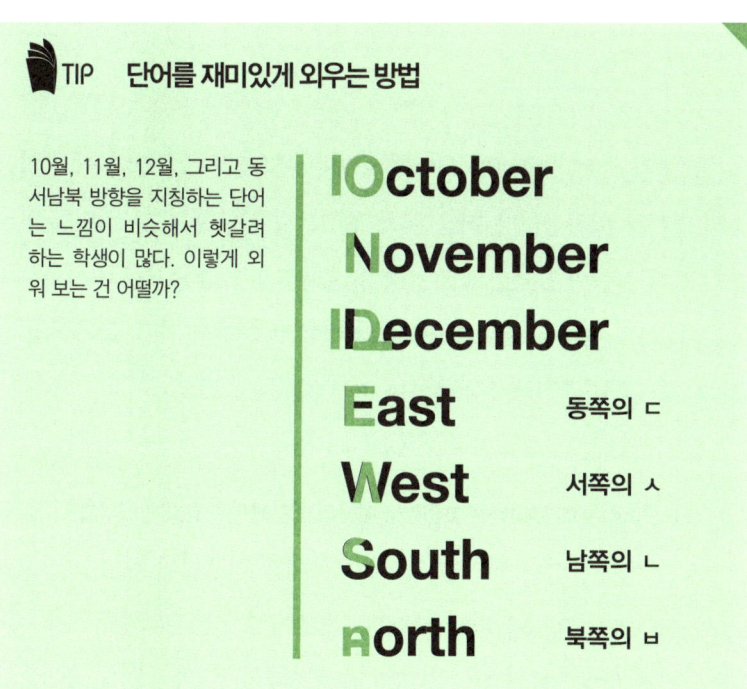

큰소리 영어 학습법 궁금증 Q&A

큰소리 영어 학습법이 세상에 소개된 이후, 많은 사람이 이 방법을 통해 영어를 배웠습니다. 다음은 곽세운 선생님의 작은 딸 하림 양이 큰소리 영어 학습법 블로그와 큰소리 영어 공부반을 운영하면서 사람들에게 질문 받고 답변한 내용을 정리한 것입니다. 큰소리 영어 학습법에 대해 궁금했던 점을 시원하게 해결하시기 바랍니다.

Q 큰소리 영어 학습법은 고등학생 이상의 성인에게도 효과가 있나요?

A 『큰소리 영어 학습법』의 저자 곽세운 선생님이 대표적인 성공 사례입니다. 곽세운 선생님은 본격적인 영어 공부를 30대 중반에 시작하셨습니다. 큰소리 영어 학습법을 시작한 지 몇 년 지

나지 않아 고전 원작을 즐겨 읽을 정도의 수준에 오르셨지요. 특히 『대지의 기둥(The Pillars of the Earth)』이라는 소설을 굉장히 재밌게 읽으셨던 기억이 납니다.

Q 영어 발음은 어떤 방식으로 익히나요? 아무리 문장을 달달 외워도 발음이 안 되면 의사소통이 어려울 것 같은데요. 좋은 발음 교정 방법이 있는지 궁금합니다.

A 무조건 원어민의 음성을 듣고 여러 차례 따라 해보시길 권합니다. 입을 통해 익히는 게 정답입니다. 특히 'th'와 'f'를 정확하게 발음하고, 'r'과 'l'을 구분하는 데 집중하시기 바랍니다.

의사소통을 할 때에는 정확한 발음도 중요하지만, 무엇보다도 강세를 제대로 살리는 게 중요합니다. 강세에 따라서 단어의 의미가 달라질 수 있거든요. 예를 들어 '임**포**턴트'라고 말하면 '중요한'이라는 뜻을 가진 important가 되지만, '**임**포턴트'라고 말하면 '힘이 없는'이라는 뜻을 지닌 impotent가 됩니다.

『큰소리 영어 학습법 트레이닝 북』에 들어 있는 원어민의 발음을 귀 기울여 들으십시오. 발음은 비슷해도 강세가 다르다는 걸 확실히 느낄 수 있습니다. 언젠가 한 아이가 '카레이서'라고 아무리 말해도 원어민이 알아듣지 못하는 모습을 본 적이 있습니다. 한참 동안 고개를 갸웃거리던 원어민은 마침내 '카뤠이써!' 하고 외치더군요.

Q 특정 음원 파일을 꼭 구매해서 들어야 합니까?

A 가급적 그렇게 하는 편이 좋습니다. 특히 초·중급 단계에서는 정확한 발음 습득을 위해, 고급 단계에서는 억양 습득을 위해 제대로 된 듣기가 중요합니다. 이 같은 이유로 큰소리 영어 학습법을 지도할 때에도 음원 파일이 첨부된 책 위주로 교재를 선정하고 있습니다.

Q 파닉스를 먼저 공부하고 큰소리 영어 학습법으로 심화 학습을 하면 안 되나요? 파닉스도 꼭 알아야 할 것 같아서요.

A 파닉스를 모르면 단어를 정확히 읽을 수 없다고 생각하는 분들이 계십니다. 하지만 아닙니다. 파닉스는 오히려 영어 공부에 방해만 될 뿐입니다. 예를 들어 파닉스에 따르면 'ch'는 church에서처럼 '취' 발음이 납니다. 그런데 parachute(낙하산)나 mustache(콧수염)에서는 각각 [패러슈트]와 [머스타쉬]로 발음합니다. 이런 예는 무수히 많아서 파닉스만으로는 설명이 어렵습니다. 그러므로 파닉스보다는 기초 단어를 꼼꼼히 암기하며 입에 익히는 게 실력 향상에 훨씬 도움이 됩니다.

Q 음원을 계속 듣다 보면 자연스레 귀와 입이 열리지 않을까요?

A 음원을 계속 틀어놓고 흘려듣는 방법은 얼핏 보면 좋아 보이지만 실은 그렇지 않습니다. 음원을 들으면서 딴생각을 하거나 다

른 일을 동시에 하면 안 됩니다. 평소 대화를 나누다가도 잠시 다른 생각을 하면 상대방이 무슨 얘기를 했는지 기억하지 못합니다. 음원을 온종일 틀어놓아도 집중하지 않으면 효과가 없습니다.

가장 좋은 방법은 『큰소리 영어 학습법 트레이닝 북』처럼 한 문장을 들은 뒤 바로 따라 하는 것입니다. 실제로 『큰소리 영어 학습법 트레이닝 북』에는 간단한 대화부터 고급 레벨의 문장까지 중요한 요소들이 고루 들어 있어 기본기와 어순감각을 쉽게 익힐 수 있습니다. 본인이 어느 정도 실력을 갖추었다고 판단되면 한 페이지나 챕터 단위로 반복해서 듣고 따라 해보길 권합니다.

Q 책을 읽을 때 연음을 신경 써야 하나요? 아니면 단어 하나하나를 또박또박 읽어야 하나요? 예를 들어 'I want to be a doctor'는 어떻게 읽어야 하나요?

A 그 어떤 외국인도 'I want to be a doctor'를 '아이 원트 투 비 어 닥터'라고 발음하지 않습니다. '아이 워너 비 어 닥터'라고 부드럽게 말하죠. 물론 '아이 원트 투 비어 닥터'라고 말하면 알아듣지도 못합니다.

영어 공부를 막 시작하시는 분들은 되도록 원어민 음성이 담긴 음원을 교재로 선택하시기 바랍니다. 반복해서 듣다 보면 어느 부분을 부드럽게 발음하는 게 좋은지 자연스레 깨달을 수 있습니다. 단, 큰소리 영어 학습법의 포인트는 어순감각을 세우는 데 있으니 연음에 너무 치중해서 주객이 전도되는 일은 없어야겠습니다.

Q 영어책을 읽을 때에는 음원을 들으면서 따라 읽나요? 아니면 미리 들어서 발음을 익힌 다음 책만 따로 읽나요?

A 음원을 틀어놓고 따라 읽는 학습법을 섀도리딩(Shadow-reading)이라고 합니다. 저는 이 방법을 추천하지 않습니다. 원어민의 음성과 억양을 따라 읽으면 언뜻 보기엔 도움이 될 것 같지만, 책 내용이나 문장에 대한 집중도가 떨어지므로 오히려 학습 효율은 떨어집니다. 듣기만 반복하는 것도 좋은 방법은 아닙니다. 청력에만 의존하다 보면 집중력이 떨어져 무의식적으로 다른 생각을 하게 됩니다.

음원을 이용하는 가장 좋은 방법은 한 챕터를 서너 번 들은 뒤, 다섯 번 정도 반복해서 읽는 것입니다. 음원을 들을 때에는 책을 앞에 펼쳐 두고 발음을 구분하는 데 집중하십시오. 다섯 번째 읽고 다시 서너 번을 들을 때에는 본인이 발음을 제대로 했는지 확인해보십시오. 이 사이클을 반복해서 마침내 책을 보지 않고도 문장이 입에서 나올 정도가 되면 읽기나 듣기 가운데 하나만 해도 됩니다. 저 또한 제가 좋아하는 책을 여러 번 읽은 뒤 음원을 다시 들으며 학습 내용을 복습했던 기억이 납니다.

Q 책 읽는 속도가 느려서 천천히 나누어 진행하고 있습니다. 이렇게 처음부터 끝까지 다 읽은 뒤에 다시 처음부터 읽어야 하나요?

A 가장 많이 하는 질문 가운데 하나입니다. 책을 한꺼번에 다 읽는 것보다는 범위를 좁게 해서 여러 번 반복하는 게 큰소리 영어 학습법에서 말하는 '읽기'입니다. 에빙하우스의 망각곡선을 알고 있는지요? 오늘 공부한 내용은 일주일이 지나면 머리에 10퍼센트도 남지 않습니다. 같은 내용을 꾸준히 오랫동안 반복하는 게 올바른 학습 비결입니다.

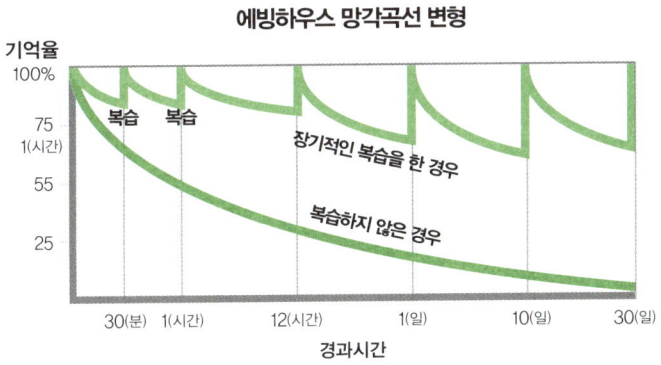

오늘 챕터1을 읽었다면 내일은 챕터1과 챕터2, 모레는 챕터1, 챕터2와 챕터3을 읽어 망각되는 기억을 다시 강화해주십시오. 이렇게 챕터3까지 충분히 반복을 한 뒤 네 번째 날에 챕터4를, 다섯 번째 날에는 챕터4와 챕터5를, 여섯 번째 날에는 챕터4부

터 챕터6까지를 학습하면 됩니다. 물론 여기서 제가 말한 학습 분량은 예를 든 것뿐입니다. 책의 난도와 개인의 학습 역량은 각각 다르기 때문에 모든 사람이 꼭 한 챕터씩을 공부할 필요는 없습니다. 학습 강도를 높이고 싶다면, 그리고 시간적 여유가 충분하다면 책을 처음부터 끝까지 여러 번 읽어도 좋습니다. 단, 책을 읽을 때에는 수십 번 큰소리로 읽어서 문장들이 입에 붙어 다른 일을 할 때에도 생각나도록 하십시오.

Q 70퍼센트 정도 이해할 수 있는 책을 읽는 게 좋다고 했는데, 더 쉽거나 어려운 책을 읽으면 효과가 떨어지나요?

A 쉬운 책을 읽으면 책 내용을 이해하는 데에는 무리가 없겠죠. 하지만 이는 초등학교 5학년 학생이 구구단을 공부하는 것과 비슷합니다. 반대로 너무 어려운 책을 읽으면 아무리 노력해도 문장을 이해하기가 쉽지 않습니다. 문장 구조 자체가 난해하기 때문이죠. 이럴 경우 학습의 흥미가 떨어질 우려가 있으므로 어서 책을 덮으시기 바랍니다. 대개는 70~80퍼센트 이해할 수 있는 책을 읽을 때 나머지 부분을 알고자 하는 욕구가 최고조에 달합니다. 70퍼센트를 100퍼센트로 만들었을 때의 성취감 또한 대단하고요. 장기적으로 영어 공부를 하고자 하는 분들은 동기 부여를 위해서라도 자신에게 알맞은 난이도의 책을 읽으시기 바랍니다.

Q 만약 책을 읽다가 이해되지 않는 문장이 나오면 어떻게 해야 하나요?

A 큰소리로 여러 번 읽고 아무리 되뇌어도 이해할 수 없는 문장이 등장한다면, 어느 정도 시간을 둔 다음 다시 그 문장으로 돌아가 보십시오. 당장 풀지 못한 수학 문제도 나중에 보면 쉽게 풀리는 경우가 있습니다. 그래도 그 의미가 다가오지 않는다면 우선 영어를 잘하는 주변인의 도움을 받으십시오. 한글 해석은 최후의 방법으로 끝까지 남겨두어야 합니다. 큰소리 영어 학습법은 원칙적으로 한글 해석을 멀리합니다. 한글 해석을 접하다 보면 영문 그 자체를 이해하는 능력을 기를 수 없기 때문입니다.

Q 책을 읽다 보면 모르는 단어가 많이 나옵니다. 그런데 그때그때 찾자니 시간이 너무 오래 걸려요.

A 저 역시 큰소리 영어 학습법을 시작했을 때 많이 고민했던 문제입니다. 단어의 뜻을 일일이 찾다 보면 진도가 안 나가고 책 읽는 흐름도 끊겨서 집중력이 떨어지곤 했습니다. 그래서 '모르는 단어는 일단 체크한 뒤 나중에 다 읽고 찾아보자!' 하고 생각했죠. 그런데 어찌된 일인지 책장을 덮는 순간 그 많은 단어를 정리할 엄두가 나지 않더군요. 단어암기에 대한 부담감이 학습 의지를 떨어뜨린 것입니다.

궁리 끝에 제가 선택한 방법은 챕터 단위로 학습 범위를 나누는 것이었습니다. 한 챕터가 끝날 때마다 단어를 정리하고 복습하니, 스토리의 흐름도 끊기지 않고 학습 의지도 되살아났습니다.

Q 모르는 단어를 영영 사전에서 찾아보는 건 어떨까요?

A 영어 공부를 할 때 일부러 영영사전을 이용하는 분들이 많습니다. 하지만 저는 영영사전보다 영한사전을 권하고 싶습니다. 그 이유는 다음과 같습니다.

첫째, 가장 중요한 효율성의 문제입니다. 앞에서 한 단어의 뜻은 세 가지 정도를 암기하는 게 좋다고 말했습니다. 한글로 외우면 세 단어면 충분하지요. 하지만 영영사전은, 특히 초·중급 수준의 영영사전은 뜻을 줄줄이 늘어놓는 경향이 있습니다. 기억력이 좋아서 그 뜻을 모두 외운다고 해도 들이는 시간을 생각하면 상당히 비효율적인 방법입니다.

둘째, 어휘력의 문제입니다. 초급자들은 아직 어휘력이 풍부하지 않아서 영영사전의 풀이가 어렵게 느껴질 수 있습니다. 모르는 단어의 뜻을 찾으려고 사전을 폈는데, 또 모르는 단어가 나와서 그 뜻을 찾아야 하는 어처구니없는 상황이 발생하는 거지요. 이는 책에 대한 집중력을 떨어뜨리는 직접적인 요인으로 작용합니다.

셋째, 인지적 측면의 문제를 무시할 수 없습니다. 우리는 오랜 시간 한국어를 사용해왔기 때문에 영어보다도 한글로 생각하는 게 익숙합니다. 같은 내용이라면 한글로 전달했을 때 더 빠르게 직관적으로 이해할 수 있죠. 영영사전으로 학습하면 단어의 뜻을 더 정확하게 알 수 있고 추가 학습도 가능하지만, 영어를 원활하게 다루는 수준이 아니라면 영한사전으로 공부하는 게 좋습니다. 단, 표현하고자 하는 바를 영어로 무리 없이 표현할 수 있을 정도의 상급 레벨 학습자에게는 영영사전을 이용해 미묘한 뉘앙스의 차이와 예문을 반드시 익힐 것을 권합니다.

Q 단어암기카드는 꼭 큰 글씨로 적어야 하나요?

A 영어 학습이라는 전쟁터에서 영단어는 무기와 같습니다. 무기를 언제, 어디에, 어떤 용도로 써야 하는지 정확히 알면 백전백승할 수 있습니다. 다시 말해 단어의 뜻과 의미, 활용을 정확히 이해하는 자가 영어를 정복할 수 있습니다.

이 같은 이유로 큰소리 영어 학습법은 단어를 암기하는 데 많은 시간을 할애합니다. 그리고 그 수단으로 스펠링과 뜻이 큼지막하게 쓰인 암기카드를 만들어 활용합니다. 암기카드에 글씨를 큼지막하게 쓰는 이유는 눈에 잘 보이는 글씨가 그만큼 뇌의 기억 창고에 잘 저장되기 때문입니다. 작게 적으면 더 많은 내용을 적을 수 있겠지만, 그만큼 집중도는 떨어질 수밖에 없습니다.

Q 영단어가 가진 여러 뜻 가운데 어떤 의미를 적용해야 할지 모르겠습니다. 큰소리로 다섯 번 정도 읽으면 해결될까요?

A 역시 많이 받는 질문 가운데 하나입니다. 결론부터 얘기하자면 큰소리로 읽기만 해서는 의미 선택 문제가 해결되지 않습니다. 단어를 외우고 올바른 의미를 적용하는 과정은 꾸준히 연습해야 합니다. 예를 들어 사전에서 'pepper'라는 단어를 찾아보겠습니다.

> **Pepper**
>
> **명사**
> 1. 후추, 후추류의 식물
> 2. 고추, 고추류의 식물
> 3. 신랄함, 혹평, 성미가 급함
> 4. 〈농구, 야구〉 시합 전 연습
> 5. 〈비속어〉 (경멸적인 의미로) 멕시코 인
>
> **동사(타동사)**
> 1. ~에 후춧가루를 뿌리다, ~을 후춧가루로 양념하다
> 2. ~에게 (~을) 온통 뿌리다, 흩뿌리다
> 3. (탄환, 질문, 욕설 따위를) 퍼붓다
> 3. 〈비속어〉 ~을 때려눕히다, ~을 욕(엄벌)하다
>
> **동사(자동사)**
> 1. 후추로 맛을 내다
> 2. (비, 우박 따위가) 세차게 내리다

뜻이 굉장히 많습니다. 이 가운데 도대체 무엇을 단어장에 적어야 할까요? 먼저 몇 가지 기억할 만한 기준이 있습니다. 보통 사전은 가장 많이 쓰는 의미에 앞번호를 부여합니다. 그만큼 중요

하다는 뜻이지요. 그리고 세 가지 이상의 의미를 단어장에 적는 일은 사실상 효과가 없습니다. 의미가 세 종류를 넘으면 기억력에 과부하가 걸리기 때문입니다. 이 같은 이유로 『큰소리 영어 학습법 암기카드 BOX(초등학생용 1000단어)』에서도 단어카드에 의미를 세 개까지만 적어놓았습니다. pepper 역시 단어카드에 '① 후추, ② 고추, ③ ~에 후춧가루를 뿌리다' 정도만 적어놓는 게 좋습니다. 이 세 가지만으로도 웬만한 문장은 해석이 가능합니다.

pepper의 의미를 정확히 이해하기 위해 간단한 문제를 풀어볼까요? 다음은 Lois Lowry라는 작가가 쓴 『Giver』라는 책의 한 구절입니다. 뜻이 무엇인지 우리말로 해석해보세요.

> "Tiny, cold, featherlike feelings peppered his body and face."
> → 작고, 차가운, 깃털 같은 느낌이 그의 몸과 얼굴에 pepper 했습니다.

여기서 pepper는 우리가 알고 있는 후추나 고추는 아닌 것 같습니다. 사전을 다시 살펴보니 '흩뿌리다'라는 뜻이 맞겠네요. 의미를 단번에 파악하기는 힘들지만 조금 생각해보면 '후춧가루처럼 흩뿌려졌다'는 얘기임을 알 수 있습니다. 이처럼 어떤 단어는 의미들 사이에 연관성이 있으므로, 대표적인 뜻을 외워두면 쉽게 연상할 수 있습니다. 물론 그렇지 않은 단어들은 각각의 대표적인 뜻을 달달 외울 필요가 있겠죠.

Q 스펠링을 꼼꼼하게 외워야 하나요?

A 단어는 영어 공부의 재산이라 할 수 있습니다. 문법을 모르면 영어를 더 잘할 수 있지만, 단어를 모르면 영어를 아예 할 수 없습니다. 특히 난도가 높은 단어일수록 스펠링까지 정확히 암기해야만 비슷한 단어가 나와도 헷갈리지 않을 수 있습니다.

영어를 공부하는 궁극적인 목적은 자유롭게 소통하기 위함입니다. 그러자면 단어의 스펠링을 온전히 자기 것으로 만들 필요가 있습니다. 아무리 할리우드 영화를 자막 없이 보고, 책을 읽을 줄 알아도 'daughter'를 'dauter'라고 쓴다면 글로 소통할 수 있겠습니까? 외국인과 이메일을 주고받을 수 있겠습니까?

몇몇 사람은 큰소리 영어 학습법이 읽고 말하기만 중요하게 여기는 것처럼 오해를 하기도 합니다. 참 안타깝습니다. 큰소리 영어 학습법은 그 어느 공부법보다도 꼼꼼하게 단어를 외우라고 강조합니다. 큰소리 내어 읽기와 철저한 단어암기가 큰소리 영어 학습법의 두 기둥이라는 사실을 명심하십시오.

Q 불규칙 동사는 어떻게, 얼마나 공부해야 하나요?

A 불규칙 동사를 따로 정리해서 외우려면 머리만 아프고 잘 외

워지지도 않으니 영단어와 병행해서 학습하길 권합니다. 영단어를 많이 알면 더욱 풍부한 글을 쓰고 읽을 수 있는 것처럼, 불규칙 동사도 많이 알면 알수록 좋습니다. 외우는 방법은 따로 존재하지 않습니다. 하지만 wear - wore - worn을 외우면 swear - swore - sworn을 외우기 쉬운 것처럼 어느 정도 패턴은 있습니다. 처음 영어 공부를 시작하는 사람이라면 우선 『큰소리 영어 학습법 암기카드 BOX(초등학생용 1000단어)』에 나오는 불규칙 동사부터 외우기를 추천합니다.

Q 관용구와 숙어도 단어처럼 달달 외워야 하나요?

A 과유불급(過猶不及)! 지나친 암기에 대한 부담은 오히려 영어 학습의 효율성을 떨어뜨릴 수 있습니다. 꾸준히 책을 읽다 보면 매번 학습할 단어가 많기 때문에 관용구와 숙어까지 외울 여유가 없습니다. 그리고 단어를 모르면 문장을 이해하는 데 어려움이 있지만 관용구와 숙어는 문맥을 통해 충분히 유추할 수 있습니다. 책에 자주 등장하는 것들은 굳이 외우지 않아도 책을 읽다 보면 자연스레 익힐 수 있고요. 또한 관용구와 숙어를 외우느라 학습이 지체되면 책에 대한 흥미가 떨어질 수도 있습니다. 그러므로 차라리 그 시간에 단어를 외우는 게 영어 능력을 향상시키는 지름길입니다.

Q 단어를 열심히 외우는데도 단어 시험 성적은 형편없어요. 단어 공부를 계속 해야 하는지 회의감이 듭니다. 단어암기가 정말 그렇게 중요한 건가요?

A 영어를 아무리 잘하는 사람이라도 단어암기는 꾸준히 지속해야 합니다. 물론 시험도 지속적으로 보아야겠죠. 단어 시험 성적이 낮은 사람들의 공통점은 단어를 외우는 데 투자하는 절대적인 시간이 부족하다는 것입니다. 적어도 하루에 한 시간 이상은 단어를 외우는 데 사용하십시오. 대충 훑어보아서는 단어를 자기 것으로 만들 수 없습니다.

영어를 처음 배우는 사람은 『큰소리 영어 학습법 암기카드 BOX(초등학생용 1000단어)』를 십분 활용하길 권합니다. 그리고 책을 읽다가 모르는 단어가 나오면 손수 암기카드를 만들고 수시로 들여다보십시오. 단어암기는 꾸준히 지속적으로 시간을 투자하는 게 최선의 방법입니다.

Q 받아쓰기는 책을 끝까지 다 공부한 뒤에 하나요? 아니면 매일매일 공부한 부분에 대해서 실시하나요?

A 받아쓰기는 매번 공부한 부분을 테스트하는 것을 원칙으로 합니다. 하루치 분량을 제대로 소화했는지 점검하는 거죠. 그날그날의 공부가 온전히 마무리되어야 앞으로의 공부도 차근차근 쌓아갈 수 있습니다. 짧은 동화책은 책을 모두 읽은 다음 총정리하는 개념으로 전체를 테스트하는 것도 나쁘지 않습니다.

Q 우리나라 영어 시험은 문법을 중요하게 여깁니다. 큰소리 영어 학습법은 의도적으로 문법 공부를 멀리하는데, 국외 대학이 아닌 국내 상위권 대학 진학을 목표로 하는 사람은 어떻게 해야 하나요?

A 저는 일반계 고등학교에서 국내 대학 진학을 준비하다가, 고3 겨울 방학부터 국외 대학 진학을 준비했습니다. 그전까지 줄곧 사교육 없이 큰소리 영어 학습법만으로 영어 실력을 다져왔지요. 덕분에 내신은 물론 모의고사에서도 항상 영어만큼은 상위권을 유지했습니다. 이를 바꿔 말하면 큰소리 영어 학습만으로도 국내 상위권 대학 진학이 가능하다는 것입니다.

문법 이야기를 했는데, 우리는 '기차을'은 틀리고, '기차를'이 옳다는 사실을 문법적으로 따지지 않고도 자연스럽게 이해합니다. 오히려 문법적 이유를 설명하려고 들면 등골이 오싹해지지요. 영어도 마찬가지입니다. 큰소리로 읽고 듣다 보면 자연스레 문법적 개념이 정립됩니다.

Q 중학생 내신 대비는 어떻게 하나요?

A 큰소리 영어 학습법은 중학생 내신 대비에도 도움이 됩니다. 큰소리 영어 공부반에서는 시험 몇 주 전부터 교과서와 프린트물을 통째로 반복해 녹음하고, 기출문제를 풀면서 시험 유형을 파악해 학생들을 고득점으로 이끌었습니다. 그리고 평소 큰소리 영어 학습법을 통해 다양한 문장을 입에 익히면 문법 공식을 달

달 외울 필요가 없습니다. 문법이 올바른지 어색한지는 직접 발음을 해보면 알 수 있습니다. 이는 몇몇 특출한 학생들에게만 통하는 공식이 아닙니다.

Q **영어책을 읽을 때 습관적으로 직독직해를 합니다. 그런데 의미를 해석하는 데에는 별다른 어려움이 없어요.**

A 'She/went to/school'을 '그녀는/갔다/학교에'라고 해석하는 것을 '직독직해'라고 합니다. 그런데 이렇게 해서는 절대로 영어 실력이 늘지 않습니다. 영어책을 읽으며 굳이 한글로 번역하려는 습관이 없어질 때 오히려 그 뜻을 이해하기가 쉬워집니다. 그래서 큰소리 영어 공부반에서는 수업을 진행할 때 맨 처음 문장만 무슨 뜻인지 한글로 이야기해줍니다. 물론 이때에도 '그녀는/갔다/학교에'가 아닌 '그녀는/학교에/갔다'라고 얘기하죠.
정리하자면 영어는 영어로 받아들여야지 한글로 바꾸어 이해하는 것은 곤란합니다. 영어를 그 자체로 이해할 때 어순감각이 생기고 자연스레 읽을 수 있습니다. 직독직해는 영어 공부를 망치는 지름길입니다. 꾸준한 반복학습을 통해 영어 문장의 의미를 자기 것으로 만들기 바랍니다.

Q **큰소리 영어 학습법을 통해 영어와 친숙해진 아이가 자꾸 영어로 대화를 하고 싶어 합니다. 스피킹은 어떤 방법으로 이끌어 나가는 게 좋을까요?**

A 학부모님들이 가장 많이 던지는 질문 가운데 하나입니다. 실제로 큰소리 영어 학습법을 통해 어순감각을 익히고 자신감을 갖게 된 학생들은 어떻게든 영어로 의사소통을 하고 싶어 합니다. 그만큼 영어에 재미를 느꼈다는 얘기죠. 이때부터는 학부모님들의 역할이 중요합니다. 자녀가 영어로 말할 수 있는 기회를 충분히 만들어주어야 합니다.

저 역시 아이들에게 스피킹 기회를 만들어주기 위해 많은 고민을 했습니다. 먼저 책장을 넘길 때마다 영어로 퀴즈를 내고 영어로 답하게 했습니다. 그리고 여기에는 긍정적인 패턴이 있습니다. 예를 들어 『Jekyll and Hyde』라는 책을 읽은 뒤 제가 이렇게 질문을 합니다. "Why did Jekyll panic in the morning?" 아이가 대답을 합니다. "He was Hyde." 더 많은 이야기를 듣고 싶었던 저는 다시 이렇게 묻습니다. "Can you tell me more about what happened in the night and in the morning?" 구체적인 질문으로 아이의 스피킹을 이끌어 내는 것이죠. 아이가 다시 답합니다. "Because he was Jekyll before he went to bed and he was Hyde when he woke up." 아까보다 더 완벽한 답변을 하였습니다. 이처럼 아이들과 함께 책을 읽는 중간에 영어로 질문을 던지면 스피킹을 이끌어 내는 동시에 수업 참여도와 내용에 대한 이해도도 높일 수 있습니다. 그리고 따로 제시문을 읽을 필요가 없기 때문에 학습 시간도 단축할 수 있습니다.

다른 방법은 시중에 나와 있는 수준별 교재를 활용하는 것입니다. 예를 들어 청소년을 대상으로 쓴 책들은 패션이나 문화 현상 등 청소년이 관심을 가질 만한 제시문과 그에 관련된 질문이 수록되어 있습니다. 단, 수록된 토픽의 수가 한정되어 있고, 관심 없는 주제가 나올 경우 아이가 흥미를 보이지 않을 수 있으므로 참여를 이끌어내기 위한 노력이 필요합니다. 부모님, 또는 주위 친구들과 그룹을 만들고 이러한 교재를 활용해보십시오.

상위권 고등학생이나 대학생은 신문 기사 활용을 권합니다. 영자신문에서 흥미로운 기사를 선택한 뒤 대여섯 개의 질문을 만듭니다. 이때 단답형 질문(예를 들어, 회사의 수입은 몇 퍼센트 증가했는가?)보다 구체적 설명이 가능한 질문(예를 들어, 회사의 수익이 증가한 까닭은 무엇인가?)을 선정하는 게 좋습니다. 여러 답변이 나올 수 있는 문제도 좋습니다. 신문 기사를 활용한 학습의 장점은 영어와 시사를 동시에 공부할 수 있다는 것입니다. 특히 스터디 그룹을 만들어서 서로 질문을 던져본다면 높은 효과를 볼 수 있습니다.

Q 책 읽기를 녹음하는 이유는 무엇인가요? 단순히 복습을 위한 것인가요?

A 녹음의 목적은 두 가지입니다. 우선 자녀 또는 학생에게 큰소리 읽기 숙제를 주고 검사하는 것입니다. 두 번째는 큰소리로 녹음

된 자신의 목소리를 듣고 억양과 빠르기, 크기 등을 객관적으로 평가하는 것입니다. 사실 두 번째 이유야말로 큰소리 영어 학습법의 핵심으로, 자신의 목소리를 다시 들어보면 누구나 자신의 문제가 무엇인지 정확히 파악할 수 있습니다.

Q 큰소리 영어 학습에 사용할 수 있는 책을 추천해주세요.

A 취향을 모르는 사람에게 영화를 추천하는 것처럼 책을 추천하는 것도 보통 어려운 일이 아닙니다. 우리 남매만 보더라도 서로의 취향이 매우 다릅니다. 석천 오빠는 역사와 인문 사회, 자연 과학 분야까지 두루 관심을 가지는 반면, 동생 태림이는 IT나 기계 과학 서적을 많이 읽습니다. 저는 소설을 좋아하고요. 따라서 여러분도 평소 좋아하는 장르의 책을 고르는 게 좋습니다. 우리가 재미있게 읽었던 책을 추천하자면 다음과 같습니다.

추천 도서 리스트

1. 『In the Fifth at Malory Towers』 –Enid Blyton
2. 『Madame Doubtfire』 –Anne Fine
3. 『Charlie and the Chocolate Factory』 –Roald Dahl
4. 『Horrible Science』 & 『Horrible History』 –Nick Arnold, Terry Deary
5. 『Bridge to Terabithia』 –Katherine Paterson

6 『Hatchet』 -Gary Paulsen
7 『Cirque du Freak』 -Darren Shan
8 『Hoot』 -Carl Hiaasen
9 『Holes』 -Louis Sachar
10 『Lizzie Zipmouth』 -Jacqueline Wilson
11 『The Mysterious Benedict Society』 -Trenton Lee Stewart
12 『The Giver』 -Lois Lowry
13 『Roald Dahl 자서전』 -Ronald Dahl
14 『Eragon』 -Christopher Paolini
15 『Chronicles of Narnia』 -C. S. Lewis
16 『Harry Potter 시리즈』 -J. K. Rowling
17 『Animal Farm』 -George Orwell
18 『Chicken Soup for the Soul』 -Jack Canfield & Mark Victor Hansen
19 『Northern Lights』, 『The Subtle Knife』, 『The Amber Spyglass』
   -Philip Pullman
20 『The Hitchhiker's Guide to the Galaxy』 -Douglas Adams
21 『The Hobbit』 -J. R. R. Tolkien
22 『The Great Redwall Feast』 -Brian Jacques
23 『Excalibur』 -Bernard Cornwell
24 『The Lord of the Rings』 -J. R. R. Tolkien

* 번호가 높을수록 난도가 높은 책입니다.

Q 원서 외에 활용할 수 있는 교재가 있을까요?

A 물론입니다. 요즘은 국내 출판사에서도 다양한 레벨의 영어 교재를 만들고 있습니다. 큰소리 영어 공부반 역시 원서 외에 스

튜디오다산에서 출간된 『Who』 시리즈 영문판을 교재로 사용했습니다.

Q 영상 문화가 익숙한 요즘 아이들은 책보다 화면을 통해 공부하는 방법을 더 선호합니다. 외국 영화나 드라마를 봐도 영어 공부에 도움이 될까요?

A 저 또한 어렸을 때 영화를 통해 영어를 배운 적이 있습니다. 우리 가족이 처음 영국에 갔을 때는 7월 말로 학교가 개학을 하려면 두어 달이나 기다려야 했습니다. 같이 놀 친구도 없어서 맨날 뜻 모르는 텔레비전만 바라보곤 했는데, 어느 날 영국에서 오랫동안 거주하신 한국 분이 어린이 영화를 권하셨습니다. 처음 본 영화는 장난감들이 살아서 움직인다는 내용의 「토이 스토리(Toy Story)」였습니다. 그런데 참 신기한 일이 일어났습니다. 영화를 열 번 정도 보았을 때 갑자기 영어가 들리기 시작했던 것입니다. 그리고 서른 번이 넘게 보았을 때에는 등장인물의 대사를 따라 할 수 있게 되었습니다. 입으로도 영어가 나오기 시작했던 것입니다. 그렇게 영어를 듣고 따라 할 수 있게 되자 학교에서 영국인 친구들도 쉽게 사귈 수 있었습니다.

이처럼 영상으로 영어를 접하는 일은 분명 영어 공부에 도움이 됩니다. 하지만 우리나라에 살면서 일반적인 파닉스 단계 또는 『큰소리 영어 학습법 암기카드 BOX(초등학생용 1000단어)』를 외우는 단계의 학생이 영상을 보면 귀가 아닌 눈을 통해서만 재미를 느끼는 부작용이 발생할 수도 있습니다. 영화를 보면서 머릿속이 멍해지는 '바보상자에 빠져들기' 현상을 경험하기도 하지요. 거듭 말하지만 저는 어쩔 수 없이 영어를 사용할 수밖에 없는 환경에 노출되어 있었기 때문에 영상을 보면서 귀와 입이 트였던 특이한 사례입니다.

오히려 영상 수업은 중급이나 고급 영어를 구사하는 청소년층에 더 효과적입니다. 영화 대본을 구해서 10분 분량 정도를 반복적으로 학습하면 문장의 구체적 기능과 발음을 동시에 익힐 수 있습니다. 물론 이 역시 큰소리 영어 학습법을 통해 어순감각을 정립한 다음에 가능한 일입니다. 영상이 큰소리 영어 학습법을 보조하는 역할은 할 수 있겠지만, 높은 수준의 단어나 체계적인 문장을 습득하고자 한다면 책을 통하는 것이 최선입니다.

참, 아이들이 보는 영화라고 해서 알아듣기 쉬울 것이라고 생각하면 오산입니다. 애니메이션은 등장인물이 재잘거리듯 빠르게 말하기 때문에 일반 영화보다 알아듣기 힘든 경우가 많습니다. 등장인물이 천천히 말하는 영상을 보고자 한다면 다음 영화들을 추천합니다.

- **아이들을 위한 영화**: 「코렐라인: 비밀의 문」, 「나홀로 집에 4」, 「Up」
- **어른들을 위한 영화**: 「당신이 잠든 사이에」

Q 게임을 통해 영어 실력을 향상시킬 수 있다고 주장하는 사람들이 있습니다. 정말 게임을 하면 자연스레 영어를 익힐 수 있나요?

A 영국에 있을 때 도로시 할머니와 함께 게임을 하며 영어를 공부한 적이 있습니다. 인도에서 불어 선생님으로 계시다가 은퇴하신 분이었는데, 일주일에 한 번씩 우리 집을 방문하셔서 즐거운 시간을 보내곤 했죠. 처음에는 우리의 영어가 서툴렀기 때문에 게임을 하면서 다양한 표현을 익힐 수 있었습니다. 하지만 우리들의 영어 실력이 향상될수록 재미는 반감되었고, 결국 나중에는 아무런 자극도 받을 수 없었습니다.

한국에 돌아온 뒤에도 원어민 선생님을 찾아가 게임을 하며 영어를 공부했으나, 수준을 끌어올리는 데에는 도움이 되지 않는다고 판단해 금방 그만두었습니다. 이처럼 영어 게임은 단기적인 흥미를 유발해 영어에 대한 부담감을 줄여줄 수 있지만, 어느 정도 수준에 이르면 더 이상의 효과를 기대하기 힘듭니다. 중급 이상의 실력을 가진 사람이라면 꾸준히 단어를 외우고 책을 반복적으로 소리 내어 읽는 게 낫습니다.

대한민국의 부모님들에게
띄우는 편지 1

혹독한 시련이 달콤한 보상으로 이어집니다

어렸을 때 영국에서 공부를 하고, 압구정동에서 큰소리 영어 공부반을 운영했으며, 삼 남매가 모두 미국으로 유학을 간 까닭에 주변 사람들은 우리 가족을 부러운 시선으로 바라보곤 했습니다. 겉으로 보기에 우리 남매는 유복한 가정에서 나고 자라 좋은 대학교까지 간 아이들이었죠. 하지만 실상은 그렇지 않았습니다. 아버지의 사업은 부침을 거듭했고 삶도 그리 안정적이지 않았습니다. 아직도 마음 한편에는 돌아가고 싶지 않은 힘든 시기에 대한 기억이 남아 있습니다.

삼 남매가 각각 고등학교 2학년, 중학교 2학년, 초등학교 6학년 때의 일입니다. 우리 가족은 서울 종암동에 살았는데, 경제적 형편 때문에 여름 방학 동안 집에 있기 힘든 상황이 되어 어머니와 우리 셋은 매일 아침 도서관으로 출근 도장을 찍었습니다. 집에서 준비한 도시락을 먹고 도서관이 문 닫을 때까지 시간을 보내는 생활을 방학 내내 지속했죠. 그동안 오빠는 미국 대학 진학에 필요한 AP 공부를 하고, 저는 토익 시험을 준비했습니다. 동생은 컴퓨터 관련 서적을 탐독했으며, 어머니 역시 따로 준비한 공부를 하셨고요. 그런데 집에서 따로 반찬을 준비할 여유가 없었기 때문에 도시락 메뉴는 항상 카레였습니다. 그때의 기억 때문에 저는 몇 년 전까지도 카레를 입에 대지 못했죠.

우리들은 왜 우리가 집에 들어가지 못하고 밖에서 고생을 하는지 궁금했습니다. 그래서 문제가 무엇인지 부모님께 종종 묻곤 했는데, 그때마다 부모님은 그 이유를 자세히 설명해주셨습니다. 어린아이가 별걸 다 알려고 한다며 무시할 수도 있는데 그러지 않으셨죠. 물론 부모님의 말씀을 모두 알아들을 수는 없었지만, 우리를 인격체로 대해준다는 생각에 최대한 이해하려고 노력했던 기억이 납니다.

우리 삼 남매가 사춘기를 있는 듯 없는 듯 보낼 수 있었던 이유도 부모님의 힘든 사정을 상세히 알고 있었기 때문입니다. 그렇지 않아도 고생하시는 부모님께 또 다른 근심을 안겨드릴 수는 없었죠. 우리들이라도 옆에서 든든하게 부모님을 지켜야 할 것 같은 생각이 들었습니다. 나중에 들은 이야기로는 부모님도 우리에게 객관적으로 설명하려는 과정을 통해 한 걸음 물러서서 상황을 바라볼 수 있는 시간을 가졌다고 합니다.

참 어려운 시기가 많았습니다. 왜 우리 집은 다른 친구들 집처럼 평범하지 못할까 서럽기도 했습니다. 그러나 우리는 좌절하지 않았습니다. 각자 꿈을 이루기 위해 노력하고, 힘든 때일수록 서로를 다독이며 희망을 품었습니다. 그렇게 시련을 이겨낸 덕분에 오늘날 우리는 어지간해서는 걱정을 하지 않는 사람으로 성장했죠. 묵묵히 자신의 길을 걷다 보면 시련은 지나게 마련이고, 노력은 가치 있는 결과로 돌아옴을 배웠습니다. 시련은 사람을 성숙하게, 강하게 만듭니다. 지금 어머니는 이렇게 말씀하십니다.

"어려서 고생을 한 덕에 이렇게 잘 커주었구나. 고마워."

아이를 협상 테이블로 이끄세요

부모님이 자식을 뒷바라지하는 일은 당연하다고 주장하면서 자신은 그만큼의 노력을 하지 않는 아이들이 있습니다. 우리 삼 남매는 어렸을 때부터 부모님과 협상을 해왔습니다. 쉽게 말하면 무엇인가를 요구할 때 조건부 승낙을 얻어냈던 것입니다.

오빠가 영국에 남아서 중학교를 다니겠다고 간절히 부탁하자, 아버지는 형편은 어렵지만 상위권 성적을 유지하면 그러겠노라고 약속했습니다. 그러자 오빠는 굉장히 빠른 속도로 학교 진도를 따라갔고, 얼마 지나지 않아 최상위반으로 진급했습니다. 그리고 상급 학교에 진학할 시기가 되자 명문으로 꼽히는 해로우스쿨(Harrow School)에서 공부하고 싶다며 다시 한 번 사정을 했습니다. 결국 부모님의 약속을 받은 뒤 열심히 공부해서 해로우스쿨의 학생이 되었죠.

저는 미국 대학에서 공부하는 오빠가 부러웠습니다. 그래서 고등학교 2학년 겨울 방학 때 미국 유학에 대한 제 생각을 부모님께 말씀드렸습니다. 부모님은 망설이셨습니다. 형편도 형편이지만 결과가 잘못될 경우 수능과 유학이라는 두 마리 토끼를 모두 놓칠까 걱정되었던 거죠. 그래서 일정 수준 이상의 미국 대학에 붙어야만 유학을 보내주겠다는 조건을 걸으셨습니다. 저 역시 기왕이면 좋은 대학에 가고 싶었기 때문에 열심히 노력했고, 마침내 미국 내에서 명문으로 꼽히는 라이스대학에 합격했습니다.

동생은 자신이 좋아하는 컴퓨터 공학 분야의 공부를 하고 싶어 했습니다. 부모님 역시 본인이 좋아하는 공부를 하라고 말씀하셨죠. 의지가 강했던 동생은 학원에 보내주겠다는 부모님의 제안도 마다했습니다. 그렇게 독학으로 공부를 해서 국내 유수의 대학에 합격했고, 지금은 미국에서 공부를 하고 있습니다. 이처럼 외부의 도움을 받지 않아도 의지가 있으면 충분히 할 수 있는 게 바로 공부입니다.

최근에는 부모님이 직접 자식의 목표를 정하고, 그 방법까지도 알려주는 경우가 늘고 있습니다. 자신이 원했던 인생의 모습을 자식의 인생에 투영시키려 하는 것이죠. 하지만 우리 부모님은 자식들이 직접 목표를 정할 수 있도록 기회를 주셨습니다. 자신의 장래를 스스로 결정할 수 있도록 이끄셨습니다. 그리고 우리는 주어진 환경에서 최선을 다하는 것만이 부모님의 기대에 부응하는 방법이라고 생각했습니다. 만약 부모님의 강요에 의해 공부를 했다면 이야기는 달랐을 것입니다. 대한민국의 부모님들께 말씀드립니다. 제발 자식의 결승선을 미리 긋지 마십시오. 아이가 주체적으로 노력하고 성장할 수 있도록 믿고 제안하십시오. 아이를 협상 테이블로 이끈 뒤 동기를 부여해주십시오. 아이와 협상하는 부모가 좋은 부모입니다.

과한 칭찬은 오히려 독이 됩니다

상담을 하다 보면 아이를 키우는 부모님들의 성향을 자연스레 구분하게 됩니다. 그중 가장 걱정되는 성향이 있는데 바로 '과잉 칭찬'을 하시는 부모님들입니다. 이런 부모님들은 '우리 아이'를 무조건 칭찬합니다. 칭찬이 나쁜 것은 아닙니다. '칭찬은 고래도 춤추게 한다.'는 말이 있듯이, 칭찬을 받은 아이는 자신감을 가지고 공부에 대한 의지를 불태우게 됩니다. 반면에 질책을 받은 아이는 공부에 대한 의욕이 사라지고 반항적으로 성장하게 되죠.

그러나 과한 칭찬은 부작용을 일으킵니다. 내 아이는 특별하다는 생각에 자신감을 심어주려고 아이의 비위를 맞추는 어머님들을 자주 봅니다. 그분들은 사소한 일에도 칭찬을 남발하며 공부에 대한 아이의 환심을 사고자 온갖 미사여구를 늘어놓습니다. 그렇다면 아이는 부모님의 과잉 칭찬을 어떻게 받아들일까요? 과한 칭찬에 익숙해진 아이는 칭찬을 습관적으로 받아들이며 피곤하고 약한 스타일로 성장하게 됩니다. 아이에게 칭찬보다는 왜 공부를 해야 하는지 설명해주십시오. 목표를 정하고 방법을 선택할 수 있도록 대화를 통해 유도하십시오.

또 과잉 칭찬은 아이를 자만하게 만듭니다. 낮은 목표에도 만족하게 만들어 의지를 약화시킵니다. 칭찬에 면역된 아이들은 조금만 힘든 일이 생겨도 쉽게 포기하고, 자기중심적인 성격을 가져서 다른 친구들과 어울리지 못합니다.

부모의 과잉보호가 아이의 능력을 제한하는 경우도 있습니다. 수준에 맞는 학습량을 제시했을 때 "우리 아이는 아직 이 정도 공부를 할 능력이 없습니다." 하고 말하는 부모님들이 계십니다. 예를 들어 공부반에서는 부모님의 사유서가 있으면 녹음 숙제를 하지 못해도 한 것으로 인정해주었습니다. 그랬더니 어떤 부모님은 걸핏하면 사유서를 써 보냈고, 그 아이는 공부반을 오랫동안 다녔음에도 불구하고 영어 실력이 늘지 않았습니다. 반면에 어떤 부모님은 "우리 아이는 조금 더 공부가 필요합니다. 숙제를 늘려주세요." 하고 말하기도 했습니다. 물론 이런 부모님 밑에서 자란 아이가 학습 의욕이 높고 결과도 훌륭했습니다.

내 자식은 고생 안 시키고 무엇이든 부족하지 않은 환경을 제공하겠다는 마음으로 많은 돈과 시간을 투자하는 부모님들이 계십니다. 그러나 이런 아이일수록 학습 효과는 떨어지게 마련입니다. 그 이유는 바로 부족함이 없기 때문입니다. 부족함이야말로 더 나은 무엇인가를 갈구하는 마음으로 이어지는 원동력입니다. 우리 남매 역시 고생하시는 부모님을 보면서 공부하고자 하는 의욕을 불태웠습니다. 일 때문에 바쁜 부모님을 원망하기보다 열심히 일하시는 부모님께 부끄럽지 않은 자식이 되고 싶은 마음이 더 컸습니다.

어머님이 일을 하면서 자기 계발에 매진하는 모습을 보이는 것도 훌륭한 교육이라고 생각합니다. "엄마는 너만 쳐다보고 있으니 네가 잘돼서 엄마를 기쁘게 해야 해."라는 말보다 "엄마도 열심히 일하고 공부하니 너희들도 최선을 다했으면 좋겠다."라는 말이 자녀의 의욕을 북돋우는 데 효과적입니다. 시간을 함께 보내지 못하는 부모님들은 미안한 마음에 아이에게 과한 보상을 주기도 하는데 역효과가 날 수 있습니다. 반대로 아이에게 부모님의 힘든 일상을 이야기하고 공유하십시오. 그러면 아이들 역시 부모님을 이해하고 같이 고민하려 합니다. 어른으로 대접받는 아이가 어른처럼 생각할 수 있습니다.

적절한 보상 제도를 만드세요

큰소리 영어 공부반에서는 항상 배운 것들을 과제로 내주고 다음 시간에 그 내용을 테스트했습니다. 시험을 잘 보면 당연히 칭찬을 하고,

기대에 미치지 못했을 경우에는 벌을 주었죠. 그러면 대부분은 더 나은 대접을 받고자 노력하는 모습을 보였습니다. 그런데 모두가 그런 것은 아니었습니다. 상벌을 공부와 연결시키지 못하는 경우도 종종 있었습니다. 이 아이들에게는 상벌보다 강한 동기 부여가 필요했습니다. 그래서 생각한 당근이 '보상'이었습니다. 하지만 이 방법이 과연 효과가 있을지에 대해서는 회의적이었습니다. 경제적으로 부유한 요즘 아이들이 부족한 게 뭐가 있을까요? 특히 공부반이 있던 압구정동은 잘사는 동네로 소문이 난 곳이었는데 말이죠.

그러던 어느 날, 상담 때문에 여러 명의 학부모를 동시에 만날 기회가 생겼습니다. 좋은 기회다 싶었던 저는 아이들의 테스트 결과에 대해 부모님들이 어떻게 반응하는지 물었습니다. 돌아온 답변은 매우 놀라웠습니다. 아무리 부유한 집안의 아이라도 나름 갖고 싶은 것들이 있었고, 의외로 작은 보상에 반응하는 아이들이 많았습니다. 저는 아이들의 순수함에 감탄했습니다.

영어도 잘하고 매사에 의젓한 5학년 준현이는 보상을 통해 성적을 올린 대표적인 사례였습니다. 준현이는 공부반 테스트에서 일정 성적을 거두면 친척 분이 용돈을 주기로 약속했다고 합니다. 준현이가 늘 최상위의 결과를 얻으면서도 긴장의 끈을 놓지 않고 즐겁게 공부하는 이유가 여기에 있었던 것입니다. 준현이 어머님께 준현이가 발표를 더 적극적으로 했으면 좋겠다고 말씀드리자 준현이가 갖고 싶어 했던 백화점 상품권을 추가적인 보상으로 제시하겠다고 하셨습니다. 그 뒤 수업 시간에 쑥스러워하면서도 손을 드는 준현이의 모습을 볼 수 있었고, 말하기 실력 또한 빠르게 향상되었습니다.

저는 다른 부모님들께도 적합한 보상 제도를 만들라고 권유했습니다. 초등학교 2학년의 한 학생은 테스트에서 10점이 오르면 1000원을, 20점이 오르면 2000원을 주기로 했더니 50점대에서 90점대로 성적이 껑충 뛰었습니다. 어떤 아이는 발표를 할 때마다 문구류를 보상으로 받았고, 어떤 아이는 성적 향상을 통해 얻은 문화 상품권을 친구들에게 자랑하기도 했습니다. 그만큼 보상 체계는 공부 의욕을 자극하는 데 직접적인 효과를 발휘합니다.

물론 이러한 외적 동기는 근본적인 학습 동기 부여로 이어지는 데 한계가 있습니다. 하지만 작은 일에도 재미를 느끼고 놀라울 정도의 집중력을 보이는 게 아이들입니다. 자녀가 공부에 재미를 느끼게 하고 싶다면 가정에서 적절한 보상 제도를 만드십시오. 아이가 자신의 가능성을 느끼고 체험하게 하십시오. 외적 동기가 내적 동기로 이어지는 법입니다.

대한민국의 부모님들에게 띄우는 편지 2

큰소리 영어 학습법은 집중이 중요합니다

간혹 큰소리 영어 공부반 외에도 여러 영어 학원에 다니는 아이들이 있습니다. 큰소리 영어 학습법은 학생의 능력을 100퍼센트 집중할 때 효과가 있습니다. 그래서 부모님들께 다른 학원은 그만두는 게 좋다고 말씀드리지만, 대개는 불안 심리 때문에 쉽게 정리하지 못하십니다.

공부반에서 큰소리 영어를 집중적으로 공부하면 초등학생도 금방 중학생 수준에 이를 수 있습니다. 몇 년 동안 꾸준히 시간을 투자하면 영어 걱정은 따로 하지 않아도 됩니다. 그러나 다른 학원에서 수업을 들으면 과부하가 걸려서 효율이 매우 낮은 수준으로 떨어집니다. 다른 학원의 숙제에 치여 단어암기에 소홀해지고 녹음 숙제도 건성으로 하게 되죠. 굉장히 아쉬운 일입니다. 똑같은 비용과 시간을 들이는데 기왕이면 더 많은 것을 얻어가는 게 부모님들에게도 좋지 않을까요?

상담을 받으러 오셨던 어떤 어머님은 이미 아이가 영어 과외를 받고 있는 상태라고 고백하셨습니다. 평소 같았으면 먼저 과외를 정리하라고 말씀드렸겠지만, 이 어머님은 큰소리 영어 학습법에 큰 기대를 갖고 계셨고, 저 또한 그만큼 집중해줄 것이라고 믿었기 때문에 학생으로 받아주었습니다.

초등학생용 단어를 이미 다 외웠을 정도로 학생의 실력은 뛰어났습니다. 그래서 중학생 레벨의 단어를 공부하는 반에서 공부하게 되었는데, 안타깝게도 집에서 단어를 하나도 암기해 오지 않았습니다. 다른 숙제를 하느라 시간이 없었던 까닭이죠. 저는 그 학생의 어머님께 큰소리 영어 공부반 학습에 집중해 달라고 다시금 부탁드렸습니다. 하지만 어머님은 과외를 포기하지 않으셨고, 결국 이 학생은 큰소리 영어 학습법의 효과를 경험하지 못했습니다.

몸에 좋은 음식이라도 많이 먹으면 오히려 탈이 납니다. 효과가 좋은 방법을 하나만 제대로 소화하는 게 올바른 공부법입니다.

책을 가까이 두세요

오빠는 유치원에 들어가기 전부터 책을 읽었다고 합니다. 부모님이 길거리에 있는 간판과 상표를 읽어주었더니 어느새 스스로 읽는 법을 깨우치고 책을 보기 시작했다고 합니다. 유난히 독서를 좋아했던 오빠는 어린 나이였음에도 불구하고 앉은 자리에서 전집을 다 읽곤 했습니다. 오빠 때문에 부모님이 책값을 고민할 정도였죠. 하지만 부모님은 아무리 형편이 어려워도 책을 사는 데에는 돈을 아끼지 않았습니다.

어느 날은 오빠가 부모님께 60권짜리 『삼국지』 전집을 사 달라고 졸랐습니다. 옆집 형이 보던 걸 빌려 읽다가 두고두고 보고 싶은 생각이 들었던 것이죠. 결국 얼마 뒤 우리 집에도 『삼국지』 전집이 생겼습니다. 그리고 아버지와 오빠, 나, 동생까지 우리 가족은 시간이 날 때마다 『삼국지』를 읽었습니다. 밥 먹을 때에도 『삼국지』에 관한 이야기를 나누었죠.

오빠는 특히 역사에 관한 책을 좋아했습니다. 초등학교 3학년 때에는 『무궁화 꽃이 피었습니다』와 『로마인 이야기』에 빠져 살았습니다. 그래서인지 오빠는 고등학교와 대학에서 역사에 심취하기도 했죠. 저는 영국 작가들의 소설을 좋아하고, 동생은 전자 분야에 관한 책을 특히 즐겨 읽습니다.

책을 읽는 우리 가족의 습관은 아버지로부터 시작되었습니다. 독서를 즐기셨던 아버지는 항상 책을 가까이 두었고, 그 모습을 옆에서 지켜보며 자식들도 자연스레 책에 관심을 가지게 된 것입니다. 지금도 우리 집에서는 누군가 책을 사면 자연스레 테이블 위에 올려놓고 온 가족이 돌아가며 읽습니다. 이처럼 책을 읽는 습관은 책을 가까이 두는 일에서부터 시작됩니다.

요새는 많은 부모님이 아이를 논술 학원에 보냅니다. 그러나 input이 없으면 output도 없는 법. 다양한 책을 읽지 않고서는 좋은 글을 쓸 수 없습니다. 다양한 분야의 책을 두루 읽었던 오빠는 글을 쓰는 능력도 출중했습니다. 초등학교 때에는 『먼 나라 이웃 나라』라는 책을 읽고 일기장에 선진국과 후진국을 언급하며 일기를 서너 장씩 쓰기도 했죠. 고등학교를 다닐 때에는 친구들이 쓴 영문 에세이를 첨삭해주었고, 지금도 여러 선후배의 글을 손봐주곤 합니다. 이처럼 독서가 사고와 글쓰기에 미치는 영향은 지대합니다.

독서는 어휘력 향상에도 영향을 미칩니다. 큰소리 영어 공부반에 다녔던 어떤 초등학생은 학습 능력이 뛰어나고 암기력도 좋아서 마치 '살아 있는 사전' 같았습니다. 그 아이에게 문제가 생긴 건 고등학생 레벨의 단어를 공부할 때였습니다. 단어의 뜻은 쉽게 암기하면서도 그 의미는 이해하지 못하는 현상이 발생했죠. 예를 들어 'inspire: 영감, 영감을 주다'라는 단어를 외우게 하면 시험지에 그대로 옮겨 쓰면서도 '영감'이 무엇인지는 알지 못했습니다. '비열하다'와 '야비하다'가 비슷한 의미의 말이라는 것도, '누추하다'가 '지저분하고 더럽다'는 뜻으로 쓰인다는 사실도 몰랐습니다. 다행히 학생의 어머니가 공부를 적극 지도해줄 수 있는 상황이어서 집에서 공부할 때는 단어의 뜻을 하나하나 쉽게 풀어서 설명해주었습니다. 하지만 근본적인 해결책은 될 수 없었고, 아이는 레벨이 올라갈수록 힘겨워하는 모습을 보였습니다.

그래서 저는 고민 끝에 그 아이의 어머님께 따로 전화를 걸어 독서의 중요성에 대해 설명을 드렸습니다. 그러나 어머님은 심각성을 느끼지 못하고 "집에 책은 많은데 읽을 시간이 없어요. 선생님이 잘 지도해주세요."라고 말씀하셨습니다. 물론 아이는 그 뒤로도 책을 읽지 않았고 여전히 학습은 정체 상태를 이어나갔죠.

영어나 우리말이나 하나의 언어라는 점에서는 차이가 없습니다. 우리말 표현 능력이 뛰어나지 않으면 영어로도 상황이나 감정을 표현하기 어렵습니다. 우리말을 구사하는 능력이 떨어지면 영어 역시 'I was so happy.' 수준의 일차적인 표현밖에 하지 못합니다. 기본적인 회화를 넘어 자신의 주장을 정확히 표현하고 싶다면 독서를 통해 어휘력을 늘리는 게 최선의 방법입니다.

많은 아이들이 시험과 숙제 때문에 책 읽을 시간이 없다고 이야기합니다. 하지만 이는 틀린 말입니다. 이런 아이들은 자투리 시간이 생겨도 컴퓨터 게임을 하거나 휴대 전화를 만지작거리는 데 쓰곤 합니다. 이를 바로잡을 수 있는 사람은 오직 부모님뿐입니다. 부모님들이 먼저 책을 읽고, 아이들이 책을 가까이 할 수 있는 환경을 만들어주십시오. 그러면 따로 학원에 가거나 과외를 받지 않아도 자연스레 공부 잘하는 아이로 성장할 수 있습니다.

chapter 2

왜 우리는 영어를 어렵게 배우는가?

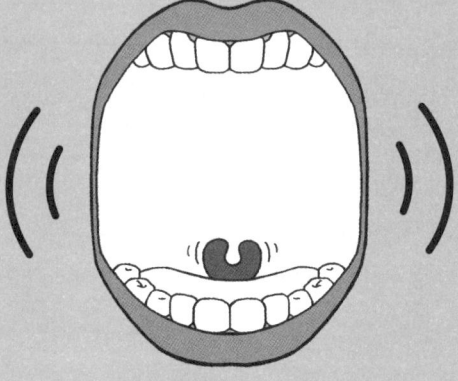

한국 영어만 생각하면 숨이 막혀온다. 시시포스의 신화에서처럼 안 될 일을 계속 반복해서 하고 있기 때문이다. 굴러 내려오게 되어 있는 돌은 어떻게 해도 굴러 내려온다. 아무리 열심히 힘들여 한다고 해도 그 결과는 달라지지 않는다. 60~70년 동안 문법 위주 방식으로 가르쳤던 대한민국의 영어 교육 방향이 틀렸다는 것이 확실히 드러났다면 이 방식에 대해 재고해볼 만한데, 무슨 신앙심을 가진 듯이 종전의 방식대로 계속해 나간다.

대부분의 학원·학교는 문법 60~70퍼센트 독해 30~40퍼센트의 비율로 영어 공부를 시킨다. 지난 수십 년간 변함이 없는 비율이다. 학생들에게는 입을 열 시간이 주어지지 않는다. 눈으로만 문제를 푼다. 물론 일부 어학원에서는 원어민을 통해 학생들에게 말을 하도록 시키기는 하지만, 중학생이 됨과 동시에 문법에 대한 비중을 확 늘리고 말하기는 확 줄여버린다. 그러다가 고등학교에 들어가면 아예 원어민을 통한 교육은 사라진다.

물론 변화가 없는 것은 아니다. 원어민 선생이 3만 명 이상 한국에 들어와 있고, 교재들도 더 세련된 방법으로 만들어져 아이들의 관심을 끌고 있다. 또한 많은 아이가 어학연수를 다녀오면서 발음도 제법 개선

되었다. 그러나 꼭 필요한 인식의 전환은 이루어지지 않고 있다. 한국인이 영어를 공부할 때 가장 큰 장애가 무엇인지에 대한 견해도 일치하지 않는다.

영어 공부에서 가장 큰 장애는 우리말의 어순이 영어가 속하는 인도유럽어족의 어순과 완전히 다르다는 것이다. 이렇게 어순이 다르니 수없이 큰소리로 읽는 연습을 하여 반사적으로 영어가 나오지 않는 사람은 하나씩 하나씩 문법에 따라 조립을 해야 한다. 그러나 말하기를 조립하는 일은 허공을 휘젓는 일과 같아서 한 줄 이상 조립이 불가능하다. 그렇게 결국 모두 포기하고 만다.

90년대 말 미국 출장을 다니면서 문장을 조립하는 수준으로는 절대 영어를 잘할 수 없겠다는 결론에 도달했다. 즉, 조립을 하는 지침서에 해당하는 문법은 폐기하고 자동적·반사적으로 문장이 나오도록 연습하는 수밖에 없겠다는 생각이 들었다. 그래서 큰소리 영어 학습법을 고안하게 됐다. 큰소리 영어는 반사 신경을 발달시키는 학습법이지 논리적으로 생각하는 방법이 아니다.

권투를 할 때 주먹이 반사적으로 튀어 나와야지, 생각을 하면 절대 이길 수 없다. 상대가 쉴 새 없이 주먹을 뻗는데 언제 생각하면서 주먹을 뻗을 것인가? 이런 선수가 이기는 권투는 본 적이 없다. 상대의 주먹이 튀어나온다고 판단되는 순간 자기도 모르게 주먹이 튀어나가야 한다. 마찬가지로 영어 어순이 우리말과는 완전히 다르기 때문에 그들의 말이 들리는 순간 바로 대답할 수 있도록 수없이 연습하고 어순감각을 익혀야 한다. 한국식 영어 교육은 이런 문제점을 가지고 있으면서도 너무 오랫동안 정통으로 인정받아왔다. 뒤에 열거된 한국식 영어 교육의 문제점들이 하나씩 사라지면 학생들이 영어로 인해 행복하고 즐거운 삶을 살 수 있다고 생각한다.

해로운 한국식 영문법

입을 닫게 만드는 문법 공부

한국에서 영어는 난공불락의 성이다. 태어나기 전 뱃속부터 가르치는 영어인데 도대체 왜 늘지 않을까? 그 문제에 대해 여러 각도로 생각해보았는데 한국 영어의 가장 큰 문제점은 문법을 지나치게 강조하는 데 있다고 본다.

문법을 전혀 공부하지 않아도 읽기를 통해 자연스럽게 문법에 맞게 글을 쓰고 말할 수 있다는 사실을 경험한 사람이자, 그 방법대로 가르쳤던 사람으로서 자신 있게 이야기할 수 있다.

어떤 사람은 영미 학생들도 문법을 배우지 않느냐고 묻지만 영미

학생들이 배우는 영문법은 우리나라 학생들이 배우는 문법과는 전혀 다르다. 예컨대 미국 SAT 영어 쓰기 영문법에 나오는 문제의 대표적인 형식은 "아래 문장 중에서 문법적으로 문제가 있다면 어떻게 고친 것이 가장 자연스러운가? 틀린 것이 없다면 5번을 골라라."이다.

이런 종류의 문제에서는 한국식 영문법으로 틀린 것을 찾기가 거의 불가능하다. 더 자연스러운 것을 고르라니……. 한국식 영문법에 길들여진 경우 이런 문제의 대부분이 문법적으로 문제가 없는 것처럼 보이기 때문에 제대로 문제를 풀 수 없다. 현재 미국에서 유학 중인 큰아들 이야기로는 이런 영문법 문제에 대한 해결책은 영문법책을 많이 읽어보는 것이 아니라, 미국 대학 입시를 주관하는 'CollegeBoard(collegeboard.org)'에서 추천하는 추천서를 많이 읽는 것이다. 그러고 나서 시험을 몇 달 앞두고 집중적으로 문제집을 풀어보는 게 고득점에 이르는 가장 빠른 길이다.

한국식 영문법의 문제점은 쓸데없이 문장을 나누고 분석한 후 한국식 직독직해를 하도록 한다는 것이다. 학생들에게 국어책을 읽듯이 영어 문장을 자연스럽게 읽고 영어로 영어를 이해하도록 해야지, 나누어서 우리말로 번역한 뒤 전체를 연결해 뜻을 파악하는 식은 영어 실력을 향상시키는 데 절대로 도움이 되지 않는다.

지금은 과거에 비하여 문법이 시험에서 차지하는 비중이 현저히 줄어들었다. 수능에서는 아예 출제가 안 된다고도 볼 수 있으므로 그만큼 개선이 이루어졌다고도 볼 수 있다. 그런데도 학교와 학원들은 60~70

퍼센트의 시간을 문법을 가르치는 데 사용하고 있다. 이는 교육공급자의 횡포라고밖에는 달리 볼 수가 없다. 학교 내신에서도 문법 문제는 서너 문제 출제되는 것이 거의 정형화되었다. 1/10밖에 차지하지 않는 문법 문제를 위해 그렇게 많이 문법을 가르쳐야 하는지 도저히 이해할 수 없다.

재미있는 사실은 영미권 국가의 대학 입시에서는 반대로 영문법의 비중이 상당히 높다는 것이다. 미국 SAT의 영어 쓰기에서는 영문법 문제가 상당히 많이 출제된다. 그런데 이것은 앞에서 말한 것처럼 영어를 더 정확하게 쓰도록 하는 영문법이다. 작년 여름 큰아들이 한국에 들어왔을 때 이런 이야기를 나누었다.

"큰애야, 네 동생이 곧 SAT 시험을 볼 텐데 한국식 영문법과는 전혀 다르게 출제되는 영문법을 포함해서 영어 좀 가르쳤으면 좋겠다."

"제가 가르치기 싫어서가 아니라, SAT 영문법은 미국 College Board에서 추천하는 책을 한 권이라도 더 읽는 게 높은 점수를 받는 길이에요. 민족사관고 다닐 때도 선생님들이 학생들에게 추천서를 많이 읽으라고 강조했어요."

이렇게 해서 작은 딸은 오빠의 말에 따라 추천서를 머리로도 읽고 엉덩이로도 읽었다. 자기 오빠도 간신히 읽은 버지니아 울프의 『등대(To the Light-house)』를 원서로 끝까지 읽었을 정도니. 이렇게 해서 평범한 인문계 고등학교를 졸업한 작은 딸도 미국 대학 랭킹 20위권 안에 들어가는 소위 명문대에 합격할 수 있게 되었던 것이다.

초등학생들 중에서 곧잘 영어로 말을 잘하다가 중학교에 들어가자마자 입을 닫아버리고 문법과 독해만을 공부하여 결국은 말하기를 거의 다 까먹어버리는 아이들을 자주 보곤 했다.

우리 큰소리 영어 공부반에서는 문법을 거의 가르치지 않았기 때문에 중학교에 들어갈 때쯤이면 문법을 가르치는 학원으로 이전하는 학생들도 있었다. 그렇게 해서 결국 문법이라도 잘하게 되는가 하면 그렇지도 않다. 오히려 문장 내에서 문법적으로 잘못된 것을 지적할 수 있었던 아이들도, 문법만을 집중적으로 배우게 되면 문장 내에서 틀린 문법을 지적하는 능력이 퇴화되어버린다. 귀로 들어서 익힌 문법은 자기에게 체화된 문법이 아니기 때문에 바로 잊어버린다. 아무리 단어를 많이 외운다 하더라도 소설 읽기 등을 통해서 그 단어가 어떻게 쓰이는지를 경험하지 못하면 바로 잊어버리는 경우와 같다. 그렇게 배운 문법은 잊어버리기 십상이기 때문에 도움이 거의 되지 않는 것이다.

특히 대부분의 학원에서 초등학교 5~6학년을 대상으로 시행하는 문법 수업은 문법 용어가 어려운 편이다. 이 때문에 학생들은 문법책을 한 권 끝낼 때쯤이면 앞부분에서 배웠던 용어를 대부분 잊어버린다. 의문대명사, 인칭대명사, 의문형용사, 관계대명사 등을 한꺼번에 가르치는데 어떻게 어린 학생들이 그 어려운 문법 용어를 기억할 수 있단 말인가?

더구나 영문법 용어 중에서 우리가 만든 것은 없다. 전부 일본인들이 만들어놓은 단어를 우리가 한글로 바꾸어 쓴 것에 불과한데 그것이 쉽게 다가올 수 있겠는가?

문법을 배울 필요가 없다는 말은 너무나 많은 것들을 통해 알 수 있다. 단적으로 전 세계에서 옥스퍼드와 케임브리지대학 출판사의 문법책이 가장 많이 팔리는 곳이 한국과 일본인데 이 두 나라가 전 세계에서 영어를 가장 못한다는 깃은 우연의 일치가 아니다. 인터넷 서점에서 외국서적 베스트셀러 10위까지를 보라. 항상 옥스퍼드와 케임브리지 문법 서적 서너 권은 들어 있음을 쉽게 확인할 수 있다.

직독직해의 폐해

나는 한국식 영문법은 도움이 안 된다는 차원을 넘어서 해롭다는 견해를 가지고 있다. 문법이 해롭다는 것은 문법을 중심으로 가르치는 사람들이 대부분 직독직해라는 방법을 사용하여 문장을 쪼개서 부분 부분 해석한 뒤, 다시 합쳐서 전체의 뜻을 파악하도록 하기 때문에 학생들도 그러한 잘못된 습관이 들기 때문이다. 『찰리와 초콜릿 공장(Charlie and the Chocolate Factory)』에 나오는 한 문장을 예로 들어보자.

"He was standing very still, holding it tightly with both hands while the crowd pushed and pulled all around him."

이런 문장이 있으면 문법을 중심으로 가르치는 분들은 이렇게 끊어서 해석하며 설명한다.

"그는 서 있었다 / 아주 조용히 / 그것을 양손으로 꽉 잡고서 / 군중들은 밀고 당기는 동안에 / 온통 그의 주변에." 다음 이것을 합쳐서 "그는 온통 그의 주위에서 군중들이 밀고 당기는 동안에 그것을 양손으로 꽉 잡고서 아주 조용히 서 있었다."라고 해석해준다. 이렇게 나누어서 해석한 다음에 합쳐서 의미를 파악하는 것을 누가 '직독직해'라 이름 붙였는지 웃음밖에 나오지 않는다. 이건 전혀 직독직해가 아니며, 영어를 이런 식으로 배우면 영어를 영어로 이해할 때보다 2배 이상의 시간이 걸린다.

나는 완전히 다르게 알려준다. 해설을 한꺼번에 해주는 것이다. 즉 "그는 온통 그의 주위에서 군중들이 밀고 당기는 동안에 그것을 양손으로 꽉 잡고서 아주 조용히 서 있었다."라고 한 번만 쓱 말해줄 뿐이고, 아주 어려운 부분이 있으면 조금 더 해설을 해줄 뿐 세세한 설명은 하지 않는다. 그러면 학생들은 어떻게 부분 부분의 뜻을 알게 되는가? 그날 한 것을 일곱 번 이상 큰소리로 읽으면 그때 부분 부분의 뜻을 더 쉽고 더 빨리 터득하게 된다.

학생들이 먹기 편하게 잘게 잘라서 입에 넣어주는 것이 학생들이 진짜 영어 실력을 기르는 데 도움이 되겠는가, 아니면 여러 번 큰소리로 읽으면서 스스로 의미를 터득하게 하는 것이 진짜 영어 실력을 기르는 데 도움이 되겠는가?

이렇게 스스로 의미를 터득하게 되면 그다음에는 끊어서 해석하지 않고도 영어를 바로 영어로 이해하는 수준에 도달하게 된다. 대부분의 한국인은 영어를 우리말로 번역하는 과정을 거치지 않고 바로 이해할 수 있는가 하는 의문을 갖지만, 연습을 해보면 이렇게 해야만 진정으로 영어를 영어답게 하는 것이라고 이해할 수 있다.

기본적으로 영어는 우리말로 번역하지 않는다고 해서 의미가 안 통하는 것이 아니다. 오히려 끊김 없이 이해되기 때문에 더 잘 이해가 된다. 영어는 영어식으로 해석해야 더 빨리 의미를 파악할 수 있다.

내 설명에 이렇게 묻는 분들이 있다.

"선생님네 공부반에서는 직독직해도 안 하고 번역도 못 하게 한다면서요?"

"아이들이 한 문장으로 알아들을 수 있도록 해줄 뿐입니다. 그리고 아이들한테 번역 숙제는 내주지 않죠."

"그러면 아이들이 영어 실력이 늘었다는 사실을 어떻게 알 수 있죠? 영어로 번역도 못 하게 하고 직독직해도 못 하게 한다면 말이죠."

"영어는 영어로 테스트해야 실력이 향상되었는지 알 수 있습니다."

"무슨 말이죠?"

"그러니까 우리 공부반에서 두 달에 한 번씩 보는 레벨 업 테스트는 대부분 영어로 진행되는데, 이때 영어로 문답하는 부분을 어느 정도 맞혔느냐를 보면 아이들 영어 실력이 얼마나 향상되었는지를 알 수 있다는 거죠. 우리 공부반에서 그런 방법을 쓰는 이유는 아이들이 사실 영어로는 이해를 했는데, 우리말 실력이 부족해서 번역을 잘못하여 영어 실력이 없는 것으로 진단받는 경우가 많기 때문입니다."

반면에 수많은 학원이 아이들한테 우리말로 독해한 것을 빼곡하게 써오게 한다. 심지어 어떤 학원에서는 단어를 순서대로 번역하여 나열하게도 한다. 그런 학원이 학생들에게 얼마나 치명적인 해를 끼치고 있는지 아는가? 아이들이 학원에 들어가기 위한 테스트에서 문법 40퍼센트, 단어 30퍼센트, 독해 30퍼센트 정도를 적용하는 곳도 상당히 많다.

아주 악의적으로 해석한다면 문법 자체가 사기일 수도 있다. 국어 문법도 모르던 초등학교 시절에는 거리낌 없이 국어를 쓰고 말하고 듣고 읽었는데, 중학교에 들어가서 국문법의 용언·어간·어미·형태소 등을 배우고, 고등학교에 들어가서 불규칙동사 등에 대해서 배우면 그 쉽던 국어가 갑자기 낯설고 어려워진다. 영어도 마찬가지다.

영어를 가르치는 대부분 선생님은 부모님이나 학생들과 상담할 때 이렇게 말한다. "문법을 배워야 영어를 체계적으로 알게 됩니다." 그러면 소위 문법에 도사인 강남, 분당, 목동, 평촌에서 영어를 가르치는 분들 또는 학교에서 영어를 가르치는 분들은 그렇게 체계적으로 문법을 배워서 쓰기와 말하기를 자유롭게 할 수 있단 말인가?

문법을 잘 가르치는 선생님들 중에 쓰기와 말하기 즉 영어로 자기소개를 할 수 있는 사람은 5퍼센트를 넘지 않는다고 장담할 수 있다. 영어로 하는 자기소개는 문법을 정말 잘 가르치는 사람도 무서워한다. 그렇기 때문에 학생들에게는 문법만 열심히 가르치는 것이다.

나는 위에서 우리가 배우는 영문법이 가짜일 수 있다고 하였다. 그런데 그것만이 문제가 아니다. 전혀 쓸데없는 내용을 과잉학습하게 하는 일 또한 문제다. 문법은 시간 도둑이다. 서른여덟 살 이후 영어 소설 읽는 것을 좋아하게 된 나는 상당히 많은 소설을 읽었다. 그러나 모든 영문법책에 나와 있는 20여 개 정도의 동명사의 관용적 표현 중에 cannot help ~ing(~하지 않을 수 없다), there is no ~ing(~할 수 없다)를 제외하고는 동명사의 다른 관용적 표현을 거의 본 적이 없다. 중요하다고 해서 그렇게 열심히 손이 아프도록 써 가며 억지로 암기했던 스무 개가 넘는 동명사의 관용적 표현을 익힌 시간이 아깝게만 느껴졌다. 부정사의 관용적 용법도 마찬가지다. 그중에 앞으로 하나라도 제대로 써먹을 수 있는 기회를 갖게 될까? 아마 없을 것이다.

　그렇다면 동명사의 관용적 용법은 소설이 아닌 영화 등에만 사용된단 말인가? 영화 대사를 많이 읽어보았지만 역시 위에서 언급한 동명사의 관용적 용법 두 개 이상을 본적이 없다. 이렇게 실제로 쓰지도 않는 것을 중요하다고 속여 외우게 하고는 전혀 쓸 일이 없게 하는 게 타당한 일인가? 차라리 가르치지를 말아야 할 것이 아닌가?

일본에서 들어온 영문법 용어

　영문법이 어려워진 가장 큰 이유는 영문법 용어가 우리말이 아니라, 일본어의 한자를 우리말로 옮기기만 한 것이기 때문이다.

부정사(不定詞)는 왜 부정사인가? 영어로는 'infinitive'인데 'in'은 접두사로서 부정을 나타내는 '不'에 해당하고, 'finite'는 '한정된'의 뜻으로 '定'의 뜻을 가지며, 'fini-'의 형태로 줄여져 사용된다. 그리고 '-tive'는 '~한'의 뜻을 가지고 있는 형용사이며 품사란 의미에서 '詞'의 뜻을 갖게 되어 일본인들이 '不定詞'라고 붙인 것이다. 이를 우리나라 사람들이 한글로 바꾼 단어가 바로 '부정사'다.

이런 지경이니 분사구문에서 우리말로 '부대상황'이라고 써놓으면 이해할 사람이 누가 있겠는가? 물론 해설에는 '~하면서 ~한다'로 적혀 있고 그런 예문도 몇 개 있다. 부대상황은 한자로 '附帶狀況'이다. 우리말로만 볼 때는 마치 어떤 부대가 어디에 주둔해 있는 상황을 나타내는 것 같지만 실제로는 '~하면서 ~하다' 의미로 쓰일 뿐이다. 한자를 모르고는 도저히 알 수 없는 용어를 마구 우리말로 말만 바꾸어서 쓰는 현실이 부끄럽게 느껴진다. 중요한 것은 이런 쓸데없는 개념을 이해하기 위해 우리가 그렇게 고생을 하고도 제대로 써먹지 못한다는 사실이다.

일본 아이들은 그들이 주로 쓰는 한자로 영문법 용어를 배우기 때문에 당연히 그 뜻을 쉽게 이해할 수 있다. 일본 아이들에게 부대(附帶)는 '주(主)된 의미'가 아니라 '종속적인 의미'를 뜻한다. '~하면서 ~하다'에서 '~하다'가 주(主)된 것이고, '~하면서'가 부대적(附帶的)이라는 사실을 쉽게 인지하는 것이다. 하지만 우리 아이들은 '부대상황'이라는 말이 낯설기만 하다.

처음 영문법을 배우는 학생들은 '관사'라는 거창한 말 앞에서 조금 기가 죽는다. 그렇게 거창한 관사가 고작 'a'와 'the'밖에 없다는 것을 알고는 얼마나 허탈했는지 35년이 지난 지금도 그 감정을 기억한다.

다시 이야기하지만 그 시간에 큰소리로 읽기를 하면 문법적인 용어를 전혀 모르고도 문법대로 말할 수도, 쓸 수도, 읽을 수도, 들을 수도 있다. 영어를 배우면서 이보다 더 좋은 소식이 있을 수 있단 말인가?

영어책을 소리 내서 읽다 보면 배울 가치가 있는 문법은 암묵적으로 전부 익히게 되어 있고, 배울 필요가 없는 문법은 의미 없이 흘러가게 되어 있다. 가정법현재완료가 어떤 소설에서 쓰였는데, 문법적으로 따져보니 영문법에 맞지 않다고 작가에게 항의할 수 있겠는가? 우리에게 중요한 것은 옳고 그름을 따지는 게 아니라 '가정법현재완료는 이런 경우에 이렇게 사용하는구나.' 하고 그 용례를 제대로 아는 것이다.

우리나라에서 사용하는 영문법은 미국 SAT에서 출제되는 영문법과는 달리, 하면 할수록 쓸데없이 나누고 분석하고 잘라서 해석한 뒤 합쳐서 전체의 뜻을 파악하게 만든다. 시간만 낭비할 뿐 도움이 되지 않는 전혀 필요 없는 문법이다.

전 세계에서 한국과 일본을 빼놓고 아직도 문장의 형식 즉, 1형식, 2형식 등을 가르치고 배우는 곳이 또 있는지 모르겠다. 왜 영어의 본국에서도 하지 않는 공부를 초등학생 때부터 가르쳐서 문법의 노예로 만드는지 도저히 이해할 수 없다. 그렇기 때문에 한국인과 일본인은 영어를 못하는 것이다.

이렇게 문법 중심으로 받은 교육은 평생 족쇄가 된다. 유학을 가도, 심지어 어학연수를 가도 말을 하지 못하게 만든다. 우리나라 사람들은 어학연수를 가서도 선생이 물어보면 다른 나라 사람들과는 달리 남을 의식하면서 말을 하지 않는다. 어학연수는 그 언어를 모른다는 사실을 전제로 하고 진행되기 때문에 틀려도 전혀 문제될 것이 없는데 말이다. 의사소통보다도 내가 하는 말이 문법적으로 맞는가를 계속 의식하면서 단어 하나하나를 조립하려고 하니 입이 떨어질 수 있겠는가.

외국인 친구 중에 태국, 한국 등에서 9년 이상 영어를 가르친 이가 있다. 그 친구가 이런 말을 한 적이 있다.

"한국 학생들은 이상한 것 같아. 그들은 나한테 회화를 배우러 오는 거잖아. 그런데 나하고 눈만 마주치면 눈을 바로 내리깔고는 무언가를 부지런히 적는 척한단 말이야. 나하고 말하기 위해서 돈을 내는 건데도 말이야."

"그럼 돈을 내고도 배워 가는 것이 거의 없겠네?"

"아마 그럴 거야."

지금은 원어민과 접촉할 수 있는 경로가 많아졌으니 이런 문제가 현저히 줄어들었으리라 믿는다. 중요한 것은 문법이 완전해질 때까지 말하지 않으면, 죽을 때까지 영어로 말하기는 글렀다는 사실이다. 최근 신문에서는 미국 대통령인 버락 오바마도 문법적으로 틀리는 데가 있음을 지적하고 있다. 영어를 쓰는 본토인인데다 연설의 대가도 문법적으로 완벽하지 못한데 우리가 노력한다고 해서 얼마나 더 나아지겠는가?

암묵적 문법과 명시적 문법

　장담할 수 있다. 문법 배우는 시간을 아예 없애버리면 행복한 학생이 훨씬 많아지고, 영어에 재미를 느끼면서 실력도 쑥쑥 올라갈 것이다.
　문법은 '문법'이라고 쓰여 있는 책을 보아야만 실력이 느는 게 아니다. 많은 책을 읽음으로써 내재적이고 암묵적인 문법을 익혀야 진짜 문법을 공부하는 것이다. 국문법이라고 쓰인 책을 보지 않는 초등학생도 대부분 문법에 맞게 글을 쓰거나 말을 한다. 이는 암묵적인 문법이 책을 읽는 과정을 통해서 입력되기 때문이다. 다른 분도 혹시 이런 주장을 하는지는 모르지만, 내가 볼 때 문법에는 두 가지가 있다. 하나는 '암묵적인(implicit) 문법'이고, 다른 하나는 '명시적인(explicit) 문법'이다. 우리가 우리말 문법을 배우지 않았어도 올바르게 말하고 쓰고 읽고 듣는 것은 암묵적인 문법을 자신도 모르게 익혔기 때문이다.
　영어를 큰소리로 읽을 때 학생들의 머릿속에 입력되는 문법적 지식이 바로 '암묵적인 문법'이다. 즉, 학생들이 큰소리로 읽을 때 문법 공부도 자동으로 진행된다. 더 중요한 사실은 말하고 쓸 때 필요한 어순감각까지 함께 익힐 수 있다는 것이다. 큰소리 영어 학습법으로 공부한 학생들은 명시적인 문법을 배우지 않아도 SAT에 나오는 영문법 문제를 어려움 없이 풀 수 있다. 그리고 이 암묵적이고 내재적인 문법을 배울수록 문장 내에서 문법적으로 틀린 것을 찾아내는 일이 쉬워진다.
　'명시적인 문법'은 '영문법'이라고 정리된 것을 말한다. 명시적인 문법은 암묵적인 문법이 이렇게 생겼고 어떻게 쓰인다고 글로 정리해놓은 것에 불과하다. 그렇기 때문에 명시적인 문법을 공부하는 것은 암묵적이고 내재적인 문법을 깊이 이해하는 데 도움이 되지 않는다. 오히려 쓸데없이 문법을 의식하게 해 방해만 된다.

자, 이제 문법 학습에 대한 결론을 독자 여러분에게 자신 있게 말할 수 있다. 문법을 배우지 말라고. 대신에 책을 많이 읽으라고. 특히 재미있는 책으로 부담 없이 시작하라고. 큰소리를 내서 읽되, 반복해서 읽으라고. 또 문법을 배우면 책을 읽는 능력은 퇴화된다고.

문법을 공부하는 분들은 동시에 여러 권을 공부할 뿐만 아니라, 같은 책을 여러 번 보는 등 엄청난 시간을 문법 공부에 투자한다. 그 시간에 영어책을 읽거나 영자신문을 보는 데 할애한다면 우리 한국인들의 영어 실력이 얼마나 향상될 것인지 상상만으로도 흐뭇하다.

TIP 문법 정말 잘하는 방법

- 수능에서 문법 문제의 비중이 줄고 있다. 본토의 영문법 문제는 한국과 매우 다르다.
- SAT의 문법 문제 스타일은 한국식 영문법 문제 스타일과 많이 다르다. 한국식 영문법을 익혀봐야 전혀 도움이 되지 않는다.
- SAT의 문법 문제를 잘 풀려면 CollegeBoard의 추천서를 최대한 많이 읽고 시험 보기 몇 달 전부터 문제풀이에 집중해야 한다.
- 큰소리를 내면서 책을 반복적으로 많이 읽으면 문법 공부가 자동으로 된다.

마구잡이 문제풀이식 교육

초등학생이 웬 TOEFL?

최근 몇 년 사이 심지어 초등학생들에게 유학 영어 시험인 TOEFL을 가르치는 일이 유행이 되어버렸다. 그 학생들은 영어가 얼마나 재미없을까 하는 생각을 해본다.

TOEFL을 초등학생들에게 가르치는 강사들의 논리는 이렇다. 어차피 영어는 말하기·듣기·쓰기·듣기를 모두 해야 하는데, TOEFL을 배우면 그것을 자연스럽게 잘할 수 있을 뿐더러, 시험 훈련까지 되니 아이들의 미래를 위해서 이보다 더 좋을 수 없다는 것이다.

그럴듯한 이야기다. 이 말을 듣고 안 넘어갈 엄마가 없다. 특히

TOEFL을 가르치는 학원은 대형 학원이 대부분이고, 이 학원들은 관리까지 철저히 잘해주기 때문에 마다할 부모가 없다. PT(프레젠테이션의 약자) 경시대회 같은 데 가보면 학생들의 열기도 대단해서 대부분 학부모는 이때 기가 죽어버린다. 그러나 대학생 유학 영어 시험을 초등학교 때부터 준비하고, 자기의 사고 능력에 맞지 않아 알아듣지도 못하는 영어를 배우며 행복을 느낄 아이가 있을까? 진정으로 영어 실력이 느는 학생들이 있을까? 있을 리 없다. 무거운 어깨를 하고 이 학원에서 저 학원으로 몰려다닐 뿐이다.

다시 언급하겠지만 하버드대학을 포함한 미국의 대학들에서 요구하는 iBT TOEFL은 120점 만점에 100점만 받으면 유학 자격 요건이 갖춰진다. 그런데 왜 아이들을 붙들어놓고 120점 만점을 받으라고 하는 걸까? 120점 만점을 받아서 못 붙을 대학에 붙을 수 있다면 그렇게 열심히 준비해도 무방하겠지만, 미국에는 사실상 그런 대학이 없다. 그 시간에 학생들에게 다른 유용한 것을 공부하도록 지도하는 것이 바람직하지 않을까? 70점에서 10점을 올릴 때보다 100점에서 10점 올릴 때 10배 이상의 시간을 투입해야 하는데, 안타깝다. 그 쓸데없는 노력들이.

초등학교 때부터 TOEFL을 준비하는 학생들은 평균 5~10줄의 문장 내에서 문법적으로 틀린 것 찾기, 문법적으로 맞는 것 찾기, 지시대명사가 가리키는 것 찾기, 주제 찾기, 제목으로 올바른 것 찾기, 앞에 나올 문장으로 적절한 것 찾기, 뒤에 나올 문장으로 적절한 것 찾기 등을 반복한다. 그리고 그 수준이 지나면 더 긴 문장을 가지고 문제를 푼다. 이 아이들은 고등학교 생활이 끝날 때까지, 더 나아가 대학 생활이 끝날 때까지 TOEFL 준비를 해야 한다. 이 얼마나 비참한 삶인가.

오직 시험 준비만 하고, 시험을 잘 본다 해서 보장되는 것도 없는데 도대체 뭐하러 이 짓을 한단 말인가? TOEFL 내용은 아이들한테 재미도 없고, 정서 함양에 도움도 되지 않는다. 그런데 적게는 5년에서 많게는 10년간 이 짓을 해야 한다면 도덕적 차원에서도 문제가 있다고 본다.

나는 미국의 SAT가 정답이라고 생각하지 않으며, 심지어 이런 문제는 미국 SAT에서도 거의 출제되지 않는다. 그리고 우리나라 시험은 형식적인 논리에만 맞추어 문제가 출제되고 있다. 지금이라도 실제로 책을 많이 읽어야 풀 수 있는 영미식의 문제 출제 방식을 이해하고, 교육하는 게 더욱 바람직하지 않을까?

장문을 읽을 수 없게 만든다

우리는 지나치게 결과 중심적이다. 또한 학원에서 먹여주는 것을 일방적으로 받아먹는다. 문제풀이를 잘 요약해줄수록, 학생들의 진짜 영어 실력은 오히려 저하될 텐데도, 그러한 강사가 인기가 높다. 그러고는 나이가 들어 회사 승진에서 영어가 문제시되면 종전에 배운 과정이 잘못된 것이었다고 한탄하면서도 자기 자녀들을 다시 그런 학원에 보낸다. 일단 점수는 높여주니까.

문제풀이식 교육의 가장 큰 문제는 장문의 글을 읽지 못하게 된다는 것이다. 창피한 얘기지만 서울대생 중에서 『해리 포터』를 원서로 읽을 수 있는 학생이 얼마나 될까? 훨씬 더 간단한 『찰리와 초콜릿 공장』을 원서로 읽는 사람은 얼마나 될까? (외고 출신을 빼면) 감히 20퍼센트도 넘지 못할 것이라고 생각한다. 전공 서적은 1천 쪽이 된다 하더라도 자기가 잘 아는 전공 용어를 중심으로 쓰여 있고 문장 구조가 간단하기 때문에 상대적으로 쉽게 읽을 수 있지만, 『해리 포터』같은 책은 엄두를 내기가 어려운 게 현실이다. 해외에서 날아온 어떤 안내서가 빽빽하게 4쪽 이상 되면 서울대생들도 대단한 심적 부담을 가지고 독해를 한다.

특히 일반 어학원에서는 TOEFL 고득점을 목표로 읽고 풀기, 듣고 풀기에 주안점을 두므로 실제 자기 의견을 발표하는 말하기나 쓰기는 뒤쳐질 수밖에 없다. 이러한 이유로 힘들여서 미국 명문대에 들어간다 하더라도 신문에 보도된 대로 44퍼센트의 학생들이 중도 포기하는 것이다.

나는 인근에 있는 대형 TOEFL 전문학원에서 학생들에게 에세이를 써오게 한 다음 PT를 시킨다는 이야기를 들었다. 마침 우리 큰소리 영어 학습 프로그램이 그런대로 괜찮다며 그쪽 학원에 다니다가 우리 공부반으로 옮긴 학생과 이야기를 나눌 기회가 있었다.

"너 그 학원에서 최상위반에 있었다며?"
"예."

"그러면 에세이도 쓰겠네?"

"당연하죠. 그리고 에세이를 써와서 발표를 하죠."

"혹시 그것을 PT라고 하는 거니?"

"예."

"그럼 누가 PT를 하면 다른 사람이 질문도 하고 반박도 하고 그러겠네?"

"아녜요. 그 학생은 자기의 발표를 한 뒤 들어가고 다른 학생이 나와서 PT를 하죠."

"선생님은 학생의 발표 내용 가운데 잘못된 것이 있으면 지적하고 지도해주시니?"

"선생님은 단지 순서를 정하고 분위기 유지에만 신경 쓰세요."

"그럼 네가 있었던 TOEFL 최상위반에서는 평소에 뭘 하니?"

"테스트를 해요. 일정 수준을 유지하지 못하면 레벨을 떨어뜨리니까 시험에 대비를 해서 철저히 공부를 해야 하죠. 주간 단위 시험에 불합격한 경우에는 토요일에도 나와서 합격할 때까지 계속해야 합니다."

"레벨이 떨어지거나 토요일에도 나와서 하루 종일 공부하게 되면 너희는 어떤 반응을 보이니?"

"죽었다고 생각하죠. 특히 레벨이 떨어지면 자존심에 상처를 받고, 엄마들도 엄하게 구니까 죽어라고 해요. 토요일이든 일요일이든 상관없어요."

아이들이 아이들이 아니다. 초등학교 고학년부터는 시험 기계일 뿐이다. 그 재미없고 무의미한 콘텐츠로 학생들을 혹사시킨다면 아이들의 삶은 부모의 액세서리일 뿐 무슨 의미가 있단 말인가? 적절한 경쟁은 필요하다. 하지만 알지도 못하는 추상적인 단어를 외우고, 이해 못하는 에세이를 써와서 PT라고 발표하는 이런 짓을 계속해야 한단 말인가?

미국과 영국의 대학 수업은 최근 20~30년 사이에 많이 변했다. 80년대만 해도 시험만 잘 보면 되었지만 지금은 시험만 잘 보는 학생은 대부분의 대학에서 환영받지 못한다. 대학에 지원할 때부터 "귀하는 수업에 어떻게 기여할 수 있는가?"를 묻는다. 여기서 '기여한다'는 뜻은 대부분 수업 시간에 주도적으로 발표하면서 참여할 것인가에 관한 것이다.

한국 대학들과 달리 영미권 대학에서는 요즘 이론을 많이 가르치지 않는다(특히 인문 과학, 사회 과학 분야에서는). 이론은 집에서 주된 텍스트뿐만 아니라 참고서까지 공부를 해오고, 강의 시간에는 교수가 제시하는 주요 사례에 대하여 자기가 읽은 이론적 배경을 들면서 의견을 논리적으로 발표하고 주장해야 한다. 이것이 학점에 상당 부분 반영된다. 이렇기 때문에 요즘은 미국 대학에서 한국 학생들이 인도나 필리핀 학생들보다도 환영받지 못한다. 특히 요즘은 팀워크를 이루어서 작업을 하도록 하는 경우가 많고, 심한 경우에는 팀원들 간에 기여도를 평가하도록 한 뒤 이를 학점에 반영하기 때문에 그만큼 많은 배경지식을 갖추지 않으면 좋은 평가를 받기 어렵다. 따라서 많은 책을 단기간에 볼 수 있는 능력을 키워야만 한다.

이 능력은 문제풀이 중심으로 영어를 배워서는 절대로 기를 수 없다. TOEFL 시험은 미국에서 공부할 수 있는 능력을 갖추었는지를 테스트하는 최소한의 도구일 뿐, 좋은 점수를 받았다고 해서 미국이나 영국 대학에서 좋은 결과를 낼 것으로 기대하면 절대 안 된다.

우리나라 학생들은 TOEFL에서 좋은 점수를 받을수록 영미권의 좋은 대학에 진학할 수 있다는 환상을 가지고 있다. 다시 한 번 말하는데 정해진 점수만 넘기면 TOEFL 점수가 문제가 되어 못 들어갈 대학은 하나도 없다. 또한 더 높은 점수를 받았다고 해서 못 붙을 대학에 붙는 것도 아닌데 왜 학생들이 그렇게 소모적으로 문제풀이에만 집중하는지 이해하기 어렵다.

이런 점은 오히려 영미권 대학의 입학 담당자를 헷갈리게 만든다. TOEFL 점수가 그 정도면 어느 정도 자기주장은 할 수 있을 것으로 기대하는데 전혀 못하기 때문이다. 이 같은 이유로 한국 학생들이 전체적으로 피해를 보기도 한다.

미국 남부의 하버드라 불리는 미국 대학 순위 17위인 라이스대학에 붙기 위해 작은 딸이 받은 TOEFL 점수는 103점이다. 독자께서 판단할 때 어떤가? 우리는 미련하게 더 높은 TOEFL 점수를 따려고 하지 않았다. 단지 큰아들의 말을 그대로 실행했다. TOEFL보다 훨씬 더 어려운 SAT 영어에서 높은 점수를 받으면 되는데 무엇하러 그렇게 많은 에너지를 TOEFL 고득점을 위해서 낭비하느냐던 큰아들의 이야기를 듣지 않았다면 우리 역시 TOEFL에서 더 높은 점수를 얻기 위해 쓸데없이 에

너지를 낭비했을지 모른다.

    TOEFL에서 일정한 점수 이상을 받은 다음, 옥스퍼드대학출판사나 펭귄출판사가 낸 영어 원작 소설 또는 현재 세계적으로 화제가 되는 영어책을 읽는 것이 훨씬 도움이 된다. 또한《인터내셔널헤럴드트리뷴》같은 신문을 읽으면서 다양한 부문에 대한 동시대적인 지식을 갖추는 것이 훨씬 중요하다. 물론 이는 자신감 배양에도 도움이 된다.

단어의 쓰임새를 알 수 없게 되다

    문제풀이 중심의 영어 교육이 가지는 또 다른 문제는 학생들이 단어를 열심히 외워도 그 단어가 어떻게 사용되는지를 직접 확인할 수 없다는 것이다. 우리나라 학생들은 단어를 정말 열심히 외운다. 그렇지만 그 많은 단어를 외우면서도 구체적으로 어떻게 쓰이는지를 문장 속에서 확인하지 않는다. 문장 속에서 확인하면 그 단어의 쓰임새와 어감 등을 구체적으로 알 수 있을 텐데…….

    국내 시험 준비를 하는 학생은 문법을 배운 뒤, 그 문법이 어떻게 구체적으로 쓰이는지 확인하는 정도로만 독해를 한다. 그래서 정작 자기가 외운 단어를 긴 문장 속에서 또는 실제 생활에서 확인할 기회가 거의 없다. 유학 시험을 준비하는 학생들도 영어책을 많이 읽지 않기 때문에 단어가 어떻게 쓰이는지 쉽게 잊어버린다.

문법이나 문제풀이를 공부할 시간에 영어책과 영자신문을 읽으라 권하고 싶다. 읽기를 계속하면 영영(英英)으로 그 단어의 용례가 머릿속에 입력된다.

문제풀이가 아닌 책 읽기를 중심으로 공부했더라면 훨씬 재미있게 영어를 배웠을 텐데, 영어 소설 등을 읽으며 자신의 정시를 풍부히 하고 나아가 훨씬 의미 있는 일을 할 수 있었을 텐데, 그 귀중한 시간을 날려 버린 것이 말할 수 없이 안타깝게 느껴진다.

우리 집 막내는 유사자폐를 가지고 있어서 다른 아이들과 거의 어울리지 못했고, 초등학교 고학년이 되어서는 자기보다 뛰어난 것처럼 보이는 큰형을 많이 부러워했다. 특히 형이 컴퓨터를 잘한다는 사실을 매우 부러워했다. 그래서인지 영어를 배운 뒤 가장 먼저 한 일이 미국의 원 소스 프로그램 회사에 접속하는 것이었다.

막내는 프로그램 해설서 수백 쪽 짜리를 여러 권 읽고 프로그램을 짜는 데 엄청난 시간을 투입했다. 학교에서 돌아오면 늘 그 작업에 매달렸다. 그 결과로 나온 프로그램은 우스꽝스러운 것이었지만 향후 장래를 생각하는 데 큰 도움이 되었다. 그리고 그런 노력을 쏟아부은 덕분에 중3 때 다른 특별한 공부를 하지 않고도 학교 정보올림피아드에서 최우수상을 받았다.

우리 큰소리 영어 공부반에는 인섭이라는 초등학교 5학년 학생이 있었다. 그 아이는 단어를 열심히 외우고 무엇보다도 영어책을 많이 읽었다. 특히 녹음 숙제를 다른 학생들보다 두 배로 해왔다. 그렇게 내가 추천해준 어려운 영어책을 혼자 읽게 되었는데 청심국제중학교 입학이 무슨 어려운 일이겠는가?

큰소리 영어 공부반에서 내 지도를 받고 민족사관고에 들어간 시우도 영문법책을 공부하는 것보다 끊임없이 소리 내서 책을 읽었고, 악착같이 단어를 외웠으며, 녹음을 해왔다. 정말로 두 배, 세 배를 해왔다. 이렇게 노력하면 불합격하는 게 오히려 어려운 일이다. 영어 단어가 어떻게 쓰이는지를 아는 것이 단순히 일주일에 단어를 300개 외우는 것보다 훨씬 의미있는 일이다.

시험을 위한 영어 문제풀기는 시험 전 3~5개월부터 시작하면 충분하다고 본다. 몇 년을 영어 문제만 풀면서 보내게 하는 것은 죄악이다. 인섭이도 내가 가르친 대로 열심히 공부하다가, 문제풀이를 하기 위해 시험을 4개월 정도 앞두고 평촌에 있는 유명한 학원으로 옮겼다. 그리고 그 학원 청심국제중학교반 2백여 명 가운데 유일한 합격생이 되었다. 재미있는 사실은 나에게 배운 학생 두 명이 그 학원 청심국제중학교 대비반에서 1, 2등을 서로 번갈아 가면서 했다는 것이다.

배경지식을 갖추기 힘들다

우리 영어 교육에서 모순되는 점이 또 한 가지 있다. 배경지식의 중요성을 강조하면서도 배경지식의 함양에는 전혀 도움이 되지 않는 문제풀이에만 집중하고, 그 시간에 책을 읽는 학생은 오히려 꾸짖어서 기를 죽여 놓는 것이다. 배경지식은 결코 문제풀이를 통해 얻을 수 있는 게 아니다. 다양한 책을 꾸준히 많이 읽으면 그게 쌓이고 쌓여 탄탄한 배경지식이 된다.

좋은 영어책을 읽으면 일석이조의 효과를 볼 수 있다. 영어도 공부하고 지식도 쌓을 수 있으니 말이다. 게다가 다양하고 풍부한 문장의 용례를 익혀서 훗날 말하기나 에세이 쓰기에 응용할 수도 있다.

학부모들이 특히 신경을 써야할 부분이 있다. 앞에서 말한 것처럼 TOEFL에서 만점을 받는다 하더라도 실제 외국 대학 입시, 또는 그 이후 외국 대학에서 치르는 시험에서는 책을 많이 읽은 학생을 당해낼 재간이 없다. 논리력이나 표현력 등에서 현저한 차이가 나기 때문이다.

그런데 책을 읽는 능력은 단시간에 향상되지 않는다. 그렇기 때문에 처음에는 재미있는 책을 중심으로, 그다음에는 관심 있는 시사적인 책을 중심으로, 그리고 마지막에는 아이가 전공할 분야의 책을 중심으로 계속 읽게 하는 것이 TOEFL에서 몇 점 더 올리는 것보다 훨씬 중요하다.

학부모가 영어책의 내용을 이해하지 못한다고 해서 자녀들에게 영어책 사주기를 망설일 필요는 없다. 가능하다면 학교 영어 선생님이나 지인, 좋은 학원 강사들로부터 도움을 받을 수 있다. 자녀가 잘 읽고 있는지를 확인해보고 싶다면 우리말로라도 리포트를 쓰거나 요약하도록 시키면 된다.

우리나라 학부모들 중에는 미국 대학 입시에서 SAT 점수가 한국 수능 점수처럼 중요한 것으로 생각하는 분들이 많다. 예컨대 우리 애가 2350점을 받았는데도 하버드대에 떨어지고, 옆집 애가 2150점밖에 못 받았는데도 하버드대에 붙는다면 엄청난 충격을 받는다. 그러나 이런 것은 미국에서는 전혀 놀랄 일도 아니고 대학교에 항의할 일도 아니다. 물론 우리나라에서는 항의하는 사태가 나고 난리가 나겠지만……

시험 스킬만 향상시킨다

문제풀이 중심 교육의 폐해 중 또 하나는 아이들의 점수가 조금 향상되면 영어 실력까지 향상된 것으로 착각한다는 점이다. 시험을 보면 시험 스킬이 부족해 점수가 안 나오는 경우가 있고, 진짜 실력이 부족하여 점수가 안 나오는 경우가 있다. 그런데 문제풀이 중심 교육은 시험 스킬만을 향상시키는 경우가 많아 점수만 반짝 올리는 데 효과가 있다.

TOEFL을 중심으로 가르치는 학원에 자녀를 처음 보내면 성적이 훨씬 향상되었다는 소식을 반드시 듣게 되어 있다. 문제 푸는 스킬이 늘기 때문이다. 이런 사실을 알지 못하는 학부모는 아이의 진짜 실력이 향상된 것으로 보고 그 학원이 잘 가르치는 것으로 판단한다. 장기적으로는 해로울 뿐인데도 말이다. 중요한 것은 근본적인 영어 실력을 어떻게 향상시키느냐이다. 그리고 이는 영어책을 부지런히 읽혀야 가능하다.

자녀가 초등학교 고학년이면 김영사의 『앗!』 시리즈를 영어로 읽게 하는 게 좋다. 추천을 받고 몇 권을 읽은 뒤 아이들이 보인 반응은 '영어 원서가 우리말로 번역된 것보다 더 쉽다'는 것이었다. 우리말로 번역된 책을 읽으려면 한자를 어느 정도 알아야 하는데, 영어는 그런 중간 매체가 필요 없이 영어 단어만 알면 바로 읽을 수 있기 때문이다.

 TIP 문제풀이식 교육은 왜 하지 말아야 할까?

- 문제풀이 교육으로는 영미권에서 실시하는 토의식 수업에 적응할 수 없다.
- 문제풀이는 시험 스킬만 높일 뿐 실력 향상에는 아무 효과가 없다.
- SAT 고득점 비결은 CollegeBoard의 추천서 읽기다.
- 점수에 연연하지 말고 입시를 위해 정말 공략해야 할 지점을 찾아야 한다.
- 영어 문제풀이는 본시험을 앞두고 3~5개월 전에만 하면 충분하다.

방향 없는 단어암기법

단어암기는 철저하게

단어암기에 대한 다양한 견해는 학부모들을 혼란에 빠뜨린다. 어떤 학원에서는 단어를 외우려고 노력할 필요 없이 유추하면 된다고 말해 학생들을 소극적으로 만들고, 어떤 학원은 단어암기가 중요하다며 적극적으로 시킨다. 이런 학원은 단어 시험 점수가 일정 수준을 넘지 않으면 학생들을 몇 시간이고 남겨서 암기를 시키기도 한다.

나는 단어를 철저히 암기해야 한다고 생각한다. 물론 그렇다고 해서 일정한 양의 단어를 외우기 전까지 영어책을 보지 않아야 하는 것은 아니다. 오히려 단어를 모르는 상태에서도 책을 계속 읽어서 어떤 단어가 자주 나오고 쓰이는지 확인하도록 하는 게 중요하다.

유추하는 방법으로 단어암기를 대신하는 것은 너무 위험하다. 유추한 단어는 자기화된 단어가 아니기 때문에 읽기나 듣기에서는 때려 맞출 수 있지만 말하기나 쓰기에 들어가면 전혀 활용할 수 없다. 실제로 철저히 외운 단어도 쓰기나 말하기를 할 때 생각나지 않는 경우가 많은데 유추한 단어가 생각날 리는 더욱 만무하다.

단순히 한 번 외우는 암기는 의미가 없다. 반복적·누적적으로 암기해야 한다. 40~50개의 단어암기를 테스트하여 70점 이상이 되면 집에 보내주고, 그렇지 않은 경우 추가 학습을 시키는 학원을 많이 보았다. 그런데 이런 암기 방법은 100점을 받는다 하더라도 아무 소용이 없다. 인지 이론에 따르면 사람은 다음 날 기억의 60~70퍼센트를 망각하고 일주일이 지나면 평균 90퍼센트를 망각하기 때문이다.

또한 학원에서 실시하는 테스트는 학생들의 공부를 단기 기억에 의존하게 만든다. 단기 기억에 의존하는 학생들은 시험 보기 전에 반짝 공부를 하고 시험이 끝나면 바로 잊어버린다. 그래서 학원을 옮기면 종전에 자기가 외웠던 단어를 전혀 새로운 단어를 외우듯이 다시 공부해야 하는 경우가 많다.

다시 말하지만 반복적·누적적으로 암기를 하는 것이 유일하게 효과적인 방법이다. 특히 어려운 단어는 단어카드를 만들어서 암기하는 게 효과적이다. 이쪽 방면에 조예가 깊은 어느 독일인에 따르면 단어카드를 사용해서 외우는 게 그냥 외우는 것보다 3배 이상 효과적이라고 한다.

굳이 영영으로 단어를 암기할 필요가 없다

　단어암기를 할 때 학생들이 가장 궁금해하는 부분은 문장으로 외우느냐, 영영으로 외우느냐, 또는 우리말 뜻으로 외우느냐다. 결론부터 말하자면 빨리 많이 외우는 방법이 가장 좋다. 그래서 나는 우리말 뜻으로 암기했고, 우리 아이들도 전부 우리말 뜻으로 외우게 했다.

　어린 학생들에게 영영으로 외우게 해서 단어암기에 대한 흥미를 떨어뜨리기보다, 우리말 뜻으로 알게 하고 책을 읽는 과정에서 확실하게 그 쓰임새를 확인하는 게 중요하다고 생각한다. 어린 학생들이 단어암기 때문에 영어를 싫어하게 된다면 무슨 소용이 있겠는가? 우리말로 뜻을 외우고 많은 문장을 접하면서 그 단어가 구체적으로 어떻게 쓰이는지 확인하는 과정이 중요하다. 굳이 영영 암기법을 선택한다 해도 마찬가지다. 영어책을 많이 읽는 게 단어암기에서 매우 중요하다.

　스펀지식 또는 해마식이라 하여 단어를 재미있는 우리말 문장으로 만들어 외우게 하는 책들도 심심찮게 볼 수 있다. 예컨대 'stone'이라는 단어를 암기시키기 위하여 '롤링스톤(stone)이 돌에 깔려 죽었다'라는 문장을 만들고, stone은 '돌'이라고 외우는 것이다. 하지만 이런 경우 문장을 잊어버리면 애써 암기한 내용이 도루묵이 될 수 있다. 또 stone이 '돌'인지 '깔리다'인지 혼돈할 수도 있다.

　결국 단어를 암기하는 최고의 방법은 정석을 따르는 것이다. 특히 단어카드를 사용하면 하나씩 암기하고 그다음 단계에서 또다시 확인할 수 있으니 확실한 효과를 볼 수 있다. 단계별로 단어카드를 사용하는 방법에 대해서는 나중에 다시 설명하기로 하겠다.

학생들이 단어장을 만드는 경우, 단어의 뜻은 세 개 이하로 적는 게 중요하다. 우리 두뇌는 암기할 내용이 세 개를 넘으면 정렬된 상태로 암기하지 않기 때문이다. 문장을 이용해 단어를 외우는 학습법의 효과가 떨어지는 까닭도 이와 같다. 그리고 단어를 암기한 뒤에는 책이나 신문을 통해 단어가 문장 속에서 어떻게 사용되는지 확인하려는 노력이 필요하다.

 TIP 단어암기는 왜 강도 높게 해야 할까?

- 단어를 유추해서 암기하는 것은 효과적이지 않다.
- 인지 이론에 따라 장기기억으로 가도록 암기해야 한다.
- 반복적·누적적 암기가 최고의 방법이다.

눈으로만 배우는 엉터리 영어

입 근육의 기억력을 높이자

인류가 문자를 발명하여 사용한 시기는 길게 잡아 약 5천 년 전. 그 전 인류의 문명은 구전으로 세대에서 세대로 전수되었다.

아직까지 누가 발표한 것을 본 적은 없으나, 내 경험상 두뇌의 언어 중추는 눈보다 입과 귀에 훨씬 더 많이 연결되어 있다고 생각한다. 눈으로 읽은 영어는 몇 번을 공부했다 하더라도 머릿속에 남지 않기 때문에 이를 다시 말하거나 쓰기 어렵다. 하지만 입으로 연습한 영어는 입 근육에 기억되어 있으므로 말하거나 쓰기에 큰 도움이 된다. 체육학자들은 운동선수들이 특정 근육을 발달시키고 그 근육을 어려움 없이 사용하는 것을 '근육이 기억한다'라고 표현한다. 언어도 마찬가지다. 입으로 언어를 말할수록, 책을 큰소리로 읽을수록 입 근육의 기억력이 향상되어 다음에 사용할 때 큰 어려움이 없게 된다.

언젠가 딸이 영어 문제를 풀다가 "아빠, 이건 어떤 게 더 자연스러운 거예요?" 하고 물었다. 나는 딸에게 무엇이 자연스러운지를 알려면 소리를 내지 말고(특히 시험 시간에는) 입을 움직여보라고 했다. 그리고 입을 움직여본 딸은 자연스러운 문장이 어떤 것인지 어렵지 않게 찾아낼 수 있었다. 물론 이는 딸이 평소 문법보다 영어책을 소리 내어 많이 읽었기 때문에 가능한 일이었다.

축구를 할 때 주로 사용하는 근육이 있다. 축구선수들은 연습할 때 이 근육을 주로 훈련시키고, 시합 때는 이 근육을 사용해서 자연스럽게 게임을 진행한다. 오버헤드 킥을 한 번도 연습해보지 않은 선수가 실전에서 오버헤드 킥을 성공시킬 수 있겠는가? 불가능한 이야기다. 눈으로만 영어를 연습한 사람이 외국인을 만났을 때 혀를 굴리고 입을 움직여서 대화할 수 있겠는가? 더욱 있을 수 없는 이야기다.

어순감각을 입에 딱 붙여야 한다

언어학이 서양을 중심으로 발달해온 것이 우리나라가 영어를 잘하지 못하는 또 하나의 이유라고 본다. 이게 갑자기 무슨 소리인가 싶겠지만, 이는 확실한 근거가 있는 얘기다.

　서양의 언어 즉, 인도유럽어족은 대부분 어순이 비슷하다. 사소한 차이는 있지만 어휘를 중심으로 학습하면 큰 문제가 없다. 그리고 대부분 서양 언어는 라틴 어를 모체로 하고 있으므로 한 언어를 공부하면 다른 언어를 습득하기가 쉽다. 두 개의 언어를 알게 되면 세 번째 언어를 습득하는 일은 더욱 쉽다.

　외국에서 만난 그리스 출신 학생은 company를 '꼼빠니'라고 발음하면서도 자유롭게 영어로 의사소통을 했다. 그 친구를 보면서 부러움과 시기심을 동시에 느꼈던 기억이 아직까지 남아 있다.

　2008년 초 미국 국무성이 전 세계의 언어를 얼마나 쉽게 배울 수 있느냐에 따라 1군에서부터 4군까지로 분류한 바 있다. 그들의 기준에 따르면 우리말은 가장 배우기 어려운 4군에 속했다. 그 주된 이유가 우리말 어순과 영어 어순의 차이에 있지 않나 싶다. 개인적으로 '한글'은 표기 수단으로서는 세계에서 가장 우수한 언어지만, 콘텐츠가 들어가는 '한국어'가 되면 세계에서 가장 복잡하고 어려운 언어 체계가 된다.

　우리가 애써서 조립한 영어 문장이 자연스럽지 않고, 영미인과 대화를 할 때 따라가지 못하는 이유 또한 어순감각이 다르기 때문이다. 만약 우리나라에서 언어학이 발달했다면 우리말과 영어의 어순 차이가 영어를 어렵게 만드는 핵심이라는 사실을 진작 알았을 것이고, 그러면 어순감각의 중요성이 한층 강조되어 관련된 학습법이 발달했을 것이다. 물론 지금처럼 영어 교육에서 무엇이 가장 큰 문제인지도 모르는 상황

또한 오지 않았을 것이다. 영어의 어순감각을 충분히 익혔다면 영어를 절반 이상 알게 된 것이나 마찬가지다.

영어를 제대로 배운다는 것은 영어식 어순감각을 익혀서 거의 반사적으로 영어가 튀어나오는 수준에 오르는 것을 의미한다. 그리고 이는 오직 입을 통해서만 가능하다. 눈으로 언어 공부를 하는 건 손으로 마라톤 연습을 하는 것과 같다.

읽기를 통한 듣기 연습

눈을 통해서 책을 읽는 경우에는 듣기 연습이 되지 않는다. 반면에 입으로 영어를 읽으면 자기도 모르게 듣기 연습이 된다. 예를 들어, 누군가와 이야기를 하고 있는데, 옆에서 다른 사람들이 우리와 비슷한 이야기를 하면 귀에 쏙쏙 들어온다. 마찬가지로 입으로 영어를 읽을 때 듣기 실력은 현저히 증가한다.

입을 통해서 큰소리로 읽을 때 듣기 연습이 되는 또 다른 이유는 귀의 공명현상에 의해서 내 목소리가 남이 하는 말처럼 내 귀를 울리고 나에게도 들리기 때문이다. 물론 이때 들리는 소리는 다른 사람의 얘기를 듣는 것보다 선명하지 않다.

어떤 언어학자는 듣기를 제대로 배우려면 2천 시간 정도 듣기만 해야 한다고 주장했다. 그러나 그의 이론은 입으로 읽었을 때 절감할 수 있는 시간을 고려하지 않은 것 같다. 입을 벌려 큰소리로 영어책과 영자신문을 읽어보라. 처음에는 발음이 신통치 않고 속도도 제대로 나지 않겠지만, 과정을 반복할수록 발음도 개선되고 속도도 빨라진다. 물론 큰소리로 읽기 전에 음원 파일을 3~4회 들어보는 일은 매우 중요하다. 그러면 영어를 듣는 데 2천 시간을 들일 필요가 없어진다.

입으로 소리 내어 신문이나 책을 읽는 데 얼마나 시간을 투자해야 하는가는 목표에 따라 달라질 수 있다. 하지만 적어도 하루에 한 시간 내지 두 시간은 반드시 연습해야 한다. 더 단기간에 영어를 잘하고 싶다면 서너 시간을 할애하는 게 좋다. 그리고 가급적 큰소리로 연습하라. 목이 붓고 아프다고 해도 절대로 자신과 타협해서는 안 된다. 여기가 영어 정복 여부를 결정하는 칠부능선이다. 칠부능선만 넘으면 그 이상은 어렵지 않게 오를 수 있다.

아이들이 큰소리로 읽기를 주저하는 가장 큰 이유는 다른 아이들의 웃음거리가 되지 않을까 두려워하는 마음을 가지고 있기 때문이다. 학원이나 공부반, 심지어는 집에서도 마찬가지다. 다른 아이들이 놀릴 때에는 아무런 대꾸도 하지 않으면 된다. 그러면 놀리는 사람도 재미가 없어서 더 이상 못된 짓을 하지 않는다. 자기가 옳다고 생각하는 것을 꾸준히 밀고 나가기 바란다.

지금까지 얘기한 내용을 정리해보자. 우선 눈이 아닌 입으로 영어 연습을 하면 단순히 읽기만 느는 게 아니라 입 근육이 훈련되어 당연히 말하는 실력이 늘어난다. 나아가 큰소리로 읽으면 공명현상이 발생해

듣기 연습도 할 수 있다. 그러므로 반드시 눈이 아닌 입으로 연습하는 습관을 들여야 한다. 그러면 원어민을 만나 대화할 때 저절로 말이 튀어나오는 놀라운 경험을 할 수 있다.

불가능한 미션, 동시학습법

절대 불가능한 동시학습

　영어 학원 광고를 보면 과장 광고임이 뻔한 것들이 눈에 밟힌다. 자기네 영어 학원은 초등학교 낮은 학년부터 읽기·듣기·말하기·쓰기 등에 문법까지 동시에 공부한다고 한다. 그런데 이것을 실제로 실천한다고 하는 학원들을 보면 초등학교 저학년 때부터 영어 일기를 쓰도록 시키거나, 더 나아가 일부 학원은 어떤 특정 단어를 집어넣어 작문을 하게 한다. 물론 뛰어난 영어 실력을 갖춘 아이들은 이런 문제를 쉽게 풀기도 한다. 이런 아이들은 이미 영어의 어순감각을 몸소 익힌 경우다.
　영어 어순감각이 없는 아이들한테 영어 일기를 써오라고 하는 것은 무리한 요구다. 이런 아이들은 주어 다음에 동사가 와야 하는지, 무엇이 와야 하는지도 모르는 상태에서, 숙제는 해야 하기 때문에 잘못된 것을 사용하거나 종전에 입증된 것을 다시 안전하게 사용하는 정도에 그친다. 따라서 적어도 아이들이 영어로 말할 수 있기 전에는 쓰기를 시키지 않는 게 좋다. 말하기를 통해 아이가 어순감각을 완벽하게 익히면 그때 좀 더 상위 레벨의 학습을 진행하도록 하자.

영어는 동시적(simultaneous) 학습 즉, 읽기·듣기·말하기·쓰기를 동시에 하는 교육이 절대로 불가능하다. 영어 교육은 순차적(sequential)으로 진행하는 편이 효과적이다. 그러므로 단어암기를 통해 어느 정도 어휘가 축적된 상태에서 읽기, 큰소리 읽기, 듣기를 진행해야 한다. 특히 이중에서도 어순감각을 형성하는 데 도움이 되는 큰소리 읽기가 가장 중요하다.

이렇게 하여 어순감각이 형성된 것이 확인되면 그다음에 말하기에 들어가라. 말하기를 잘하는 아이는 어순감각이 틀림없이 확립된 상태이므로 에세이 쓰기를 진행해도 된다. 물론 처음 에세이를 쓰는 경우에는 아이들이 쉽게 쓸 수 있는 주제와 친근한 주제를 가지고 접근하는 것이 좋다.

이상의 과정을 반복적으로 진행해 막힘없이 영어 에세이를 쓸 수 있게 되면, 그리고 그것이 제대로 된 문장으로 확인되면 그 아이의 영어는 완성된 것으로 볼 수 있다.

왜 학원에서는 가능하다고 말할까?

그럼에도 불구하고 끊임없이 동시적 학습이 가능하다고 주장하는 이유는 첫째, 학원으로서는 학부모에게 과시해야 할 무엇인가가 있어야 하고, 둘째, 혹시 영어의 읽기·말하기·쓰기·듣기가 상호 간에 긍정적인 영향을 끼치지 않을까 하는 막연한 기대감 때문이다.

안 되는 영어 일기를 매일 쓰라고 강요하는 것이나, 아직 어순감각이 형성되지 않아서 영어로 말할 수 없는데도 계속 말하라고 다그치는 것은 아이들을 고통스럽게 하는 일이다.

지금까지 10년 이상 우리 아이들을 가르치면서 가장 먼저 시킨 것은 단어 외우기였고, 그다음에 큰소리로 읽기와 영어 듣기를 시켰다. 이렇게 하여 아이들의 어순감각이 길러졌다고 판단되었을 때 말하기, 그다음에 쓰기를 시켰다. 순서는 항상 그대로 지켰고, 덕분에 아이들은 부담 없이 즐겁게 영어를 할 수 있었다. 특히 이 순서를 따랐을 때 아이들은 소리 내어 영어책 읽기를 즐길 수 있었고, 문법을 배우지도 않아도 문법 문제를 풀 수 있는 수준에 이르렀다.

여기서 학부모에게 부탁드리고 싶은 바는 욕심을 조금 자제해달라는 것이다. 어른들이 요구하는 그대로 아이들이 할 수 있다면 얼마나 좋을까? 그러나 행동발달론에서 의하면 사람은 태어나서 뒤집기 전에 누워 있을 수 있어야 하고, 서기 전에 앉을 수 있어야 하며, 걷기 전에 설 수 있어야 한다. 그리고 뛰기 전에는 걸을 수 있어야 한다. 이 법칙을 어기고 한꺼번에 하라고 요구하는 것은 아이들에게 재앙이다.

　무릎뼈가 굳기도 전에 걸으면 다리가 휘거나 관절염에 걸릴 확률이 높다. 장기간 앉아서 균형 잡는 연습을 하지 못하면 일어나서도 균형을 잡을 수 없다. 그런 아이가 걸으려고 하면 당연히 여기저기 부딪힐 수밖에 없다. 한마디로 사람 구실을 하기도 전에 병들게 된다.

　내가 동시적(simultaneous) 학습을 비판하는 이유는 바로 이런 까닭이다. 동시적 학습은 불가능하다. 우리 아이들이어도 이건 안 된다. 단어 암기가 먼저 되어야 큰소리로 읽기가 되고, 그다음에 듣기가 된다. 이 두 단계에서 오래 머물며 어순감각이 축적되어야 말할 수 있게 된다. 그러면 쓰기는 자연스럽게 해결된다.

　세종대왕도 철저하게 이 원칙을 지켰다. 한문을 읽기 전에 한자를 철저히 익히고, 작문을 하기 전에 글을 큰소리로 낭독하는 연습을 했다. 요즘처럼 유추하는 방법으로 한자를 배웠다면 한문으로 작문하는 것이 가능했을까?

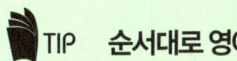 **순서대로 영어 익히기**

- 단어 외우기 → 읽기, 큰소리 읽기 → 듣기 → 말하기 → 쓰기
- 학원 입장에서 생각해보면 동시적 학습을 주장하는 이유를 알 수 있다. 그들의 입장이 아닌 내 입장에서 현명한 선택이 필요하다.

공부의 재미를 없애는 파닉스

소탐대실 파닉스

아이들이 영어를 배우면서 행복하려면 파닉스(phonics) 교육이 없어져야 한다. 이 재미없는 파닉스 교육 때문에 아이들은 영어를 싫어하는 마음을 갖게 된다.

기억컨대, 파닉스는 한 학습지 회사의 영업 전략에 온 국민이 시쳇말로 '낚인' 것이다. 물론 미국이나 영국의 영어 교육에서 파닉스를 아예 무시하는 것은 아니다. 그러나 그들은 아주 적은 비중으로 파닉스를 가르치기 때문에 영어에 흥미를 상실할 정도는 아니다. 그런데 우리나라에서는 도입 초기에 철학도 없이 파닉스 교육이 진행되었다. 그 결과 영어를 싫어하고 재미없게 여기는 아이들이 양산된 것이다.

　나는 아이들에게 파닉스 대신 문장 단위로 여러 번 따라 읽으라고 권한다. 이렇게 문장 단위로 따라 읽다 보면 어순감각이 저절로 생기는데, 파닉스를 중심으로 공부하면 철자 수준으로 환원되어서 아이들이 어순감각을 갖게 되기는커녕 반대의 현상이 일어난다. 즉, 파닉스를 가르치면 가르칠수록 한국인의 영어 교육에서 꼭 필요한 어순감각은 상실된다. 어순감각은 문장을 반복적으로 읽을 때에만 기를 수 있다. 또한 영어는 연음의 비중이 높아서 단어 중심의 파닉스는 사실상 무력한 경우가 많다. 이와 달리 내가 강조한 것처럼 문장 중심으로 읽기를 하면 연음도 자연스럽게 익숙해진다.

　이미 대부분의 어머니가 파닉스를 가르치고 있는 것으로 안다. 굳이 파닉스를 가르치겠다면 단어가 아닌 문장 수준에서 어머니들이 먼저 읽고, 아이들에게 따라 읽게 하기를 권한다. 그래야 파닉스를 배우면서 어순감각도 익힐 수 있다.

　자녀가 초등학교 3학년을 넘기면 단어나 철자 수준의 파닉스는 아예 하지 않는 게 낫다. '가, 나, 다, 라'는 초등학교 1학년이나 그 이하 수준에서 가르쳐야지, 고학년에게 가르치면 아무런 흥미도 끌 수 없다. 시키면 시킬수록 아이들은 영어를 재미없는 공부, 싫은 공부로 인식하게 될 것이다. 또 유치원생이나 초등학교 저학년생은 원어민과 가깝게 발음을 구사할 수 있지만, 큰 아이들은 불가능해서 파닉스의 효과가 없다.

미국식 발음이 정답은 아니다

　원어민 수준이 못되어도 발음 기호대로 소리 내기만 하면 원어민과 대화를 나누는 데 전혀 지장이 없다. 원어민들도 외국인이 자기들 수준의 발음을 할 수 있으리라 기대하지 않으며, 어떤 발음이 표준인지에 대해서도 의견이 분분하다. 전에는 TOEIC에서 미국식 발음만 출제되었는데, 이제는 영국식 발음도 출제하고 있다. 이제 미국식 파닉스를 최고라고 가르칠 때가 지났다는 사실을 알아야 한다.

　재미있는 경험을 얘기하겠다. 오래전 미국에서 비행기를 탔을 때 목이 말라 스튜어디스에게 물을 주문한 적이 있다. 그때 혀를 굴려서 발음하기가 왠지 어색해 발음 기호대로 말했다. 정확히 "기브 미 썸 워터 플리즈(Give me some water please)." 하고 말이다. 그 순간 쑥스럽게도 모든 사람의 눈이 일시에 나를 향했다. 완전히 우주인이 된 기분이었다.

　그로부터 2년 뒤 영국에서 대학원 과정을 밟을 때 함께 공부하던 한국인이 교수와 말을 하다 혀를 굴렸다. '워터'라 하지 않고 '워러'라고 말한 것이다. 그런데 무슨 큰 잘못이라도 저지른 것처럼 교수는 그 한국 학생을 일어서게 하더니 자기가 먼저 '워터'라고 하고는 따라 하게 했다. 그런데 그 학생은 혀를 굴리는 게 습관이 되어 있었는지 또 '워러'라고 해버렸다. 그는 결국 교수가 만족할 때까지 열댓 번 정도를 따라서 '워터'라고 해야 했다.

　도대체 '워터'와 '워러' 가운데 무엇이 맞는 걸까? 영국에 살 때 친하게 지내던 영국인 할머니에게 비행기 안에서 있었던 '워터' 사건을 말한 적이 있다. 그런데 할머니는 의외의 답변을 들려주었다.

"그건 당신이 잘못된 발음을 해서 쳐다본 게 아니라, 당신이 정통 영어 발음을 하니까 존경스러워서 쳐다본 거예요."

나는 할머니의 해석에 적잖게 놀랐다. 한국 사람들은 모두 미국식 발음을 정통으로 알고 혀를 굴리면서 따라가려고 애쓰는데 오히려 미국식 발음을 깔아뭉개다니! 물론 할머니가 개인적으로 미국을 좋게 보지 않았을 수도 있다. 그러나 오늘날 미국식 발음의 전성기가 지난 것은 확실하다. EU 공식 회의에서 사용하는 영어는 영국식 발음이 강하다. 세계 경제에서 EU가 차지하는 비중이 늘면서 영국식 영어 시장 또한 커지고 있는 게 사실이다.

미국의 영향력이 작아지면서 반드시 미국식 영어를 해야 한다는 분위기도 사라지고 있다. CNN만 보아도 몇 년 전과는 분위기가 다름을 알 수 있다. 혀를 굴리는 기자의 비율이 줄고, 현지인의 미숙한 영어를 그대로 내보내는 일도 늘었다. 인도나 파키스탄 같은 나라의 독특한 발음이 전 세계에 방영되는 것이다.

사실 미국인들도 전 세계의 사람이 자기들과 같은 발음을 하리라 기대하지 않는다. 발음 기호에 가깝게 소리 내면 의사소통에 전혀 문제가 없기 때문이다. 다음은 나와 함께 큰소리 영어 공부반에서 영어 수업을 진행했던 미국 선생님과 나눴던 대화다.

"베이커 선생님, 당신들은 우리가 원어민 수준의 발음을 할 수 있을 거라 기대하나요?

"요즘은 미국에 히스패닉 인구가 늘었고, 미국의 패권도 많이 줄었습니다. 서로 의사소통만 제대로 하면 되지, 우리처럼 혀를 굴릴 필요는 없다고 봐요."

그래서 나는 그 선생님에게 당부했다.

"발음이 틀릴까봐 학생들이 말을 잘 안 하려고 합니다. 말할 때 혀를 굴리지 않아도 된다고, 당신 수준의 발음을 구사할 필요는 없다고 말해주세요."

결론적으로 미국식 영어 발음을 배우기 위해 혀를 굴려가며 따라 할 필요는 없다. 오히려 발음 기호대로 소리 내면서 어순에 맞게 말하는 게 중요하다.

 TIP 파닉스는 왜 공부할 필요가 없나?

- 파닉스를 할수록 어순감각이 사라진다.
- 파닉스를 하면 연음을 자연스럽게 읽기 힘들다.
- 파닉스보다 학부모가 여러 번 문장을 읽어주고 아이에게 따라 읽게 하는 것이 도움이 된다.
- 의미 없는 공부이기 때문에 영어에 대한 흥미를 떨어뜨린다.
- 미국식 영어 발음은 국제 사회에서 그 비중이 줄고 있다.
- 영어권 사람들은 외국인의 영어 발음이 자기들만큼 훌륭하기를 바라지 않는다.

NOTE

chapter 3

어떻게 영어는 머리에 온전히 기억되는가?

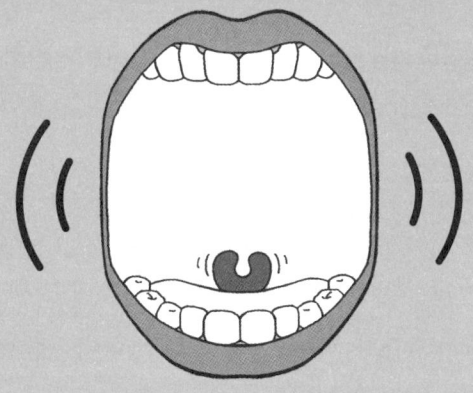

일을 성공으로 이끄는 원칙이 있다. 종전 전략을 써서 안 되면 거꾸로 해보고, 정면 공격이 안 되면 우회 공격이라도 해야 한다는 것이다. 미련하게 시간과 돈을 낭비하면서 할아버지가 실패한 방법을 아버지가 그대로 사용하고, 아버지에게 효과가 없었던 방법을 아들이 그대로 반복하는 것은 바보 같은 짓이다.

우리의 영어 교육이 그렇다. 우선 돈이 천문학적으로 들어간다. 그러면서 사교육 시장을 원망한다. 다른 과목은 어떨지 모르겠지만 영어에서 학원 사교육은 이미 쓸모없게 된 지 오래다.

이 학원 저 학원 보내면서 실력이 늘지 않는다고 학원을 원망하는 학부모가 많다. 당연하다. 학원에서, 특히 영어는 학생들이 필요한 것을 가르치는 게 아니라, 자기들이 잘할 수 있는 것을 가르치기 때문이다. 학원에서 가르치는 것이 수능이나 특목고 시험과 관련성이 그리 높은가? 내가 장담할 수 있는 것은 그들이 가르치는 내용의 4/5 이상이 시험과 관련이 없다는 점이다. 특히 수능에서 그렇다.

요즘 아이들을 보면 스스로 공부하는 방법을 모를 뿐 아니라, 아예 그 능력 자체를 상실했다. 학부모들은 무조건 아이들을 학원에 보내야 하는 것으로 알고 있다. 그러고는 점수를 좀 올려주더라 하는 강사가 어디에 있다는 소문을 들으면 자기 자식이 혹시 빠질세라 일제히 그리로 몰려든다.

부모의 역할은 자기 아이들을 좋은 학원에 보내는 것이 아니다. 오히려 아이들의 특성을 잘 파악하고, 어느 정도까지 공부를 더 시킬 수 있는지 잠재력을 알아내는 것이 중요하다. 본인이 서툴다면 잠재력 파악에 뛰어난 전문 상담사나 교사의 도움을 받도록 하자. 학생의 잠재력을 제대로 이끌어내면 영어 공부는 매우 쉽게 끝낼 수 있다.

요즘은 잠재력을 이끌어내는 전문가들이 곳곳에서 활동하고 있다. 이런 전문가를 만나 아이들의 특성을 파악하고 수수료를 어느 정도 지급하는 것이 무턱대고 시키는 것보다 훨씬 현명한 일이다. '특성에 맞게 시키는 교육', 그 안에 영어를 내 것으로 만드는 답이 있다.

나의 잠재력, 내 아이의 잠재력이 어디까지인지 알고 평균을 뛰어넘는 자극을 줄 때, 영어는 폭발한다.

큰소리 영어 학습법의 탄생

가장 확실하고 쉬운 학습법의 탄생

세상에는 수많은 영어 학습법이 존재한다. 그 모든 학습법이 나름의 이론을 가지고 있고, 그에 따른 효과를 입증할 증거도 가지고 있으며, 그 나름의 학습법으로 성공한 사람들도 있다. 하지만 몇 조 원 시장이라는 말이 무색할 정도로 영어에 성공하지 못한 사람이 성공한 사람보다 훨씬 많다.

아직도 영어의 늪에서 탈출하지 못해 끊어지지 않을 새로운 밧줄을 찾아 헤매는 사람들이 수두룩하다. 그들은 늪에 드리워져 있는 밧줄을 한 번씩 당겨보며 확실한 줄인가 아닌가를 가늠해본다. 물론 모든 밧줄은 꼬리를 살랑살랑 흔들며 말한다. 내가 진짜라고, 내가 너를 꺼내줄 수 있다고 말이다. 그러나 이미 속을 대로 속아본 사람들의 불신은 너무 깊다. 그 불신을 뛰어 넘어야만 하는 것이 밧줄을 드리우는 사람들이 할 일이다. 그리고 그 밧줄 중에 내 손으로 꼬아 만든 밧줄 하나도 던져본다. 내 밧줄의 이름은 '큰소리 영어 학습법'이다. 이 학습법은 내 경험과 후에 알게 된 이론이 맞물려 탄생했다.

나는 영문법에 있어서는 자신 있는 사람이었다. 내가 학교를 다닐 때는 영문법 위주의 교육이었기 때문에 당연히 문법 공부에 매진했고, 나름 좋은 성적을 유지하면서 대학에도 진학했다. 그러나 문법을 잘하는 것만으로는 정작 영어로 입도 뗄 수 없었다.

취직을 한 나는 일어를 공부해야 했다. 동료들은 학원을 다니며 일어를 배웠지만 내 판단으로는 일본어 학원의 진도가 너무 느렸다. 무작정 일본어 책과 듣기 테이프를 사서 하루에 서너 시간씩 문법을 무시하고 3개월가량을 큰소리로 읽고 듣기에만 집중했다. 그랬더니 일본어 학원에 1년 반 정도 다닌 직원들만큼 일본어를 할 수 있었던 경험이 있다.

이렇게 단기간에 반복적인 읽기를 통해 새로운 언어를 익히는 방법은 제2차 세계 대전에 참전한 미국이 단기간에 통역병을 양성하던 프로그램인 ASTP(Army Specialized Training Program: 육군특수훈련프로그램)에서 그 유래를 찾을 수 있다. 실제로 이 방법은 3개월 안에 효과를 보았으며 1950년대에는 '청각구두교수법'으로 발전해 획기적인 이론으로 인정받았다.

일본어는 이런 방법으로 효과를 보았지만 영어를 이렇게 익히게 된 것은 아주 우연한 기회였다. 서른여덟이 되었을 때 내가 하고자 하는 일 때문에 공인영어점수가 급하게 필요했다. 단 두 달 만에 일정 점수를 넘어야 했는데, 그때 일본어를 익힌 경험이 생각나서 문법 공부는 아예 배재한 채 두 달 동안 영어 성경을 목이 쉬어라 읽었다.

역시 이 방법은 성공을 거두었고, 이 경험을 발판 삼아 우리 집 세 아이들도 영어를 익히게 했다. 방법은 간단했다. 내가 했던 것처럼 큰소리로 영어책을 읽게 하면서, 단어암기는 시켰지만 문법은 아예 가르치지 않았던 것이 전부였다. 우리 세 아이에게 실험 아닌 실험을 하게 된 셈인데 결국 큰아들은 6개월 만에, 작은 딸과 막내는 8개월 만에 영미권 동년배 수준의 영어 실력을 넘어섰다. 물론 우리 세 아이는 영어에 완전 문외한인 수준이었다.

영어로부터 해방된 삼 남매는 각자가 꿈꾸는 길을 평탄히 걷고 있다. 큰아들은 미국 코넬대학교에, 작은 딸은 국내 인문계 고등학교를 나온 뒤 미국 라이스대학에 진학했다. (2015년 현재 큰아들은 하버드 법학대학원에, 작은 딸은 한양대 의과대학에 재학 중이다.) 막내아들 역시 유사자폐를 극복하고 미국에서 대학을 다니고 있다.

단기간에 커다란 효과를 본 우리 아이들을 두고 남들은 영어 천재라는 말을 한다. 하지만 우리 아이들은 머리가 특별한 편이 아니었다. 특히 막내는 유사자폐를 겪었고, 작은 딸은 국내에 있는 일반고등학교를 졸업했으니 말이다.

실험 아닌 실험을 마친 나는 여러 학생들에게 이 방법을 전파하고자 작은 큰소리 영어 공부반을 운영했으며 아이들에게 영어에서 해방된 행복한 세상을 맛보게 하는 데 힘썼다. 물론 영어로부터 행복을 얻은 아이들은 부지기수다.

나는 우리 아이들을 비롯한 여러 사람의 사례를 통해 확실하고도 가장 쉬운 영어 학습법으로 확인된 이 영어 학습법을 '큰소리 영어 학습법'이라고 명명했다. 이렇게 내 밧줄은 만들어졌다.

영어에 대한 징크스를 깨라

우리나라 사람들은 영어에 대한 징크스를 많이 갖고 있는 것 같다. 영어는 아주 특수한 사람만이 하는 말이고, 자기 자신은 왠지 그 대열에 속하지 않은 것 같다는 생각을 한다. 그러나 영어도 언어다. 만약에 그렇게 배우기 어려운 언어였다면 언어로서 존속하기가 어려웠을 것이다. 영국이나 미국에서는 좀 떨어지는 애도 영어로 엄마를 설득하여 용돈을 타낸다. 오스카 와일드가 말했던가? 프랑스에서는 아이들도 프랑스 어를 말한다고.

그런데 왜 영어가 우리나라에서는 이렇게 문제시되는가? 우리와 동일한 우랄알타이어 계통의 언어를 사용하는 핀란드에서도 50퍼센트 이상의 국민들이 영어로 의사소통을 한다는데, 왜 우리는 영어를 이렇게 무서워하는가?

　영어가 어렵다는 징크스를 깨지 못하면 아무리 오랫동안 영어를 배워도 영미인들 앞에서는 한마디도 못하는 일이 계속될 거라고 본다.

　이런 징크스는 어떻게 깨는가? 당연한 이야기지만 연습만으로 깰 수 있다. 그러나 연습도 워낙 다양한 종류가 있어서 종전에 시행해보았지만 안 된다고 입증된 것은 바로 버리고, 논리적·실증적으로 입증된 방법을 사용해야 한다.

　어디에나 거짓예언자가 있는 것처럼 영어 교육에도 거짓예언자들이 있다. 그들은 TOEFL이나 TOEIC 점수가 높은 것이 영어를 잘하는 증거이고, 그러기 위해선 열심히 자신들의 학원에 다니면 된다고 주장하며 모든 매체에 광고한다. 그러나 신문에 보도된 것처럼 그런 학생들이 미국의 명문 대학에 들어가서 44퍼센트가 중도 포기하고 만다.

　학원에서 만들어진 실력이 아니라, 자기가 쌓은 실력이 상당하고, 영어의 어순감각을 익혀서 자연스럽게 말하고 쓸 수 있는 능력까지 갖추어야 제대로 된 실력이라 할 수 있다.

　이런 제대로 된 나만의 실력은 읽기를 통해 해결할 수 있다. 아주 쉽고도 간단히 영어의 징크스를 털어낼 수 있는 방법을 '큰소리 영어 학습법'을 통해 제안해보겠다.

잠재력을 자극하자

높은 수준으로 시작하자

나는 우리나라 교육의 특징은 공교육이든 사교육이든 '비효율'이라고 간단히 말하고 싶다. 물론 이는 교육에 한정된 문제가 아니다. 사회 전반에 걸쳐서 우리나라는 비효율의 늪에 빠져 있다. 사실 교육은 그 늪의 일부분에 불과하다. 시간과 돈을 엄청나게 투자하는데 그 결과는 형편없다. 이는 아이들이 갖고 있는 잠재력에 비해 형편없는 교육이 이루어지고 있음을 말해준다.

수학이나 다른 과목에서는 사교육을 받는 게 나을지도 모른다. 그러나 영어에서는 사교육이 더 큰 문제다. 왜냐하면 영어에서 문법은 오히려 해로운 건데 그것을 더 열심히 가르치니 당연하지 않은가?

대학 시절, 행동 과학에 심취했던 나는 당시에는 번역되지 않았던 '스키너(B. F. Skinner)'의 '행동주의 심리학'에 빠져서 원서를 해석하며 읽었다. 그것은 내 교육 철학에 영향을 미쳤고, 아이들을 키우면서 긍정적인 면은 강화시키고 부정적인 면은 소거시키도록 노력하게 했다.

영어 교육에서 중요한 건 아이들이 학습하는 수준이 아이들의 잠재력 수준에 이르고 있는지를 끊임없이 관찰하고 거의 그 수준에 도달하도록 이끄는 것이다. 행동주의 심리학에 따르면 긍정적인 행동은 부단히 반복하도록 보상하여 습관이 되게 하고, 부정적인 행동은 부정적인 보상 즉 처벌이나 취소, 철회 등을 통해 소거해버리는 게 효과적이라고 한다. 모든 과정이 성공적이었다고 장담할 수는 없지만, 우리 아이들은 잠재력을 자극하는 수준에서 학습을 했고, 덕분에 6~8개월 만에 동년배 원어민 수준의 영어를 구사할 수 있었다.

내가 관심을 가지는 부분은 잠재력 수준에서의 학습이다. 우리나라 중학교 1학년 영어책을 읽으면 미국이나 영국의 초등학교 저학년 수준에 가깝다. 그런데 여기에 아이들의 잠재력을 자극하는 요소가 하나라도 있단 말인가? 그 쉬운 영어를 5~6년 배웠는데 중학교에 들어와서 그 수준 또는 그보다 낮은 수준을 다시 배운다니 누가 관심을 갖겠는가?

아내가 아이들에게 처음 영어를 가르치고자 했을 때『신데렐라』수준에서부터 동화를 해설해주고 영문법도 가르치자는 말을 했는데, 이를 거절하고 그 나이의 아이들이 재미있게 느낄 수준에서부터 시작했다.

아이들에게 동기 부여가 될 만한, 그러니까 호기심을 불러일으킬 만한 내용을 찾았던 것이다. 이 면이 우리 아이들에게 소위 영어 학습을 초단기간에 성공하게 만든 요인이었던 것 같다.

공부를 못하는 아이들이 컴퓨터 게임이나 닌텐도에는 어쩌면 그리 쉽게 몰입하는가? 그런데 공부를 하라고 하면 왜 그렇게 산만해져버리는가? 이유는 간단하다. 컴퓨터 게임은 재미있고 영어 공부는 재미없기 때문이다. 나도 아이들의 영어책을 보면 재미없어서 숨이 막힌다.

고학년이면서 영어 실력은 완전 기초인 학생이 큰소리 영어 공부반에 오면 사실 고민한다. 요즘의 영어 열기에 비하면 늦은 편일 수도 있기 때문이다. 그 어머니와 상담한 뒤 만일 그 학생이 다른 과목에서 성취도가 높고 열심히 할 태도가 되어 있다면 모험을 할 것을 권유한다. 지금은 그 수준이 안 되더라도 꾸준히 녹음을 해오고 단어암기를 하면 금방 그 수준에 도달할 터이니 조금 높은 반에 넣어보자고……. 그렇게 시작한 아이들의 경우 대부분 성공한다. 성공한다는 표현은 그 아이의 자긍심이 높아질 정도로 영어 실력이 빨리 향상된다는 의미이다.

우리나라에서 수능 영어 시험 수준까지 가려면 어느 정도 공부를 해야 하겠는가? 먼저 수능 영어 수준이 어느 정도인지를 아는 것이 중요할 것 같다. 교육부의 발표에 따르면 고3까지 영어 교과를 충실히 이수하는 학생의 비율은 고작 15~20퍼센트에 불과하다. 그러면 15~20퍼센트가 충실히 이수했다는 그 수준은 어느 정도인가? 약간 추상적인 개념을 빼면 영국이나 미국의 초등학교 5~6학년 수준에 불과한 것이 현실이다. 요즘은 외고 입시 준비 때문에 그 비율은 조금 더 높아졌으리라 믿는다.

우리 큰아들은 12살에 그전까지는 접해보지 못했던 엄청난 분량의 영어를 큰소리 읽기로 보충할 수 있었다. 덕분에 6개월 만에 영미권 아이들 5~6학년 수준에 도달했다. 우리나라로 보면 겨우 12살에 수능 수준까지 끌어올렸다는 이야기다. 잠재력을 자극하는 큰소리 영어 학습법을 충실히 따라 하면 이것은 대단한 일이 아니라 당연한 일이 된다.

영어 환경 문제는 아니다

요즘 학자들이나 영어를 가르치는 사람들은 'EFL 환경'이니 'ESL 환경'이니 하는 차이를 많이 말한다. ESL 환경은 English as a Second Language의 약어로 예컨대, 우리가 외국인으로서 미국이나 영국에 가서 영어를 배우는 환경을 말한다. 주변 환경이 온통 영어를 써야 하는 경우이기 때문에 당연히 영어를 쉽게 배우게 되어 있다는 것이다.

이에 반해 EFL 환경이란 English as a Foreign Language의 약어로 예컨대, 한국어를 사용하는 우리나라에서 우리가 영어를 배우는 것처럼 구성원 모두가 영어를 사용하지 않는 환경을 말한다. 영어를 늘 사용하는 환경이 아니기 때문에 당연히 영어를 배우기 어렵고 늦어질 수밖에 없다고 말하는 것이다.

언뜻 보면 맞는 이야기로 들린다. 그러나 실은 학원에서 더 많은 영어 교육 시간을 확보하기 위해 만든 변명에 불과하다. EFL 환경이라도 내가 했던 것처럼 집중 몰입 교육을 하면 환경 차이에 관계없이 영어 실력을 부모의 기대 이상으로 향상시킬 수 있다.

큰소리 영어 공부반에 영국 맨체스터에서 7년을 살다 온 애가 있었는데 영어 읽기가 거의 불가능했다. 그 애의 부모는 아이가 영어를 사용하는 환경, 즉 ESL 환경에 오래 있기만 하면 영어 실력이 늘 것으로 생각했던 것이다. 비슷한 예로 시드니에서 2년을 살다 왔는데도 같은 중학교 친구들에 비해 영어 활용 수준이 더 낮은 학생도 있었다. 물론 ESL 환경 예찬론자들은 이런 아이들을 특별한 케이스라고 하겠지만, 문제는 이런 아이들이 너무 많다는 사실이다. ESL 환경 이론을 믿고 미국, 캐나다, 호주, 뉴질랜드, 필리핀 심지어 남아프리카 공화국까지 어학연수를 갔던 아이들 중에 성공하는 아이가 몇 퍼센트나 된단 말인가? 1년에 수천만 원씩 들이지만 성공하는 아이들은 10퍼센트도 안 된다.

> **TIP 잠재력을 자극하는 영어 학습**
>
> - 쉬운 교재보다는 수준이 조금 높더라도 흥미를 끌 수 있는 소재의 교재가 좋다. 동기 부여가 되기 때문이다.
> - 몰입도를 높이면 집중 수업을 통해 단기간에 영어 수준을 끌어올릴 수 있다.
> - EFL · ESL 환경보다 중요한 것은 집중적으로 몰입하여 학습할 수 있게 돕는 것이다.

부모가 역할 모델이 되자

솔선수범이 답이다

학부모들이 공부하는 모습을 모범적으로 보이지 않으면 아이들을 스스로 공부하게 하는 일은 절대 불가능하다. 이는 내가 학습에서 가장 중요하게 생각하는 점이다. 심리학 이론에 따르면, 우리는 우리가 좋아하는 사람을 적극 본받고, 싫어하는 사람도 본받게 되어 있다. 그만큼 부모의 행동이 아이의 행동에 미치는 영향력이 크다는 얘기다.

항상 TV만 보는 부모가 아이에게 공부를 하라고 하면 공부가 되겠는가? 우리 아이들이 6~8개월 만에 원어민 수준을 따라잡을 수 있었던 원동력은 내가 먼저 영어 공부하는 모습을 아이들에게 보였기 때문이다. 그래서 내가 큰소리 영어 학습법으로 영어 익히기를 요구했을 때에도 아이들은 당연하게 받아들였다. 이런데 어찌 좋은 결과가 나오지 않을 수 있겠는가?

부모가 직장에서 퇴근하자마자 TV부터 켜는 행동은 아이를 위해 삼가는 것이 좋다. 어느 정도 아이의 학습 틀이 안정되면 그때 TV를 보아도 늦지 않다. 아이가 영어 공부에 관심을 갖게 하려면 영어 공부와 관련된 화제를 식사할 때 얘기하는 것도 좋은 방법 중 하나라고 본다.

아이들이 영어 공부를 기피하는 가장 큰 원인은 영어 공부를 왜 해야 하는지 모르기 때문이다. 이런 아이에게는 영어가 일상에서 얼마나 중요하게 쓰이는지 적극 알려주는 게 좋다. 주변에 그런 사례가 얼마나 많은가. 김연아 선수나 박지성 선수의 영어 인터뷰를 보여주어도 좋다. 여자 골프선수들의 인터뷰나 반기문 유엔사무총장의 연설 등은 인터넷에서 쉽게 찾을 수 있다. 심지어 싸이와 같은 한류 스타의 영어 인터뷰를 보여주어도 괜찮다. 이런 사례를 들려주고 보여주어야 아이들이 영어 공부에 관심을 갖지, 무턱대고 영어 공부의 필요성을 느끼라고 강요하는 것은 이상한 일이다.

여기서 내가 강조하고 싶은 점은 부모 중 누구라도 아이하고 영어 공부를 같이하는 게 좋다는 사실이다. 어떤 부모는 부모의 영어 실력이 좋지 않으면 혹시 무시당하지 않을까 염려하는데 전혀 그렇지 않다. 오히려 실력을 포장하거나 영어 공부에 관심 없는 부모를 더 우습게 본다. 특히 직장에서 영어 때문에 스트레스 받는 부모는 아이와 함께 영어 공부를 해보시라. 아이가 부모에 대한 존경을 발판 삼아 영어 공부에 박차를 가하게 될 것이다.

학원에 보내면 모든 것이 해결된다는 생각은 위험하다. 요즘 학원은 잘 가르치기보다 잘 관리하는 데 신경을 쓴다. 학부모들이 그것을 원한다는 사실을 알기 때문에 학원도 그에 맞추어 운영하는 것이다. 실제로 아이들의 출결 상황이나 학습 태도, 대인 관계 등을 부모에게 꼬박꼬박 알려주고 있지 않은가. 그만큼 비본질적인 것들에 노력을 쏟으면 본질적인 학습 관리는 소홀해 질 수밖에 없다.

이러한 현상은 부모들의 책임도 크다. 요즘 부모들은 잘 가르치는 것보다 운전기사가 시간을 정확히 맞추는 게 훨씬 중요하다고 생각한다. 교육의 본질을 지엽적인 것들이 대체한 셈이다. 이런 환경에서는 관리 시스템에 더 많은 돈과 시간을 투자하는 대형 학원이 무조건 유리할 수밖에 없다. 아이들이 학원에서 공부하기를 원한다면 교육의 본질을 이해하고 그에 맞는 학원을 찾는 게 중요하다.

 TIP 아이가 영어를 공부하게 만드는 최선의 방법

- 부모가 먼저 하자. 아이에게 역할 모델이 되자.
- 부모가 모범을 보이지 않으면 아이도 하지 않는다. 이왕 영어를 가르치려면 같이 공부하는 게 좋다.
- 영어를 왜 해야 하는지 사례를 통해 알려주어라. 동기 부여가 되면 목표를 갖게 되고, 영어에 대한 욕심도 갖게 될 것이다.

잠재학습이론을 이용하자

인지심리학

최근 몇 년 동안 수능 영어 지문은 계속 길어지고 있다. 이렇게 계속 길어지는 지문을 종전처럼 쪼개고 나눠서 분석하고 해석하면 어느 세월에 문제를 풀 수 있겠는가. 기존에는 쉽게 해석할 수 있었던 지문 또한 점점 어려워지고 있다. 이제 어떻게 해야 할 것인가?

10년 이상 영어를 가르치면서 사람들이 가지고 있는 영어 교육 패러다임을 완전히 바꿔야 한다고 생각하게 되었다. 앞부분에서 종전 교육의 문제점을 지적했으므로 내 생각을 먼저 알아차린 독자들도 있겠다. 내 생각을 도표로 나타내면 다음과 같다.

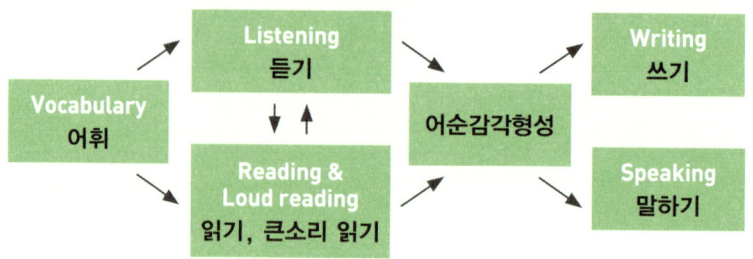

　위의 도표에서 가장 중요한 것은 영어를 배우는데 순서가 있다는 점이다. 그렇다. 현재 대부분의 학원에서는 영어의 네 가지 영역을 한꺼번에 가르친다. 하지만 내가 제시하는 큰소리 영어 학습법에서는 어순감각을 매개로 하여 왼쪽의 정보를 획득하는 영역과 오른쪽의 자기주장을 중심으로 부분이 나뉘어 있다.

　보통 학원에서 가르치는 네 가지 동시 학습법은 실제로는 효과가 없으며, 학생들에게 고통만 안길 뿐이다. 어순감각이 없는 학생들에게 어순감각이 있어야만 할 수 있는 글쓰기와 말하기를 숙제로 내주니 얼마나 괴롭겠는가. 만일 그 학생들이 큰소리 영어 학습법의 순서대로 배웠다면 영어를 훨씬 쉽고 재미있게 배웠을 것이다.

　그다음으로 중요한 점은 상호 작용에 관한 것이다. 즉, 큰소리를 내서 읽으면 듣기가 잘되고, 듣기를 잘하면 읽기가 더 쉬워진다. 나아가 큰소리로 읽기를 많이 하면 어순감각이 쉽게 형성되어서 말하기를 잘하고, 쓰기도 잘하게 된다.

무엇보다 중요한 점은 어휘 학습이 강도 높게 이루어져야 한다는 것이다. 화살표로 표시하지는 않았지만 듣기를 잘하거나(많이 하거나), 읽기를 많이 하는 경우에는 어휘가 느는 것도 사실이다. 그러나 기본적으로 듣기와 읽기를 시도하기 위해서는 어휘 암기가 우선되어야 한다.

어떤 분야를 공부하든 우리는 인지심리학이론(Cognitive psychology theory)을 염두에 두어야 한다. 우리 뇌가 어떻게 작용하는지를 알고, 그대로 실천하면 시험에서 좋은 성적을 거둘 수 있다. 특히 기억이 어떻게 형성되고 어떻게 소멸되는지를 알고 응용하면 공부가 전혀 어렵지 않게 느껴질 수 있다.

독일 심리학자인 에빙하우스(Hermann Ebbinghaus)의 연구에 따르면 100퍼센트 암기했던 내용도 한 시간 안에 50퍼센트가 망각된다. 생각보다 우리 두뇌의 망각 현상은 심각하다. 어떻게 보면 공부라는 것은 망각과의 전투이며, 여기서 살아남은 기억들이 창조적인 활동을 수행하는 것이다. 인지심리학 기억이론에서 망각곡선은 다음의 형태를 띤다.

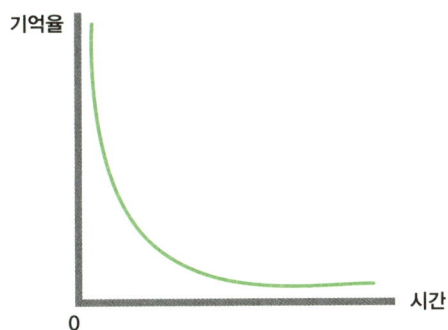

앞 그래프에서 보듯이 기억은 아주 빨리 소멸된다. 대부분 하루가 경과하면 암기한 내용의 60~70퍼센트가 망각되고, 일주일이 경과하면 90퍼센트가 망각된다. 그러면 어떻게 해야 망각의 늪에서 벗어날 수 있을까?

인지심리학자들은 끊임없는 반복에 의한 강화(reinforcement)를 답으로 꼽는다. 즉, 두 번 반복하면 기억의 소멸 속도가 완만해지고, 장기기억으로 가는 부분이 증가한다는 것이다. 세 번 반복하면 반복한 부분의 더 많은 내용이 장기기억으로 가고 소멸 속도 또한 완만해진다. 이를 그래프로 나타내면 다음과 같다.

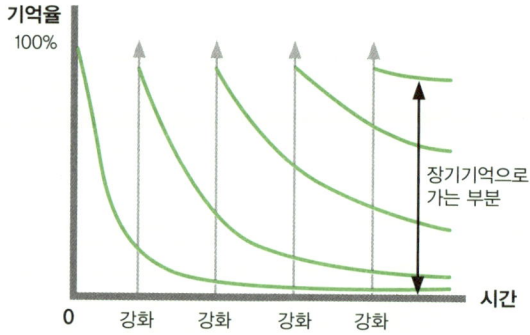

우리의 뇌는 장기기억으로 저장된 내용만을 창조적으로 응용할 수 있게 설계되어 있다. 그러므로 제대로 된 암기 즉, 뜻을 이해하고 반복하는 과정은 그 중요성을 아무리 강조해도 지나치지 않다.

머리 좋은 학생들은 단기전에 해당하는 학교 시험에는 강하지만, 수능이나 고시 같은 장기전에는 약한 경우가 많다. 반면에 머리가 중간 정도인 학생일수록 지속적으로 학습을 반복해서 좋은 결과를 얻는 경우가 많다.

내 말이 의심스럽다면 고시 합격기나 사법 시험 합격기 등을 읽어 보라. 이들 중에 어떤 특정 교수의 민법총칙을 10회 이상 안 읽은 사람이 있는지 확인해보라. 거의 찾아보기 힘들 것이다.

우리 작은 딸은 이 이론을 이용해 7개월 만에 반 8등에서 전교 1등으로 올랐다. 이것이 요즘 유행하는 '자기주도학습'이라는 것인데 7년 전에는 지금처럼 자기주도학습이란 개념이 존재하지도 않았다. 그럼에도 불구하고 나는 20년 전에 배웠던 인지심리학 이론을 적용하여 자기주도학습의 틀을 만들고, 여러 번 반복시켜 공부한 내용이 확실히 장기 기억으로 가도록 했다. 물론 요즘 시중에서 유행하는 자기주도학습과 내가 강조하는 자기주도학습은 상당한 차이가 있다.

측정과 강화

시중에서 유행하는 자기주도학습과 내가 만든 자기주도학습의 가장 큰 차이는 측정의 중요성이다. 나는 측정할 수 없으면 가르치는 일, 숙제를 내주는 일 등이 모두 학생을 위선자로 만드는 것이라 믿는다. 즉,

그날 공부한 양은 시간에 의해서 측정되는 것이 아니라, 테스트 결과에 의해 결정된다는 것이 내 사고방식이다. 그리고 이를 우리 아이들과 나에게 배운 학생들에게 적용했을 때 효과를 확인할 수 있었다.

예컨대, 작은 딸이나 나에게 배우는 학생들의 전 과목을 봐줄 때 나는 이렇게 질문을 던졌다.

"통일 신라 시대에 들어 신라는 모든 것이 바뀌었지. 특히 왕조가 새로 들어선 이후 중앙정치제도, 지방행정제도, 토지제도, 군사제도가 핵심적으로 변화했는데, 통일 신라에서 이러한 제도가 어떻게 운영되었는지 설명해보자."

학생은 이런 질문을 받으면 내 앞에서 바로 답변을 해야 한다. 혼자 공부할 때는 판단하기에 모호한 답변도 스스로 합격 점수를 부여했겠지만, 선생이 앞에 있는 경우엔 그럴 수 있는 여지가 전혀 없다. 완벽한 답변을 만들기 위해 완벽하게 공부를 해야 하는 것이다. 특히 측정을 받는 사람은 긴장감을 이기기 위해서라도 혼자 공부할 때보다 120퍼센트 이상을 공부해야 한다. 이렇게 공부를 하는데 성적이 안 오른다는 것은 이상한 일이다.

영어를 포함하여 모든 과목을 공부할 때 이 방법은 적용될 수 있다. 단, 감정을 배제하고 학생의 공부 계획을 사전에 협의해 함께 수립하고, 매일 측정을 하는 사람이 한 명 필요하다. 인지심리학 학습이론에서 가장 중요한 것은 어떻게 학습하면 장기기억으로 보낼 수 있느냐다. 그리고 이에 대한 해답은 우리가 잘 아는 바와 같이 지속적으로 반복학습을 하는 수밖에 없다.

최소한 기말고사 같은 시험에서도 다섯 번 정도는 반복학습을 해야 장기기억으로 넘어가고, 실제 시험 시간에 쉽게 응용이 가능하다. 그래서 나는 우리 아이들한테 한 과목당 세 번 이상 읽을 자신이 없으면 참고서를 사지 못하게 했다.

인지심리학 기억이론에서는 반복학습 과정을 '강화'라고 부르며, 학습에서 가장 중요하다고 강조한다. 보통 학원처럼 학생에게 모든 유형의 문제를 풀어보라고 시키면 장기기억으로 간 게 거의 없기 때문에 공부를 안 한 것이나 다름없다. 즉, 강화를 한 적이 없기 때문에 장기기억으로 간 내용은 없고 새로운 유형의 문제만을 푼 것밖에 되지 않는다. 이렇게 새로 푼 문제는 단기기억으로 일시 저장되었다가 하루나 이틀이 지나면 60~70퍼센트를 망각하고, 일주일이 지나면 10퍼센트 내외만 기억에 남는다. 또한 학원은 전략적으로 한 문제집을 두 번 풀어주지 않는다. 그들에게 학습은 돈과 연결된 비즈니스니까.

반복학습만큼 중요한 게 있다면 그것은 위에서 강조한 학습 내용의 확인 즉, 측정이다. 대부분 학원에서는 시험 때가 되면 더 열심히 가르치려고만 하지 학생들이 얼마나 이해하고 있는지, 암기하고 있는지를 측정하려고 하지 않는다.

그러나 나는 머리가 그리 좋지도 않은 작은 딸과 함께 공부 계획을 수립하고 매일 저녁마다 원칙에 맞게 측정했다. 그리고 처음에 약속한대로 보상과 처벌을 했다. 예를 들어 오늘 공부한 내용을 모두 맞히면 내일은 하루 쉬게 해준다는 식으로 말이다. 반대로 매시간 측정하여 계속 불합격하는 경우에는 새벽 3시를 넘어서도 공부를 하게 했다. 물론 나도 같이 했다.

어떤 독자는 이렇게 생각할 수도 있다. 부모가 대부분의 과목을 가르칠 수준이 되니까 그렇게 할 수 있는 거라고. 그러나 이는 오해다. 부모가 높은 수준의 지식을 갖지 않아도 측정은 할 수 있다. 부모는 문제를 지정해주고 아이에게 풀게 하면 된다. 부모는 해답집을 보며 정답이 무엇인지 미리 확인만 하면 된다.

대부분 학생들이 음악, 미술, 체육을 시험 보기 전날 한두 번 간단히 보고 갈 때, 나는 딸에게 그 과목들도 전부 다섯 번씩 공부하여 암기하도록 했다. 그러니 다른 학생들에게는 점수를 깎아 먹는 과목인 음악, 미술, 체육도 문제가 되지 않았다.

장기기억으로 보내는 일은 영어 학습에서도 매우 중요하다. 몇 번 강조했지만 학원에서 한 번에 40개씩 단어 시험을 치러서 100점 받는 것은 중요하지 않다. 다음 날 60~70퍼센트를 망각할 테고, 일주일이 지나면 90퍼센트 이상 망각할 테니까. 단어만이 아니다. 어떻게 읽어야 하는지에 대한 것도 마찬가지다. 혀를 한 번 자연스럽게 놀렸다고 해서 계속 자연스러우리라는 보장은 없다. 반복적으로 하지 않으면 그 자연스러운 느낌도 바로 상실된다. 단어든 발음이든 장기기억으로 갈 수 있게 반복적·누적적으로 하는 것이 중요하다. 특히 입으로, 큰소리로 하는 것이 중요하다. 큰소리로 해야 확실하게 장기기억으로 저장된다.

다시 한 번 이야기하지만 다섯 권의 책을 한 번씩 읽는 것보다는 한 권의 책을 다섯 번 보는 게 훨씬 낫다. 우리 뇌는 반복을 통해 훈련하도록 되어 있는데, 왜 학원이나 학교에서는 매일 새로운 인쇄물에 있는 새로운 문제를 풀게 하는 걸까? 도저히 이해할 수 없다.

얼마 전 세종대왕과 관련된 우리나라 역사서를 읽었다. 세종대왕의 탁월성은 어디에서 나왔을까? 세종대왕은 한번 집은 책을 기본적으로 백 번 이상 읽어서 완전히 당신 것으로 흡수했다. 나는 세종대왕의 탁월한 능력은 그가 그렇게 태어났기 때문이 아니라 아홉 살 이전부터 부지런히 모든 책을 백 번 이상 반복하여 큰소리로 읽음으로써 만들어진 것이라 믿는다.

집현전 학사들도 마찬가지다. 그들은 근무 시간이나 당직을 설 때 책을 반복적으로 크게 읽어서 세종대왕이 믿고 맡길 만한 재목으로 성장했다. 집현전 학사들이 낭랑한 목소리로 책 읽는 모습을 바라보며 미소를 지었을 세종대왕의 어진 모습이 머릿속에 그려진다.

참고로 현대 영상의학은 반복하여 낭독할수록 두뇌에 정보를 저장하는 뉴런 간의 연결이 두꺼워지고, 쉽게 문제를 풀 수 있도록 연결된다는 사실을 증명하기에 이르렀다.

반복과 암기의 중요성

우리나라에서는 교육 관료들이 창의력과 암기력을 서로 치열하게 싸우는 적(敵)으로 간주하는 경향이 강하다. 그래서 우스갯소리로 수능이 다가오면 "올해는 단순암기력을 측정하는 문제는 출제하지 않습니다."라는 거짓말을 상투적으로 한다고 하지 않던가. 그러나 행동 과학에서는 창의력을 '두 개 이상의 관련성 없는 사실을 서로 관련지을 수 있는 능력'이라고 정의한다. 기본적인 바탕 지식 즉, 암기를 통한 관련성 없는 사실이 장기기억 속에 있지 않으면 창의력을 발휘할 수 없다는 얘기다.

얼마나 많은 사람이 이 사실을 아는지 모르겠다. 우리나라 삼성전자가 MP3의 개념을 세계 최초로 만들어냈다는 사실을…… 그리고 MP3에 들어가는 낸드플래시 반도체를 삼성전자가 세계에서 가장 잘 만든다는 사실을……. 그러나 삼성전자는 MP3의 음악 재생 기능과 녹음 기능, 카메라 기능, 동영상 기능, 전자사전 기능 등이 휴대 전화에 모두 들어갈 것이라고 믿었다. 그래서 MP3 분야를 독자적으로 키우지 않고 휴대 전화에 더 잘 넣을 궁리만 했다. 이에 MP3 자체의 가능성을 엿보았던 삼성전자의 한 이사가 '레인콤'이라는 회사를 만들어 '아이리버'라는 MP3를 생산했고, 이것이 대박을 터트렸다.

MP3의 상품 가치성을 알게 된 '애플컴퓨터'의 스티브 잡스가 이를 놓칠 리 없었다. 그는 삼성전자가 개발한 MP3 개념과 삼성전자에서 가장 잘 만드는 낸드플래시 반도체를 이용해 아이팟을 만들었고, 3년 동안 100억 달러 이상의 매출을 올렸다. 전부 삼성전자 것으로 말이다. 그리고 스티브 잡스는 상호도 기존의 '애플컴퓨터'에서 '애플'로 바꾸었다.

컴퓨터 분야보다도 MP3 분야의 매출액이 더 커졌기 때문이다.

독자들은 어떻게 판단하겠는가? 애플은 단지 베끼기를 잘한 회사인가? 아니면 창의력이 뛰어난 회사인가? 행동 과학적 의미에서는 애플은 창의력이 매우 뛰어난 회사다. 다른 분야에서는 어떻게 정의할지 몰라도…….

삼성전자도 애플이 아이팟 하나로 100억 달러 이상의 매출을 올리는 모습을 그냥 보지만은 않았다. 애플에 반도체를 많이 파는 것도 중요하지만 완제품으로 파는 게 부가 가치가 훨씬 높다는 사실은 당연한 상식. 삼성전자는 아이팟을 설계한 디자이너를 수백만 불을 주고 스카우트했다. 그 결과 나온 제품이 아이팟과 비슷하게 생긴 길쭉한 모양의 삼성전자 MP3다. 이렇게 허겁지겁 따라갔지만 아직은 세계 시장에서 삼성이 MP3로 통하기에는 갈 길이 멀다.

자, 다시 한 번 묻겠다. 위에서 언급한 사례들을 독자들은 어떻게 판단하겠는가? 기본적인 내용은 정확히 알고 암기해야 언제든지 이용 가능하다. 그 기본에서 창의력이 나온다. 지금은 폐지되었지만 한때 외고 입시에서 창의사고력 테스트를 시행한 적이 있다. 그런데 학원에서 창의사고력을 연습하지 않고도 외고에 입학한 학생이 얼마나 된다고 생각하는가? 창의사고력도 연습하고 암기해야만 한다.

여기에서 이런 이야기를 하는 까닭은 반복과 암기의 중요성을 강조하기 위함이다. 그렇다고 뜻도 모르고 앵무새처럼 외워야 한다는 것은 아니다. 의미를 정확히 이해하고 반복해서 암기해야 응용이 가능하다. 사실 영어는 수학이나 과학처럼 인사이트(insight 통찰력)가 필요 없는 학문이다. 그런 창의력은 없어도 된다. 그러니 얼마나 쉬운가?

문장을 계속 큰소리 내서 읽고 반복하면 영어는 된다! 가끔 이렇게 외치고 싶다. 열 번해서 안 되면 스무 번 큰소리로 읽어보고, 그래도 안 되면 내가 책임지겠다고. 큰소리 영어 학습법으로 공부하면 영어가 안 될 리 없다. 안 된다는 게 비정상적이다.

잠재학습이론

두 번째로 염두에 두어야 할 점은 잠재학습이론(Potential learning theory)이다. 잠재학습이론은 특별한 보상이 없어도 무의식적으로 학습을 진행하고 반복하는 현상에 대한 이론이다. 큰소리 영어 학습법은 대표적인 잠재학습법으로 여러 번 읽은 영어 문장은 무의식 속에 남아 있다가 필요할 때 튀어나올 가능성이 높다.

영어 학습이 이렇게 어려워진 이유는 반복하여 암기할 것을 암기하지 않고, 끊임없이 새로운 문제풀이에 시간과 힘을 쏟았기 때문이다. 하지만 만약 잠재학습 능력을 이끌어내는 수준으로 영어 공부를 하면 초등학교 고학년의 경우 길게 잡아야 2년, 짧게 잡으면 1년 내에 영미권 국가의 동년배 아이들 수준에 도달할 수 있다.

영어 학습에는 "늦었다."라는 개념이 없으므로 초등학생이든 직장인이든 입으로 반복하여 읽고 어순감각을 깨치면 영어는 단기간에 끝난다고 장담할 수 있다.

나아가 우리는 지금 아이들이 학습하는 영어 수준보다 훨씬 더 높은 수준을 기대해야 한다. 그렇게 해도 실제로 우리가 기대하는 수준은 높은 편이 아니다. 우리나라 고3 학생이 충실히 영어 교과과정을 이수해서 도달하는 수준은 영미권 초등학교 고학년 수준이다. 그러니 지금 학생들이 학습하는 것보다 훨씬 더 높은 수준을 요구하는 게 당연한 일이며 충분히 실현 가능하다.

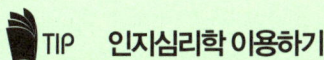

TIP 인지심리학 이용하기

- 듣기와 읽기의 상호 작용을 통해 말하기와 쓰기도 잘하게 된다.
- 학습에서는 인지심리학 이론이 유용하다. 단기기억을 장기기억으로 저장시키는 이론이며 자기주도학습과 비슷하다.
- 인지심리학에서 중요하게 여기는 것들
  - 반복학습: 강화를 통해 장기기억으로 저장된다.
  - 측정: 부모가 해답집을 들고라도 해줘야 한다.
- 창의력 또한 기본적인 암기가 선행되어야만 그 지식을 바탕으로 발전할 수 있다. 그러므로 반복에 반복을 거듭하는 것이 답이다.

영어가 한국어보다 쉽다

아랍어보다 한국어가 어렵다?

큰아들이 교환 학생으로 선발되어 요르단으로 떠나기 전날이었다. 새벽 두 시가 넘어서 편의점에서 음료수를 사 가지고 공원 벤치에 앉았다. 여러 가지 이야기를 하다가 언어 이야기로 들어갔는데, 한국어를 빼고도 5개 국어를 구사하는 큰아들에게 이런 질문을 던졌다.

"아들, 아랍어를 배우는 영미 사람들은 아랍어를 굉장히 어려워하는 것으로 알고 있는데 너는 어떻게 생각하니?"

"아빠, 어려운 건 아랍어가 아닌 것 같아요. 전 우리말이 세계에서 가장 어려울 거라고 생각해요. 표기 수단 말고 그 콘텐츠가요."

"그럼 너는 우리말이 얼마나 어렵다고 생각하니?"

"아마 우리말이 아랍어보다도 두세 배는 어려울 거예요."

"그 정도로 어려워?"

"아랍어는 구어하고 문어의 형태가 다르다는 게 좀 어렵지만, 모든 동사를 3개 부분으로 나눌 수 있고 전부 규칙변화를 한다는 점에서 우리말보다 쉬워요. 우리말은 동사와 형용사 모두 불규칙변화를 하고, 시제가 달리 적용되며, 상대에 따라 존댓말도 해야 하죠. 이 정도로 복잡한 언어는 제가 아는 한 없는 것 같아요."

우리말이 얼마나 복잡한지는 알고 있었지만 아랍어보다도 훨씬 어렵다는 이야기를 듣고는 상당히 놀랐다.

"그렇다면 영어는 아랍어에 비하면 얼마나 쉽다는 거니?"

"아빠, 영어는 아랍어에 비하면 언어도 아니라고 할 수 있어요. 구어와 문어가 같다는 사실만 봐도 영어는 너무 쉬운 언어예요. 동사도 대부분 규칙변화고요."

큰아들의 이야기를 이해한 건 그로부터 몇 년이 지난 뒤 한국사 관련 서적을 읽으면서였다. 세종대왕은 훈민정음 서문에서 표기 수단과 사용하는 말이 달라 어리석은 백성이 통할 수 없다며 한글을 발명할 수밖에 없었던 이유를 밝혔다. 만약 세종대왕이 한글을 발명하지 않아서 한자로 말을 적어야 했다면 한국어가 얼마나 어려웠을 것인가? 한국어가 영어보다 어렵다던 큰아들의 설명은 이러한 이유 때문이었다.

서른여덟 살 이후에 영어를 쉽게 배우는 법을 터득해서 영어가 생각보다 쉽다는 사실을 알게 되었지만, 이렇게까지 쉬운 언어라고 느끼게 될 줄은 예상하지 못했다. 우리말과 영어의 불규칙동사를 비교해보면, 우리말의 형용사 시제나 불규칙변화를 생각해보면 영어가 얼마나 쉬운 언어인지 독자 여러분도 공감할 수 있을 것이다. 특히 상대에 따른 존댓말은 아무리 오랫동안 한국어를 공부한 외국인이라도 쉽게 이해할 수 없는 부분이다.

영어는 요령이 안 통한다

독자 여러분이 우리말처럼 어려운 언어를 자유자재로 구사해왔다면 영어처럼 간단한 언어는 큰 어려움 없이 해낼 수 있으리라 믿는다. 꾸준히 큰소리 영어 학습법으로 공부하면 영어는 원하는 시간 내에 정복할 수 있을 것이다. 하루 평균 네 시간씩 1년 동안 공부해서 영어를 완전히 끝내버릴 수도 있고, 두 시간씩 2년 동안 공부해서 영미의 동년배 수준에 도달할 수도 있다. 만약 하루에 여섯 시간 이상을 투자하면 8개월 만에 끝낼 수도 있다. 이처럼 큰소리 영어 학습법은 공부에 쏟을 수 있는 시간에 따라 맞춤식으로 영어 실력을 향상시킬 수 있다.

물론 이 기준은 초등학교 고학년의 실력을 갖춘 경우다. 그러나 나이가 많은 이라도 학습 능력은 생각보다 떨어지지 않으므로 40세 미만이라면 희망을 가지고 도전하기 바란다. 참고로 뇌를 연구하는 과학자들은 25세의 학습 능력에 비해 60세의 학습 능력이 겨우 5~10퍼센트 떨어지는 것으로 보고 있다.

　우리는 산에 오르거나 운동을 하면 건강이 좋아진다는 사실을 잘 알고 있다. 그리고 운동하겠다고 마음먹은 사람은 실제로 며칠 동안 이를 실천하기도 한다. 그러나 이는 며칠 가지 않는다. 꾸준히 하면 분명 좋은 효과를 볼 수 있을 텐데 말이다.

　영어도 마찬가지다. 모든 공부가 그렇지만 영어는 머리로 하기보다는 엉덩이로 한다는 얘기가 맞다. 책상에 앉아서 꾸준히 반복하면 효과는 반드시 나타나게 되어 있다. 다만 여러 가지 핑계를 대면서 꾸준히 하지 않기 때문에 그 효과가 나타나지 않는 것이다.

　얼마 전 어떤 신문에서 윗몸일으키기가 뱃살을 빼는 데 효과가 없다는 기사를 내보냈다. 그리고 그 근거로 캐나다 어느 의대 교수의 발표를 들었다. 나는 그 기사를 보고 웃고 말았다. 실제로 오랫동안 실험을 해본 게 아니라, 이론적으로 그렇다는 기사였기 때문이다. 학자들이 대체 어떤 실험과 논리를 통해 그런 결과를 얻었는지는 모르겠지만, 나는 분명 윗몸일으키기의 효과를 보았다. 처음에는 30개를 하기도 힘들었지만 시간이 나는 대로 꾸준히 했더니 나중에는 150개 이상을 할 수 있었다. 그리고 꾸준히 2주를 지속했더니 실제로 배가 들어갔다. 정주영 현대 회장이 이야기했던 그 유명한 "임자, 해봤어?"라는 말은 단순한 우스갯소리가 아니었다. 윗몸일으키기로는 뱃살을 뺄 수 없다는 결론을 낸 의대교수에게 하루 150개 정도를 한 달 정도 해봤느냐고 묻고 싶다.

뜬금없이 윗몸일으키기 이야기를 꺼낸 까닭은 꾸준히 강도 높게 하면 반드시 효과를 볼 수 있다는 점을 다시 한 번 강조하기 위해서다. 너무나 많은 사람이 비싼 돈을 들여서 학원 강좌를 등록해놓고는 무성의하게 포기해버린다. 특히 어린 학생들일수록 그 정도가 심하다.

영어는 우리말에 비해서 무척 쉬운 언어다. 하루에 두세 시간 들여서 단어를 외우고 영어책을 읽는데도 실력이 늘지 않는다면 정말 비정상적인 결과다. 다시 강조하지만 동일한 표현도 영어로 보면 더 쉽다. 단어의 뜻을 알면 알수록 번역된 한글 책보다 원서를 읽기가 쉽고 재미있다. 독자들이 큰소리 영어 학습법을 통해 이 재미있는 낙을 함께 누렸으면 좋겠다. 게다가 말하기, 듣기, 쓰기 실력까지 함께 향상되니 이런 놀라운 일이 어디 있겠는가?

다시 강조하지만 떨어지는 물이 바위를 뚫는다는 믿음으로 한번 투자해보기를 강력히 권한다.

NOTE

chapter 4

큰 소리 영어 학습법 제대로 따라 하기

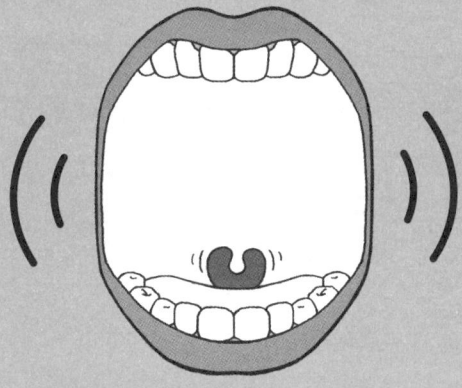

본격적으로 큰소리 영어 학습법을 설명하기 전에 두 가지 사례를 들어 영어가 얼마나 중요한지 설명하려고 한다. 1999년 말 EU 본부 및 암스테르담과 프랑크푸르트 증권 거래소, 파리 등을 방문한 적이 있다. 그때 들렀던 EU 본부에서 나는 두번 큰 충격을 받았다.

첫 번째 충격은 EU 본부를 들어가는 입구에 EU기를 중심으로 성조기와 일장기가 나란히 걸려 있다는 사실이었다. 전 세계에서 일본 알기를 가장 우습게 아는 나라가 우리나라인데……. 곧이어 EU 사무처에서 사람이 나와 EU 현황과 확대 계획, 통상 및 무역 정책 등에 대해 설명을 하였다. 그런데 갑자기 한국 학생과 일본 학생들은 손을 좀 들어보라고 하더니 한국과 일본은 EU와의 무역 규모가 엄청나게 큰데, 이 두 나라 때문에 EU 사무처 업무에 상당한 차질이 있다고 하였다. 한국과 일본은 회의를 할 때마다 영어 의사소통이 어렵고, 다음 회의 때는 사람이 바뀌어 오며, 인수인계조차 안 되어 일정을 진행하는 데 문제가 많다는 것이었다. 그래서 앞으로 30세 미만의 한국인과 일본인이 EU 사무처에 지원을 하면, 인턴사원으로 선발하여 주택과 차량 등을 지원하고 전문가로 키울 생각이라고 밝혔다. 그때 나는 내 나이가 너무 많다는 사실에 안타까움을 느꼈다.

두 번째 충격은 몇 년 전 OECD(경제협력개발기구) 사무총장이 우리나라 외교부장관에게 보낸 서신이 공개된 것이다. 신문에 실린 내용에 따르면, 그는 도대체 한국에서 파견되어 나온 사람들의 목적이 무엇인지를 명확히 해달라고 요청했단다. 파견 나온 이들이 회의에 참석하지 않고, 근무 시간에 몰려다니면서 골프를 치는 바람에 한국과의 업무 진행에 어려움이 많으니 가급적이면 소환해 달라는 것이다. 파견 나간 공무원들이 회의에 참석하지 못하고 몰려다녔던 이유는 뻔하다. 영어가 되지 않기 때문이다. 이 무슨 창피인가? 그러나 이런 일은 일반적으로 일어나는 현상이다.

어떤 사람들은 중국과의 교역 규모가 확대되고 있으니 영어보다 중국어를 배우는 게 낫지 않겠냐고 주장하지만, 사실 중국어가 영어만큼 중요하게 부상하려면 앞으로 상당한 시간이 걸릴 뿐만 아니라, 국제적으로 영어만큼 영향력을 가질 것 같지도 않다. 미국이나 영국 등 전통적인 영어권 국가뿐만 아니라 인도 같은 성장 가능성이 큰 나라들을 생각해보라. 당연히 영어의 영향력은 커질 수밖에 없다.

특히 인터넷이 발달하면서 중요하고 영양가 있는 정보들은 거의 전부 영어로 작성되고 제공되는 추세다. 영어의 영향력이 커졌으면 커졌지 줄어들 것 같지는 않다. 한국에 투자를 고려하는 다국적 회사들은 금융 개방이나 정부 서비스 같은 무형의 인프라도 고려하지만, 앞에서 예를 든 것처럼 영어로 의사소통이 가능한가를 더 중요한 고려 요소로 보고 있다.

몇 년 전 발표한 영국문화원(British Council)의 자료에 따르면 인터넷 발달이 본격화되고 소형 무역이 오퍼상을 배제한 채 확대되면서 영어를 통한 교역 규모가 사상 처음으로 94퍼센트에 도달했으며, 이 추세는 더 확대될 것이라고 한다. 그리고 이에 따라 영어를 배우기 위해서 영국으로 유학 오는 사람들의 수도 훨씬 증가했는데, 이는 중국어를 배우고자 중국으로 유학 가는 사람의 증가율보다 높은 수치다. 오히려 베이징이나 상하이 같은 곳에서 영어를 배우고자 하는 중국인의 열기가 상상 이상으로 뜨겁다.

구글(google.com)에 들어가서 '중국의 영어 열풍'이라고 쳐보라. 아마 충격을 받을 것이다. 한 반에 600~800명이 영어 수업을 받는 것은 보통이고, 심한 경우 1천 명이 한 공간에 몰리기도 한다. 영어를 잘하는 사람은 중국 진출을 고려해보는 것도 나쁘지 않을 정도다. 싱가포르 같은 나라는 미국의 유명 대학 분교를 유치해 똑같은 졸업장을 주고, 그 사람들을 고급 인력으로 구분한다고 하지 않는가?

이제는 인도도 우리나라 학생들이 유학을 가는 국가의 반열에 속하기 시작했다. 실리콘 밸리에서 일하는 사람의 40퍼센트 정도가 인도인일 정도로 그들은 영어를 능숙하게 한다. 어렸을 때부터 영어를 체계적으로 배워온 덕분이다. 심지어 인도의 산업 도시 벵갈루루는 미국의 실리콘 밸리를 제치고 세계 최고의 소프트웨어 선진 도시가 될 것이라고 산업계에서 예측하고 있다. 역시 대부분 컴퓨터 로직에 사용되는 영어를 자유롭게 구사할 수 있다는 이유 때문이다. 인도인과 한국인이 같은 전문가로 인정받더라도 한국인보다 영어를 더 잘하는 인도인이 높은 급여를 받는 사실은 여러 번 우리나라 신문에 보도된 바 있다.

엔터테인먼트 분야에서 세계적 시장으로 인정받는 인도의 '발리우드' 역시 영어 의사소통이 가능하다는 이유로 할리우드 자본의 세례를 받았다. 2009년 아카데미상 가운데 여덟 개 부문을 휩쓴 「슬럼독 밀리어네어(Slumdog Millionaire)」는 할리우드의 자본과 인도 영화가 결합된 최고의 성공 사례. 이처럼 단지 영어 의사소통이 된다는 이유만으로 인도는 정보화 시대에서 앞서가고 있을 뿐 아니라 교육과 엔터테인먼트 분야에서도 성공을 거두고 있다.

한번은 암스테르담 국제공항에 중간 기착한 적이 있다. 그때 암스테르담 공항의 편리성에 대해 설문 조사를 진행하던 학생을 잊을 수가 없다. 그 여학생은 자기가 암스테르담대학원에서 공부하고 있으며, 그

대학원은 네덜란드어뿐만 아니라 영어나 프랑스 어로도 강의를 진행한다고 자랑스럽게 말했다. 실제로 그녀는 미국인과 영국인에게는 영어로, 프랑스인에게는 프랑스 어로, 독일인에게는 독일어로 설문 조사를 진행했다. 암스테르담대학원처럼 강의를 여러 가지 언어로 진행하고, 학생들 역시 어느 나라 사람이든 상대할 준비가 되어 있다면 외국인 투자자 입장에서 큰 매력을 느낄 수 있을 것이다. 우리나라처럼 필요한 사람만 외국어를 구사하면 된다는 사고방식을 가지고 있으면 중요한 투자를 유치할 수 없다. 우리나라 대학생, 대학원생은 어느 정도 수준의 영어를 구사하고 있는가? 그들이 외국인을 만나 자신 있게 투자를 권할 수 있을까?

어느 나라든 금융 허브, 물류 허브가 되기를 꿈꾸지 않겠는가? 네덜란드 같은 나라가 자존심이 없어서 4~5개 국어를 구사하는 국민들을 양성하는 것이 아니다. 그들은 생존의 문제가 언어에 달려있다는 사실을 진작 깨달았다. 그 자존심 강한 프랑스가 왜 공항관제센터에서 프랑스 어를 포기하고 영어를 사용하겠는가? 공항에서 사고를 줄이려면 영어가 필수라는 사실을 인정하기 때문이다.

초국가적 기업들이 홍콩이나 싱가포르를 아시아 본부로 가장 많이 선택하는 까닭은 그만큼 의사소통이 원활하기 때문이다. 우리나라가 금융 허브, 물류 허브 국가로 발돋움하고 싶다면 일을 지시하는 상급자부터 직접 몸을 움직이는 하급자까지 두루 영어를 구사할 수 있어야 한다.

우리나라 사람들은 이런 말을 많이 한다. "영어를 필요로 하는 사람들만 제대로 배우면 되지 왜 우리까지 힘들게 영어를 배워야 해?" 마치 영어를 필요로 하는 사람들 때문에 자신들이 피해를 보고 있는 것처럼 얘기한다. 이 사람들이 "내 자식한테 영어 배우라고 하지 말란 말이야!" 하고 말할 수 있을지 모르겠다. 그 정도 확신을 가지고 있는 사람이 얼마나 될까?

영어 등 외국어를 얼마나 사용할 수 있는가 하는 점은 국가 경쟁력 순위를 결정하는 중요한 요인이다. 게다가 우리처럼 수출로 먹고사는 나라에서는 의사소통 능력과 생활이 밀접한 관련을 맺는다. 예를 들어 무역회사에서는 하위 책임자의 위치에만 올라도 영어와 일어를 구사할 일이 많은데, 그때마다 일일이 통역사를 부를 수는 없지 않은가? 그것도 회사와 상품의 구조, 제조 과정 등을 정확히 아는 통역사가 얼마나 되겠는가?

우리도 글로벌 시대에 발맞춰 전 국민이 이중 언어를 구사해야 한다. 그리고 이제 우리에게도 영어를 쉽게 배울 수 있는 길이 열렸다. 바로 큰소리 영어 학습법이다. 여기서는 큰소리 영어 학습법의 구체적인 내용을 자세히 설명해보겠다.

어순 극복하기

영어가 어렵게 느껴지는 근본적인 이유

　몇 년 전 신문 기사에 따르면 중국 주석의 통역을 맡은 사람은 완전 순수 중국 토종이라고 한다. 그런데도 그는 중국 주석이 미국을 방문했을 때 실수 없이 통역을 해 극찬을 받았다고 한다. 특히 주석이 비유적으로 표현하는 내용을 그 느낌까지 온전히 전달한 것으로 알려졌다. 반면에 우리나라는 미국 대통령과 회담을 할 때마다 실수가 없었던 적이 없다. 잘못된 통역 때문에 국가 간에 오해가 발생하기도 했다.
　알 만한 사람들은 중국 사람들이 우리나라 사람들보다 더 쉽게 영어를 배운다는 사실을 알고 있다. 그렇다면 중국인들이 한국인보다 훨씬 쉽게 영어를 익히는 이유는 무엇일까? 거꾸로 말해 우리나라 사람들이 중국인보다 영어를 못하는 이유는 무엇일까?

발음? 문법? 모두 아니다. 정답은 어순이다. 영어가 어렵게 느껴지는 이유의 80퍼센트 이상은 어순차이 때문이다. 물론 이런 사실은 전부터 공공연하게 알려져왔다. 다만 학계에서 공식적으로 인정되지 않고 있을 뿐이다.

아마 학계에서는 이 같은 사실을 증명하기가 어려울지도 모른다는 바보 같은 생각을 해본다. 왜냐하면 우리나라의 언어학계는 서구에서 공부한 사람들에 의해서 지배되고 있는데, 인도유럽어족을 중심으로 공부한 그들은 인도유럽어족과 우랄알타이어족 간의 어순차이보다 인도유럽어족 내에서의 차이에 더 관심이 많기 때문이다. 그만큼 두 어족을 비교 분석하는 연구는 이루어지지 않고 있다는 얘기다. 나도 언어학에 관한 책을 많이 보는 편인데, 이 어순차이 때문에 한국인이 영어를 공부하기 어렵다고 지적한 학자의 책은 본 적이 없다.

오히려 orange의 발음이 '오렌쥐'냐, '아륀쥐'냐 하는 쓸데없는 논쟁만 벌이는 게 대한민국 교육계의 현실이다. 이런 사소한 논쟁이 주를 이루면서 '영어 몰입 교육'에 관한 토의는 진행되지 못하고 있다. 아마 우리나라 학자들이 영어 교육의 본질적인 문제를 알았더라면 발음 문제를 두고 이러쿵저러쿵하지는 않았을 것이다. 원어민 교사의 숫자만 늘리면 영어 교육이 해결된다는 탁상 행정이 판을 치지도 않았을 것이다.

실제로 원어민 교사 한 사람을 고용하는 데 1년에 5천만 원 정도(거주비까지 잡으면 수도권에서 이 정도는 충분히 든다)가 필요하다 계산하고 1조 원을 투자한다고 해도 2천 명밖에 채용할 수 없다. 전국에 고등학교가 2천 개 정도 있으니 한 학교에 한 명 정도 배정되는 셈이다. 원어민 한 명으로 무엇을 하겠다는 것인가? 만약 추가로 1조 원을 더 쓴다고 해도 고등학교에 한 명씩 더 배정될 뿐이다.

그런데 우스운 것은 원어민 교사가 아무리 열심히 수업을 해도 대부분의 학생은 책상에 엎드려 잠을 잔다는 사실이다. 원어민 교사가 일주일에 한 시간 강의를 한다고 해서 특별한 효과가 있을 것으로 기대하는 일 자체가 어리석다. 시간을 두 배로 늘려도 마찬가지다. 언젠가 딸과 이런 이야기를 나누었다.

"하림아, 넌 학교에서 영어 말고 어떤 제2외국어를 배우니?"

"러시아 어를 배우고 있죠."

"러시아 어 시험 등수는 어느 정도 하니?"

"항상 1등이에요."

"그래? 왜 항상 1등이지?"

"러시아 어 선생님이 강의하실 때 저만 잠을 안 자니까요."

이렇게 학생들은 수업에 누가 들어오든 대부분 책상에 머리를 박고 잠을 잔다. 진짜 졸려서인지, 습관이 되어서인지는 중요하지 않다. 그나마 머리를 들고 듣는 수업이 있다면 문법이나 독해다. 아마 시험과 직접적으로 연결되기 때문일 것이다.

나는 관련 예산을 대폭 늘려서 한 학교에 다섯 명 이상의 원어민을 둔다고 해도 큰 차이가 없을 거라고 예상한다. 학생들에게 진짜 필요한 훈련은 영어회화 훈련이 아니기 때문이다. 영어 교육을 기획하고 시행하는 분들도 이 점을 잘 알고 있을 것이다. 즉, 프리토킹(Free talking)이라는 것은 실제로는 말과 달리 70퍼센트 정도가 듣기 연습이지, 말하기 연습이 아니라는 것을……. 그런데 그 30퍼센트에 해당하는 말하기 부분은 반복적으로 학습하지 않으면 바로 다음 날 증발해버린다. 다시 말하지만 말하기 부분은 끊임없이 반복되어야 한다. 목이 붓고 쉬도록 말이다.

원어민 교사의 수업 시간이 몇 시간이 되건 아이들이 영어를 못하는 건 변함이 없다. 그 수업에서 효과를 보는 사람은 이미 특정 수준 이상 영어를 구사할 수 있는 유학파 학생들뿐이다. 평범한 학생들에게는 잠자는 시간만 늘어나는 셈이다. 그런데도 학생들의 영어 실력을 늘리기 위해 원어민 교사를 더 많이 투입하는 건 전혀 방향이 맞지 않는 일이다.

말하기나 듣기는 예컨대, 영국이나 스페인 사람이 받아야 할 훈련이다. 영어와 에스파냐 어 사이에는 어순차이가 없기 때문에 프리토킹을 연습하면 쉽게 상대방의 말을 익힐 수 있다. 정말이지 스페인 사람들의 영어 발음은 영어를 배운 사람의 입장에서는 못 들어줄 정도다. 그런 사람들이 프리토킹을 하면서 구체적인 발음을 익히면 소기의 목적을 달성할 수 있다.

우리는 발음 훈련이 아니라, 어순차이 극복 훈련이 필요하다. 어순

차이를 뛰어넘을 수 있는 훈련이 우선되어야 프리토킹도 의미가 있다. 계속 강조하듯이 목이 쉬고, 터질 정도로 영어를 큰소리로 읽어라. 그렇게만 하면 안 될 리가 없다.

중국인에게 영어가 쉬운 이유

관점을 돌려서 중국인이 영어를 잘하는 이유에 대해 생각해보자. 중국은 우리나라보다 영어 교육의 역사가 짧다. 그럼에도 불구하고 왜 그들은 영어로 수업을 진행할 수 있고, 고급 통역도 순수한 중국인이 하는가?

이유는 간단하다. 중국어의 어순이 우리말의 어순보다 영어에 가깝기 때문이다. 대부분 독자들이 알다시피 중국어 문장은 영어 문장과 똑같이 '주어+동사'로 시작한다. 목적어나 부사어 등의 위치는 상대적으로 중요하지 않다. 중요한 것은 주어와 동사의 위치다. 그런데 한국어 문장은 '주어+목적어'로 시작하고 보통 동사는 가장 끝에 온다.

이 차이 때문에 내가 자주 얘기하는 '조립의 문제'가 등장한다. 일단 주어와 동사의 위치만 고정되면 나머지 문장 성분을 조립하기는 상당히 쉽다. 그런데 우리말은 중국어나 영어와 달리 말하고자 하는 정보를 중간에 집어넣고 마지막에 동사를 넣는다. 이러니 중국인들과는 조립의 수준이 다를 수밖에.

우리말에서 '나는 그 책을 사러 어제 그 서점에 갔어', '나는 어제 그 책을 사러 그 서점에 갔어', '나는 그 책을 사러 그 서점에 어제 갔어'가 의미상 무슨 차이가 있는가? 물론 강조하는 바가 조금씩 다르지만 본질적인 차이는 없다. 즉, 주어와 동사의 위치는 고정시켜 놓고 나머지는 다 옮겨도 차이가 없다. 그런데 영어로 이 표현을 쓰면 주어와 동사의 위치가 완전히 달라진다. 단어를 완전히 새로 조립해야 하는 것이다. 중국인이 영어를 훨씬 잘 조립하는 까닭은 가장 중요한 동사는 이미 맞추어져 있고 나머지만 끼우면 되기 때문이다. 바로 이것이 영어와 중국어, 그리고 한국어의 본질적인 차이다.

'영문법을 그렇게 열심히 공부할 필요가 없었는데……' 하고 후회하는 이유는 학교에서 배운 영문법이 비본질적인 것이기 때문이다. 우리는 색깔 형용사, 크기 형용사, 모양 형용사 등을 모두 외우라고 배웠다. 그런데 영미인들과 대화를 해보면 그들도 형용사를 사용할 때 실수를 많이 한다는 걸 알 수 있다. 도대체 왜 우리는 영미인도 틀리는 걸 죽어라 암기했던 것일까? 왜 그들도 모르는 영문법을 우리만 지키려고 애를 썼단 말인가? 그 시간에 우리가 어순차이를 극복하려고 노력했다면 영어 공부는 이미 끝났을 것이다.

그러면 어순차이를 극복하기 위해서 우리는 무엇을 해야 한단 말인가? 당연히 큰소리로 여러 번 책을 읽고, 음원 파일을 반복해서 들어야 한다. 내가 누차 강조했던 것처럼 이렇게만 하면 아이들의 듣기 실력과 말하기 실력, 에세이 작성 실력을 동시에 향상시킬 수 있다.

부탁이니 독자 여러분께서도 한번 시도해보기를 바란다. 큰소리 영어 학습법을 위해 필요한 자료는 얼마든지 주변에서 구할 수 있다. 다만 여러분이 어떤 과정으로 학습을 진행할 것인가에 대해서는 좀 더 자세한 지침이 필요하기에 다음과 같은 순서를 만들었다. 만약에 여러분이 이 방법대로 학습한다면 최소 3배 이상의 빠르기로 영어를 정복할 수 있을 거라 장담한다.

 TIP 영어가 어렵게 느껴지는 근본적 이유

- 영어와 우리말은 어순이 다른 구조적 차이를 갖고 있다. 이 차이를 극복하는 것이 영어 학습의 포인트다.
- 어순 차이를 극복하고 어순감각을 길러라. 그러기 위해선 어순감각이 생길 때까지 소리 내어 읽기를 해야 한다.
- 중국어는 영어와 비슷한 어순을 갖고 있어서 중국인이 우리나라 사람보다 쉽게 영어를 배울 수 있다.

강도 높은 단어암기

아랫돌 빼서 윗돌 쌓는 암기

나는 단어의 중요성을 특히 강조하는 편이다. 특히 고등학교 수준을 넘어서는 영어는 단어 게임이라고 할 수 있을 정도로 단어암기는 영어 공부에서 중요한 비중을 차지한다.

큰소리로 읽기에 익숙해지면 문법은 사실상 불필요해진다. 다음 문장을 보자. "Coming, he wept." 이런 문장을 대하면 대부분의 한국인은 분사구문의 무슨 용법으로 쓰였는지 분석하기에 바쁘다. 그러나 이런 문장 구조는 90퍼센트 이상 '~하면서'라는 뜻을 갖는다. 즉, "Coming, he wept."는 "그는 오면서 울었다."라는 뜻이다. 이런 문장은 입으로 연습하다 보면 자신도 모르게 사용할 줄 알게 된다.

그러나 단어는 익혀야 한다. 뒤에서 외우는 법과 단어암기박스 등을 만들고 활용하는 법에 대해 설명하겠지만, 일단 단어는 꾸준히 반복적으로 외워야 하고, 그 뒤 많은 책을 읽으면서 자주 접해서 자신의 것으로 만들어야 한다는 사실을 명심하자. 그리고 재미로 책을 읽을 때는 어느 정도 뜻을 유추하는 것도 괜찮지만, 단어를 몰라서 책이 재미없게 느껴진다면 책의 수준을 낮추고 단어암기에 대한 투자를 늘리는 게 좋다. 단어암기의 중요성은 아무리 강조해도 지나치지 않다.

단어를 암기하는 방법은 다양하다. 주제별·토픽별로 나누어 암기하는 방법, 어근이나 어원을 추적하면서 암기하는 방법, 또는 해마식이라고 하여 유머러스한 우리말 발음과 연관시켜 암기하는 방법, 알파벳 순으로 암기하는 방법, 아무런 순서도 없이 하루하루 영양제를 먹듯이 암기하는 방법 등이 있다. 내가 장담할 수 있는 것은 앞에서 얘기한 이 방법들이 인지심리학적인 이해 없이 즉, 어떻게 하면 장기기억으로 보낼 수 있는가에 대한 아무런 고민 없이 단순 암기만을 강요했기 때문에 효과가 없을 거라는 사실이다. 심지어 하루 30개씩 한 달만 외우면 중학생 레벨의 단어를 끝낼 수 있다는 단어장도 있는데, 과연 단어암기가 이렇게 만만한 일일까?

이런 방법은 비유컨대, 아랫돌 빼서 윗돌을 쌓는 식이다. 먼저 외운 단어를 나중에 떠올리려 하면 보통 기억이 나지 않는다. 그래서 다시 암기하면 이번에는 나중에 암기한 단어가 생각나지 않는다. 암기가 전혀 누적되지 않은 탓이다. 이러니 단어암기가 고통으로 느껴질 수밖에!

단어암기카드 만들기

나와 우리 아이들의 경험, 그리고 독일의 학자 세바스티안 라이트너(Sebastian Leitner)의 연구 결과(『누구나 알지만 아무도 모르는 공부의 비결』, 들녘, 2005년)를 보면 단어암기는 단어카드를 이용하는 것이 최선이라고 생각한다. 나는 큰소리 영어 공부반이나 학원을 운영하면서도 항상 단어카드를 사용했다. 그리고 학생들이 단어카드를 잘 이용했을 때 가장 빠르게 단어암기량이 늘어나는 모습을 목격했다. 심지어 단어암기가 재미있게 느껴진다는 학생도 있었다.

세바스티안 라이트너의 연구에 따르면, 이 단어카드를 단어암기박스와 결합해 사용하면 통상적인 단어암기 방법보다 3배 이상 효율이 좋다고 한다. 나는 그의 주장이 진실이라고 믿는다. 무엇보다도 이 방법은 인지심리학 학습이론에 기초를 두고 있으며, 어떻게 단기기억을 장기기억으로 보낼 수 있을까를 고려한 유일한 방법이다.

내가 만든 단어카드는 위의 연구 결과를 적극 반영해 제작한 것으로, 앞면에는 단어의 철자를, 뒷면에는 단어의 간단한 뜻을 적은 형태다. 그 구체적 모양은 다음과 같다.

앞	뒤
material	원료, 재료

　단어카드는 모르는 단어가 나올 때마다 적당하게 자른 카드에 손으로 써서 만드는 방법이 있고, 따로 표시해놓았다가 한꺼번에 찾아서 컴퓨터 프로그램을 이용해 만드는 방법이 있다.

　이렇게 단어카드를 만들어서 백 개 정도가 되면 고무 밴드로 묶거나 작은 박스에 넣어서 가지고 다니며, 혼자 있을 때나 대중교통을 이용할 때 틈틈이 암기하면 된다. 이게 가장 기초적인 방법이다. 철자를 보고 뜻이 기억나지 않으면 다시 뒷면을 보고 뜻을 익힌 다음에 그 카드를 뒤로 넘긴다. 단어카드 묶음은 가로 8㎝, 세로 3㎝ 이내가 지참하기에 가장 편리하다.

　컴퓨터 프로그램을 이용해 만드는 경우에는 손으로 쓰는 것에서 한 걸음 더 나아가 아래의 형태로 제작하라. 그러면 체계적으로 쉽게 정리할 있는 단어카드 묶음을 가질 수 있다.

　부모님이 단어카드를 사용해 자녀의 실력을 확인하고자 할 경우에는 먼저 자녀에게 단어카드 앞면을 보여주고 뒷면을 맞히게 하면 된다. TOEIC을 준비하는 성인이라면 출퇴근 시간을 낭비하지 말고 이를 활용해 알찬 하루를 보내도록 하자.

　특히 단어카드를 이용해서 단어장을 만들면 편하다.

a1	material	재료, 원료	머티뤼얼
a2	cancel	취소하다	캔슬
a3	eventual	궁극적인	이*벤츄얼
a4	pollute	오염시키다	펄루:ㅌ
a5	lunar	달의	루:너ㄹ
a6	abandon	버리다	어밴던
a7	protect	보호하다	프뤄텍ㅌ

이렇게 만든 단어장은 시험을 앞두고 둘이 한 조가 되어서 테스트하면 매우 유용하다. 한 사람은 문제를 내고 다른 사람은 그 단어의 철자와 뜻을 쓰는 방식으로 주고받으면 자기가 기대한 것 이상으로 더 빠르고 정확하게 단어를 암기할 수 있다.

단어암기박스 활용법

여기에서 한 걸음 더 나아가 세바스티안 라이트너가 고안한 단어암기박스를 소개하고자 한다. 단어암기박스를 사용하면 체계적으로 단어를 암기할 수 있으며, 아는 단어는 빨리 졸업시키고 모르는 단어에 더 많은 시간을 할애할 수 있다.

세바스티안 라이트너의 단어암기박스는 5단계로 이루어져 있다.

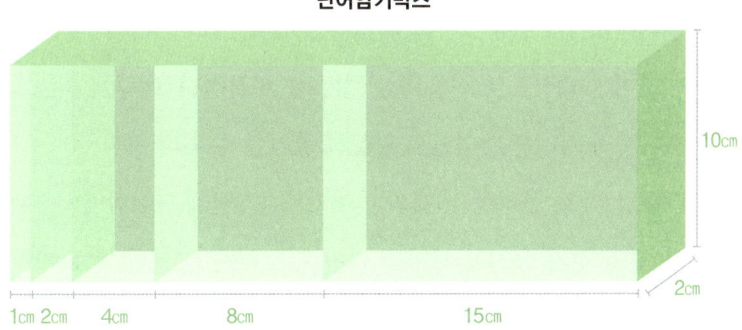

단어암기박스

그림에 나타난 바와 같이 왼쪽에서 오른쪽으로 1단계(1cm) → 2단계(2cm) → 3단계(4cm) → 4단계(8cm) → 5단계(15cm)로 단어암기박스의 크기는 늘어난다.

이제 단어카드와 단어암기박스를 가지고 효과적으로 단어를 암기하는 방법에 대해 설명하겠다. 이 방법은 초등학교 고학년 이상의 학력을 가진 사람을 대상으로 하며, 일정 수준에 도달할 때까지 매일 50분 이상, 매일 40개 이상을 암기하는 것을 전제로 한다.

첫째 날, 먼저 암기할 단어 40개(또는 50개)를 박스의 1단계에 넣는다. 그리고 가장 앞에 있는 단어카드를 꺼내서 그 단어의 뜻과 철자를 알고 있는가 확인한다. 만약 바로 그 단어의 뜻과 철자가 머릿속에 떠오르면 2단계에 넣고, 떠오르지 않으면 모르는 것으로 간주해 다시 한 번 철자와 단어 뜻을 외우고 1단계 맨 마지막에 넣는다. 그다음 단어카드도 똑같은 방식으로 1단계와 2단계를 구분하여 정리한다.

이렇게 하면 40개의 단어카드를 한 번씩은 볼 것이고, 아마 상당한 양의 단어카드가 2단계로 넘어가 있을 것이다. 그러면 다시 1단계에 남아있는 단어를 대상으로 처음 했던 학습을 반복한다. 이렇게 6~7회 거듭하면 아무리 어려운 단어라도 확실히 암기할 수 있다.

둘째 날, 새로 선정한 40개의 단어카드를 1단계 단어암기박스에 넣고 전날 했던 것과 동일한 과정을 거친다. 그러면 50분이 안 되어 전부 2단계로 넘어가게 될 것이다.

셋째 날, 앞선 이틀 동안의 학습으로 2단계 단어암기박스가 가득 차 있을 것이다. 그러므로 단어카드를 새로 선택하지 말고, 2단계 단어카드를 3단계로 넘기는 작업만 한다. 즉, 2단계에 있는 단어카드를 하나씩 꺼내어 단어의 철자와 뜻을 알고 있는지 확인하는 것이다. 단어의 뜻과 철자를 알고 있으면 3단계로 넘기고, 모르면 다시 뜻과 철자를 암기한 다음 2단계 맨 마지막으로 넘긴다. 이 과정을 반복하다 보면 1단계 단어카드를 2단계로 넘길 때보다 2단계 단어카드를 3단계로 넘기는 게 쉽다는 사실을 알 수 있을 것이다.

넷째 날, 2단계 단어암기박스가 비었기 때문에 다시 새로운 단어카드 40개를 1단계에 집어넣는다. 역시 단어의 뜻과 철자를 알면 2단계로, 모르면 다시 철자와 뜻을 암기한 다음에 1단계 뒤로 넣는다.

다섯째 날, 새로운 단어카드 40개를 1단계에서 출발시킨다. 그렇게 매일 단어카드 40개를 외우는 게 원칙이지만, 가득 찬 박스가 있으면 그 안에 있는 단어카드를 반드시 모두 암기한 뒤 다음 단계로 넘겨야 한다.

이렇게 해서 5단계까지 마친 단어카드는 고무줄로 묶어서 보관하다가 3~4개월 뒤 확인 차원에서 다시 한 번 외우면 단어암기가 끝난다. 이렇게 단어를 암기하면 장기기억에 저장할 수 있음을 물론이요, 스스로 공부하는 습관도 만들 수 있다.

단어카드를 적을 때, 외워야 할 단어의 뜻은 3개를 넘기지 않는 게 좋다. 인간이 기억할 수 있는 가장 이상적인 용량은 단어 하나당 3개 정도의 뜻이다. 욕심을 부려서 4개 이상 의미를 암기하려고 하다가 오히려 헷갈리기만 했던 경험을 수없이 했다.

단어의 뜻을 굳이 영영으로 암기할 필요는 없다. 그러나 영영으로 암기하는 게 조금 더 효과적임은 부인할 수 없다. 영영으로 암기하고자 할 경우 『American Heritage Dictionary』라는 영영사전을 활용하면 단어의 뜻이 아주 명확하게 잘 정리되어 있다.

학원들이 단어암기 목표량을 너무 낮게 잡는 것은 문제라고 본다. 초등학교 고학년이면 하루에 40개 정도는 암기하는 게 올바르다. 매일 40개의 단어카드를 추가하고 40개를 빼는 방법으로 200개씩 암기하면 단어를 장기기억으로 보내는 데 최선의 결과가 나오리라 확신한다.

예컨대 단어카드마다 번호가 매겨져 있다면, 첫째 날은 1번에서 40번까지, 둘째 날은 1번에서 80번까지, 셋째 날은 1번에서 120번까지, 다섯째 날은 1번에서 200번까지 암기하는 것이다. 그리고 여섯 번째 날은 41번부터 240번까지, 그다음 날은 81번부터 280번까지⋯⋯ 이런 식으로 암기해야만 우리 두뇌는 이 단어가 필요한 정보라는 사실을 인식하고 장기기억으로 처리한다. 만약 이렇게 해도 외우기 힘든 단어가 있다면 따로 모아놓고 추가 학습하면 된다. 그러면 외우지 못할 단어가 없다.

물론 개인의 능력에 따라 20~30개만 암기할 수도 있다. 사실 이 정도만 해도 대단한 것이다. 하루에 20~30개를 암기하는 경우, 그에 맞추어 단어암기카드 활용법을 조정하면 된다.

단어암기의 중요성

단어암기의 중요성은 아무리 강조해도 지나치지 않다. 영국이나 미국의 대학 입시(SAT)는 단어, 즉 어휘 관련 문제가 상당히 많이 출제된다. 반면에 우리나라 수능 영어 시험은 테크닉을 배우면 풀 수 있도록 출제된다. 그래서 진짜 영어 실력과 점수의 상관관계가 적다. 학교와 학원도 해답 찾는 단서를 찾고 가르치는 데 혈안이 되어 있다. 그리고 그 단서를 알면 70퍼센트 이상 정답을 맞힐 수 있다. 그러니 누가 영미에서처럼 그 두꺼운, 고전 원작을 읽으면서 대학 입시 준비를 하겠는가?

우리나라 수능 영어 시험에서는 어휘 문제가 고작 2~3개 출제된다. 이와 달리 미국 SAT 영어 시험에서는 49문제 가운데 8개 이상이 어휘 관련 내용이다. 상황이 이러니 아무리 공부를 잘하는 학생이라도 따로 책을 보며 어휘 공부를 할 수밖에 없을 것이다. 나는 미국 대학 입시를 보며 '이렇게 해서라도 학생들에게 책을 읽게 할 수 있구나.' 하고 생각했다.

그런데 생각해보면 수능 국어 시험에서도 어휘 문제는 몇 개 되지 않는다. 이렇게 중요한 시험에서 무시하고 홀대하니 정겹고 아름다운 우리말이 점점 죽어가는 것이다. 나는 국어나 영어 시험에 읽기·듣기·말하기·쓰기 외에도 어휘 분야를 제대로 구분해 넣어야 한다고 본다. 그러면 일상에서 사용하는 어휘가 더욱 풍부해지고, 나아가 기본에 충실한 교육도 가능해 질 것이다.

그런데 어떤 분들은 미국에서 1500개의 단어만 알면 의사소통에 지장이 없다고 말한다. 그 정도 단어만으로도 살 수 있다는 건 맞는 말이다. 그러나 실제로 미국에서 그 정도 어휘를 구사하는 사람은 가난한 하층민들뿐이다. 알다시피 영어는 숙어가 발달해서 단어를 결합해 다양한 뜻을 만들어낼 수 있다. 도대체 1500개의 단어로 어떤 숙어를 만들 수 있단 말인가? 이런 말을 하는 사람은 자신의 발전을 위해서라도 가급적 멀리하는 게 좋다.

다시 말하지만 단어는 애쓰고 노력해서 암기해야 하는 것이다. 독자들은 국어 단어를 얼마나 알고 있을 것 같은가? 8000개 이상의 어휘를 구사한다면 존경받을 가치가 있다. 보통 한국인은 5000~6000개의 어휘를 구사한다. 이 정도면 국어사전 한 쪽당 서너 개의 단어를 아는 셈이다. 만약 알고 있는 우리말 단어가 3000개 이하면 성인으로서는 확실히 문제가 있다. 물론 살아가는 데 지장은 없다.

더 이상 학생들이 쓸데없는 영문법을 공부하는 데 시간 낭비하지 않고, 어휘 공부에 집중할 수 있도록 제도적으로 뒷받침하는 일이 시급하다.

  TIP **단어카드와 단어암기박스 활용법**

- 단어암기박스를 활용해 단기기억을 장기기억으로 확장시킨다.

  ① 암기하고자 하는 카드 600~800장을 준비한다.

  ② 먼저 40장 정도를 1단계에 넣어두고 한 장씩 꺼내 철자와 뜻을 아는 카드만 2단계로 넘기고 모르는 것은 1단계에 남긴다. 이 과정을 6~7차례 반복해 정말 모르는 카드만 1단계에 남긴다.

  ③ 다음 날 1단계에 남은 카드와 새로운 카드 40장으로 다시 같은 과정을 반복한다.

  ④ 그다음 날에는 2단계에 가득 찬 카드를 3단계로 보내는 작업을 한다. 그래야 다음 날 새로운 카드를 1단계부터 암기할 수 있다.

  ⑤ 다음 날엔 비어 있는 2단계에 보낼 1단계 카드를 새로 선정한다.

- 단어암기박스의 요지는 준비한 카드를 5단계로 보내는 반복과 확인 작업이다. 모든 카드가 5단계에 도달할 때쯤이면 머릿속에 장기기억으로 보낸 영단어 600~800개가 고스란히 남게 된다.

무조건 재미있는 교재

다음 페이지가 궁금해야 좋은 교재

큰소리 영어 학습법 교재 선정에서 가장 중요한 것은 무조건 '재미'다. 재미가 없으면 아이나 어른이나 장기간 연습할 수 없다.

『나니아 연대기(The Chronicles of Narnia)』의 1장은 중학교 2학년 교과서 본문 한 과에 해당한다. 그런데 평균 200쪽이 넘는 그런 책을 큰소리 영어 공부반에서는 두 달 반, 또는 세 달 만에 끝내버리니 학교 진도에 비해 몇 배나 나가는 셈인가? 적어도 40~50배 나가는 것이다. 그렇게 1년이면 200배 이상 차이가 난다.

큰소리 영어 공부반에서는 『찰리와 초콜릿 공장(Charlie And The

Chocolate Factory)』외에 로알드 달(Roald Dahl)의 다른 책 네 권, C. S. 루이스(Clive Staples Lewis)의 『나니아 연대기』 일곱 권, 조안 롤링(Joanne Kathleen Rowling)의 『해리 포터(Harry Potter)』 세 권 등 무려 일반 학생들이 접하는 양보다 1천 배 이상을 하루 6시간, 일주일에 6일, 6개월 동안 읽도록 했다.

이렇게 진도를 많이 나감에도 불구하고 아이들이 따라오는 이유는 책들이 재미있기 때문이다. 『찰리와 초콜릿 공장』은 우리가 상상할 수도 없는 방향으로 이야기가 진행되기 때문에 아이들이 그 재미에 푹 빠져든다. 로알드 달은 우리가 예측하는 그 모든 것을 하나도 남김없이 산산조각 내버린다. 이렇게 수업이 진행되니 그 시간이 끝날 무렵이면 아이들이 "선생님, 한 쪽만 더 읽어요!" 하고 외치게 되어 있다.

절반 정도 읽으면 결말이 어떻게 될 것이라는 것을 예측할 수 있는 우리나라 책들, 무언가 도덕적 교훈을 주어야 한다는 강박 관념에 시달리는 우리나라의 책들과는 비교할 수 없는 재미를 영미권 서적은 던져준다. 그러니 영미권에서는 아동 문학만으로 수십 권의 시리즈를 내는 사람이 많을 수밖에 없다.

만약 학생들에게 문법과 독해를 중심으로 가르쳤다면 이렇게 웃으며 공부할 수 있었을까?

서울 종암동에서 약 1년 반 동안 산 적이 있다. 종암동에 살면 중학교 3학년 졸업생들은 대부분 서울대 사범대 부설고등학교에 배정된다. 그리고 서울사대부고에는 교과서 저자들을 비롯한 가장 뛰어난 고등학교 교사들이 배치되어 있다.

그런데 그 학교 1학년에 재학 중이던 작은 딸이 어느 날 "아빠, 오늘 영어 선생님이 이 한 문장을 문법적으로 풀이하시느라 한 시간 전부를 보냈어요. 그런데 하나도 이해하지 못하겠어요." 하고 말했다. 나는 먼저 그 선생님의 열의에 감동했다. 그렇지만 다른 한편으로는 내 딸처럼 그 문법 해설에 질려버린 학생이 한두 명이 아니며, 영어를 공부하며 행복하기는 정말 어렵겠다고 생각했다. 물론 딸도 그 선생님의 실력과 열의에 대해서는 아주 높게 평가했다.

우리나라 학생들 중에 영어 때문에 행복한 아이가 얼마나 될까 생각해본다. 대부분 한국인은 영어를 잘해야 한다는 생각을 가지고 있다. 직장인들이 어학 때문에 가장 스트레스를 받는다는 조사 결과가 발표되기도 했다.

내가 증권사에 근무할 때 깨달은 것은 결국 한 사람의 승진 가능 여부는 영어에 달려 있다는 사실이었다. 보통 외국인과 함께 일하는 사람은 어느 정도 이상의 직급을 가진 인물이다. 그러므로 영어를 열심히 공부하지 않아도 된다고 주장하는 이는 수출로 먹고사는 우리나라의 현실을 모르는 사람이거나, 그걸 느낄 만큼의 직급에 올라보지 못한 사람이다. 결국 직장인으로서 높은 자리에 오르려면 영어를 잘해야 한다.

나는 영어로 아이들을 행복하게 만드는 게 사명이라고 생각해 큰소리 영어 공부반의 이름을 '행복한 공부반'이라고 지었다. 특히 영어와 수학을 대학 입시에서 가장 중요한 과목이라 생각하고 초등학교 때부터 학습하라고 강조했다. 실제로 아이들이 두 과목을 얼마나 잘하는가가 그 가정의 행복을 결정하는 요소가 되기도 한다. 아무리 힘든 일에 시달리다가도 아이들이 영어와 수학에서 높은 점수를 받아오면 부모들은 웃음을 짓는다. 이게 바로 현실이다.

몇 년 전 '코카콜라보틀링'에서 직원을 선발할 때, 그 기준으로 명문대 졸업 여부가 아닌 영어를 잘 구사할 수 있느냐를 물었다. 지금은 철수했지만 월마트에서도 직원을 선발할 때 영어로 의사소통을 제대로 할 수 있느냐를 기준으로 두었다. 요즘 한국에서 선발하는 국제기구 요원 중에는 남자가 거의 없다. 남자들의 영어 실력이 여자들보다 뒤떨어지기 때문이다.

영어가 이렇게 중요한데, 아이들은 영어를 재미없어 한다. 아이들이 학교나 학원에서 배우는 책은 영어로 쓰인 윤리 책에 가깝다. 책 곳곳에 도덕이나 어떤 사실(facts)을 전달하려는 열의와 강박 관념이 가득 차 있다. 아이들이 이런 책을 읽고 싶을까? 영어책은 기본적으로 재미있어야 한다. 학생들이 읽다가 자지러질 정도가 되어야 한다. 그런 책은 주변에 넘칠 정도로 많다. 역사적 사실에 근거를 두고 서스펜스와 스릴을 제공하는 책도 많다.

영어의 첫인상은 '재미'여야 한다

책은 요즘 아이들의 특성에 맞게 속도감 있는 것을 고르는 게 좋다. 대부분의 미국 드라마는 이런 서스펜스와 스릴이 넘치기에 재미있다. 또한 미래를 다룬 드라마는 아이들의 상상력을 자극하기에 충분하다. 그렇기 때문에 부모와 아이가 같이 보아도 좋다.

이런 재미 요소를 갖춘 책들을 골라서 음원 파일과 함께 제공해보자. 아이들이 자연스레 영어 원서의 세계로 빠져들 것이다. 물론 그 전에 어휘력은 어느 정도 갖추어져 있어야 한다. 책을 읽을 때 어휘가 걸림돌이 되면 재미를 잃게 되어 있다.

영어를 처음 배우는 단계에서는 더욱 재미를 추구해야 한다. 처음이니까 파닉스를 해야 한다고 고집하지 말고 재미있는 문장을 여러 번 따라 하도록 유도해보자. 영어 발음이 얼마나 재미있는지 느끼게 하라. 이런 교육이 아무런 느낌도 없는 파닉스 중심의 영어 교육보다 훨씬 좋다. 어떻게 보면 영어의 첫인상을 결정하는 이 단계가 평생 교육의 시발점이라고 볼 수 있다.

읽기만큼 중요한 게 듣기 능력이다. 동화나 소설의 원어민 음성 파일을 구해서 아이들이 원어민 발음에 익숙해지도록 훈련시키자. 요즘은 음원 파일을 구비한 책들이 워낙 많이 나와서 약간만 신경을 쓰면 훌륭한 교재를 구할 수 있다. 원어민 교사가 있는 학원에 보내거나 과외를 하는 것보다 이런 게 경제적인 면에서도 좋다.

특히 미국 교과서를 가지고 학습하는 학원이나 사이트는 우리 환경에 적절하지 않다.

그 이유로는 첫째, 미국 교과서 역시 교재이기 때문에 재미가 없다. 미국 영어 교과서는 한국 영어 교과서를 조금 더 구체화시킨 것에 불과하다. 쉬운 한국 교과서보다도 못한 경우가 많다.

둘째, 현지에서 자주 쓰는 용어를 익히게 한다며 미국 교과서를 고집하는 학원이 많은데, 오히려 소설에 등장하는 단어를 공부하는 게 더 효과적이다. 생각해보라. 한국 교과서에 등장하는 단어들이 실제 생활에서 얼마만큼 쓰이는지. 교과서에 나오는 단어는 딱딱한 개념어가 대부분이다. 같은 의미를 가진 쉬운 어휘를 먼저 익히게 한 뒤, 재미있는 소설을 통해 고급 어휘로 대체시키는 편이 훨씬 낫다. 그런데도 굳이 읽는 재미를 포기하면서 미국 교과서를 공부할 필요가 있을까?

 TIP 아이들이 가장 좋아하는 영어 소설들

- 로알드 달의 『찰리와 초콜릿 공장』
- C. S. 루이스의 『나니아 연대기』
- 조안 롤링의 『해리 포터』
- 이 책들은 모두 다음 내용을 궁금하게 만드는 스토리 라인을 가지고 있다. 이런 궁금증은 아이들이 책을 끝까지 읽게 만드는 동기 부여가 된다.

스토리 있는 소설책을 중심으로

좋은 문장을 접할 수 있는 소설책

영어 학습의 중심은 책이 되어야 한다. 재미만 따지자면 드라마도 나쁘지 않지만 드라마에는 좋은 문장이 그렇게 많지 않다. 특히 단문으로 구성된 드라마 대사에 익숙해지면 장문 해독 능력이 약해질 수 있다.

책이 좋은 또 다른 이유는 영어 학습의 목적을 가장 효과적으로 이룰 수 있기 때문이다. 우리가 영어를 배우는 목적은 영어 읽기와 듣기를 통해서 정보를 획득하고, 쓰기와 말하기 등 자기주장을 통해 이익을 도모하기 위함이다. 그리고 정확한 정보를 획득할 수 있는 보편적인 통로가 바로 책과 신문이다. 우리는 책을 통해 입증된 이론을 배우고, 신문을 통해 최신 정보를 얻는다.

특히 영어를 배운 뒤 인터넷 세계로 들어가면 거대한 바닷속에서 헤엄치는 듯한 느낌을 받을 수 있다. 같은 키 워드를 입력해도 네이버(naver.com)와 위키피디아(wikipedia.org)는 얻을 수 있는 정보의 양이 다르다. 거대하면서도 구체적인 그 자료들은 정보 선진국이라 자부하는 우리나라를 옹색해 보이게 만들 것이다. 물론 이는 영어를 쉽게 다룰 수 있는 사람에게만 해당하는 일이다.

200쪽 이상의 장편 영어 소설을 읽을 때 주의할 점이 있다. 무엇보다도 처음부터 완벽히 이해하겠다는 욕심을 버려야 한다. 처음엔 가볍게 읽으면서 전체적으로 이해하려고 노력해야 한다. 이렇게 소화하는 양이 늘수록 책을 이해하는 능력 또한 기하급수적으로 발전할 것이다.

전혀 의미를 이해하지 못하는데 계속 읽으라고 강요하는 것은 아니다. 모르는 단어가 너무 많은데 계속 읽는 것은 쓸데없는 시간 낭비가 될 수 있다. 앞에서 언급한 것처럼 모르는 단어가 나올 때마다 사전을 뒤지면 책을 읽는 즐거움이 상실된다. 하지만 반대로 모르는 단어가 너무 많아 의미 파악이 어려운데도 책을 읽는 것은 비효율적인 일이다.

중요한 건 자신의 수준에 맞는 책을 고르는 것이다. 그리고 모르는 단어가 나오면 유추하여 읽되, 따로 표시를 해두었다가 다 읽은 다음에 시간을 내어 단어암기카드를 만들면 된다. 그렇게 그 단어들을 암기하면 얼마 지나지 않아 다른 소설에서 만나게 될 것이다.

책 선정 방법

책 읽기에 관해서 필자가 주로 듣는 질문은 책을 분야별로 읽어야 하느냐 하는 것이다. 사실 나는 책의 분야는 중요하지 않다고 본다. 요즘은 시험 준비를 위한 참고서, 환경 생태서나 과학 기술서, 철학이나 사회, 역사 등을 다룬 인문서 등의 영어 원서가 서점에 진열되어 있다. 이 책들을 굳이 분야별로 읽을 필요가 있을까?

소설책 중심으로 꾸준히 읽고, 단어를 외워주면 특정 분야의 문장을 읽어보지 않았다고 해서 문제가 될 일은 없다고 생각한다. 소설에 나오는 문장 구조가 가장 복잡하고 다양하기 때문에 다른 분야의 글을 읽을 때는 그에 맞는 단어로 치환해주기만 하면 된다. 가장 중요한 일은 재미있는 책을 많이 읽는 것이다.

잊지 말아야 할 또 하나의 포인트는 일단 선택한 책은 가급적 끝까지 읽어야 한다는 것이다. 그러므로 처음에는 대략 100쪽 내외의 책을 선택하여 읽고, 그다음에 두께가 있는 책을 선택하는 게 좋다. 그리고 가능하다면 자기가 좋아하는 분야의 책을 골라라. 모든 책은 눈이나 머리보다 엉덩이로 읽는다는 생각을 가지고 30쪽 이상 한 번에 읽는 자세가 필요하다. 중간에 덮어버리면 어느 책이든 제대로 끝을 보지 못하고 그만두는 게 습관이 되어버린다. 끝까지 읽는 습관을 들이면 읽기와 쓰기, 듣기 능력 역시 비약적으로 발전시킬 수 있다. 이처럼 영어 공부에 대한 자신감은 머리가 아닌 엉덩이로부터 나온다.

언젠가 큰아들이 두고 간 브램 스토커(Bram Stoker)의 『드라큘라(Dracula)』를 원서로 읽을 결심을 하였다. 이 책은 500쪽이 넘기 때문에 처음부터 끝까지 읽으려면 상당한 각오가 필요했다. 아무리 영어에 자신 있는 나였지만 이 책을 끝까지 읽을 수 있을까 하는 걱정이 들었다. 하지만 이는 기우에 불과했다. 『드라큘라』는 뱀파이어와의 싸움도 볼 만했지만 남녀의 애정과 우정도 감동 깊게 표현한 명작이었다.

그 뒤 나는 뱀파이어 소설에 관심이 생겼다. 그러던 중 『대런 샌(Darren Shan)』이란 번역서를 가지고 다니는 학생에게 그 책이 뱀파이어에 관한 재미있는 소설이라는 얘기를 들었다. 나는 즉시 아마존(amazon.com)에서 영어 원서 열 권 시리즈를 주문해 읽기 시작했다. 『대런 샌』은 중학생이 읽기 좋은 성장 소설이자 뱀파이어가 등장하는 미스터리 소설이었다. 남녀 간의 사랑은 깊게 묘사되지 않았으며, 서스펜스와 스릴은 가히 충격적이었다.

『히스토리언(The Historian)』이라는 소설도 나쁘지 않았다. 《인터내셔널헤럴드트리뷴》이라는 신문을 읽다가 『히스토리언』이 실존 인물이었던 드라큘라 백작에 관한 소설이라는 것을 알았다. 그래서 850쪽이나 되는 원서를 구입해서 읽기 시작했는데 정말 재미 반, 끈기 반으로 읽어냈다. 그 뒤에는 『트와일라잇(Twilight)』, 『뉴문(New Moon)』 등 미국 작가 메이어(Stephenie Meyer)의 시리즈를 읽기도 했다.

최근에는 역사서에 관심이 많다. 최근에는 큰아들이 요르단으로 떠날 때 남겨둔 일종의 역사서라고 할 수 있는 『총, 균, 쇠(Guns, germs and steel)』라는 책을 읽었는데, 역사서가 소설보다 재미있을 수도 있다는 생각이 들었다. 특히 저자의 해박한 지식에 충격을 받아 매일 감탄을 내뱉으며 읽었다. 이 책은 우리나라에서『총, 균, 쇠』라고 번역되었으며, 서울대생들이 가장 많이 보는 책 중의 하나로 최근에 소개된 바 있다. 무엇보다도 어려운 내용을 쉬운 영어로 썼기 때문에 원서로 읽기를 권한다. 참고로 이 책은 퓰리처상 수상작이다.

영어로 읽은 책을 몇 권 소개한 이유는 내가 번역서를 읽지 않기로 결심했기 때문이다. 우선 원서와 번역서는 단어의 의미가 완전히 다른 경우가 종종 있다. 우리나라는 점잖은 유교 문화권에 속해서 곧이곧대로 번역하기 힘든 단어가 많다. 물론 원서와 번역서는 감동의 수준도 매우 다르다. 이 같은 이유로 여러분도 원서로 책을 읽으라고 권유한다. 특히 아이들을 큰소리 영어 학습법으로 훈련시켜 소설을 읽게 하면 영어 실력이 쑥쑥 늘어날 것이다.

 TIP 영어 소설 왜 읽어야 하는가

- 영어 학습의 궁극적 목표는 영어로 자기주장을 하는 것이다. 그리고 이 목표를 이루기 위해선 책을 필수적으로 읽어야 한다.
- 소설은 단어가 문장 속에서 어떻게 쓰이는지를 저절로 알게 한다. 책을 읽을 때 모르는 단어는 일단 유추했다가 나중에 단어암기카드를 만들어 외운다.
- 원서에는 번역서가 표현하지 못한 저자의 의도가 살아 있다. 원서 읽기는 직접 저자와 마주하는 특별한 과정이다.

눈 말고 입으로

청각구두교수법

왜 영어 학습을 입으로 해야 하는가? 우리가 발로 걷게 설계되어 있듯이 언어는 입으로 배우도록 설계되어 있기 때문이다. 그렇지만 대부분의 학습자들은 영어를 눈으로 배우고 있는 게 현실이다. 그런데 사실 눈으로 배울 수도 있지 않을까?

눈으로 영어를 공부하는 건 사람이 발로 걷지 않고 손으로 걷는 것과 같다. 멀쩡한 발을 두고 손으로 걷는 건 매우 비효율적인 일이다. 영어도 마찬가지다. 눈을 사용해서 공부하는 게 가능하기는 하지만, 힘만 들고 비효율적이다. 대신 입으로 공부하면 눈으로 학습하는 것보다 적어도 3~4배 이상의 학습 효과를 얻을 수 있다. 두뇌의 언어 중추는 눈보다 입과 더 긴밀하게 연결되어 있기 때문이다.

사실 입으로 배우는 영어는 내 이론이 아니다. 언어학습이론 중에서 가장 효과적이라고 입증된 '청각구두교수법(Audiolingual method)'에 근거한 것이다. 청각구두교수법은 문장들을 끊임없이 큰소리로 읽으라고 강조한다.

청각구두교수법은 제2차 세계 대전에 미국이 참전하면서 최고의 언어학자들을 통해 개발한 ASTP가 발전한 것이다. 단기간에 통역병, 통역장교를 양성하기 위한 이 프로그램은 하루에 10시간, 일주일에 6일을 진행하는 등 아주 강도 높게 실시되었다. 그리고 이 프로그램에 참여한 사람들은 3개월 뒤 기본적인 언어소통을 할 수 있는 수준에 다다랐다.

우리나라에서 영어 CD-ROM을 제일 먼저 개발했던 서울대 영문학과 출신, 서일시스템의 박용 사장도 앉은 자리에서 백 번 이상 큰소리로 반복해서 읽을 것을 강조했다. 그렇게 하면 반복해서 연습한 내용이 공명현상에 의해 두뇌 속에 차곡차곡 쌓여 저절로 활용할 수 있게 된다는 것이다. 그는 이 방법을 사용하면 가속도 법칙에 의해서 새로운 문장을 익히는 데 걸리는 시간이 줄어든다고 주장한다.

나는 큰소리 영어 학습법을 통해 이런 공명현상과 가속도법칙을 직접 경험했다. 처음에는 조금 어렵게 시작했던 공부가 반복을 거듭할수록 빨라지고, 의미 파악도 더 잘되었던 것이다. 큰소리 영어 공부반에서 숙제를 철저히 해온 아이들 중에는 한 달 내에 이러한 현상을 경험하는 경우가 많았다. 못해도 석 달 내에는 대부분의 아이가 저절로 영어가 튀어나오는 현상을 경험했다.

입을 여는 횟수를 늘려라

큰소리 영어 학습법은 문장을 통째로 외우는 것을 강조하는 학습법과는 다르다. 큰소리 영어 학습법은 큰소리로 읽어서 어순감각을 기르는 것을 강조한다. 문장 전체를 외우게 하여 아이들을 힘들게 만드는 방법과는 다르다.

물론 문장을 통째로 외우는 학습법이 다른 엉터리 학습법에 비해 낫다고 본다. 그러나 그렇게 통째로 외운 문장도 큰소리로 내뱉지 않으면 큰 도움이 되지 않는다. 큰소리로 읽으면 별다른 노력 없이도 읽기·말하기·쓰기·듣기의 네 가지 영역을 자연스럽게 연습할 수 있는데, 문장을 암기하려면 따로 노력을 기울여야 하는 것이다. 게다가 암기한 문장을 끝까지 잊지 않는다는 보장도 없다.

큰소리 영어 학습법도 쉬운 것은 아니다. 목이 붓고, 쉬고, 갈라질 정도로 반복해야 한다. 앞에서 강조했듯이 하루에 최소 두 시간 이상을 입으로 연습해야 효과를 볼 수 있다. 특히 읽을 때 빠르고 선명하게 큰소리로 해야 한다. 그렇지 않으면 그만큼 효과는 반감된다.

큰소리 영어 학습법을 시행하면 거의 일주일 단위로 영어 실력이 나아짐을 느낄 수 있다. 처음에는 매끄럽지 않던 발음도 어느 순간 매우 부드럽게 흘러나오게 된다. 이처럼 실력이 늘면 영어 자체가 재미있게 느껴진다. 여기에 부모가 어느 정도 보상을 약속하면 아이의 영어 실력은 더욱 빨리 는다.

입으로 영어 공부를 한다는 게 꼭 책 읽기만 얘기하는 건 아니다. 원어민 교사와 얘기를 나누거나, 친구들끼리도 영어로 대화하는 행위가 입으로 배우는 영어에 해당한다. 그러니 제발 영어 수업 시간에 필기를 핑계로 고개 숙이지 않기 바란다.

구슬이 서 말이라도 꿰어야 보배가 되는 법! 아무리 큰소리 영어 학습법을 통해 영어를 잘하게 되었더라도 입으로 내뱉지 않으면 소용없다. 원어민 교사와의 대화에 적극적으로 임해서 결정적인 순간 말을 하지 못하는 불상사는 피하도록 하자.

그만큼 현장 실습이 중요하다는 사실을 강조하고 싶다. 100미터 달리기 선수가 혼자서 연습할 때 세계 신기록을 달성했다 하더라도, 트랙 위 실전에서 그만큼 달리지 못한다면 무슨 소용이 있겠는가? 그러므로 항상 영어도 원어민과의 실전 대화를 목표로 공부해야 한다.

그리고 기왕 영어를 배울 거면 영어로 자기주장을 할 수 있을 만큼 배워야 한다. 국제회의에서 아젠다를 개발하고 설득할 수 있도록 영어 말하기를 공부해야 한다. 큰소리 영어 학습법으로 공부하면 그다지 어려운 일도 아니다.

자랑 같아서 쑥스럽지만 큰아들은 코넬대 아랍어 분야에서 최고의 성적을 거두었다. 그는 계속해서 입으로 연습하는 게 최고의 성적을 거둔 비결이라고 했다. 그 뒤 큰아들은 코넬대의 아랍어학과 교수의 추천을 받고 국립요르단대학에서 진행되는 중동사 수업을 듣기 위해 교환학생으로 떠났다. 그리고 요르단으로 떠나기 며칠 전 한국 집에 있을 때에도 계속 저녁에 혼자 아랍어를 중얼거렸다.

다시 한 번 강조하겠다. 언어 학습은 반드시 입으로 해야 한다.

 TIP 큰소리 영어 학습법에서 읽기의 본질

- 문장 통째로 외우기가 아닌 어순감각 기르기 훈련이다.
- 최소 하루 두 시간 이상 큰소리로 읽는다.
- 현장 실습이 중요하다. 원어민 교사 수업에 적극 참여하라.
- 영어 뿐 아니라 다른 언어도 이런 방법으로 공부가 가능하다.
- 청각구두교수법 사례가 이 방법의 효과를 증명한다.

미국 드라마 활용하기

스크립트와 미드

최근 우리나라 대기업에서 생생한 현장 영어를 배우고, 실제 회화 능력을 향상시키기 위해 미국 드라마('미드'라고 줄여서 부르기도 한다)를 많이 활용한다는 기사를 보았다. 잘만 활용하면 미국 드라마만큼 회화 능력을 키우고, 영어 어순감각을 기르는 데 좋은 교재가 없을 거라고 생각한다.

나 또한 공부반 학생들의 말하기와 듣기 능력을 키우기 위해 미국 드라마를 적극 이용한 바 있다. 미국 드라마는 공부를 재미있게 할 수 있다는 장점은 물론이요, 배우들을 따라서 말하다 보면 말하기와 듣기까지 공부가 되니 그야말로 일석삼조인 셈이다. 단, 읽기는 따로 공부해야 한다.

영어 말하기는 단기간에 끝낼 수 있는 성격의 공부가 아니다. 끊임없이 반복하고 반복해서 말을 자기 것으로 만들어야 하는데, 이를 제대로 하는 사람은 드물다. 미국 드라마를 통한 공부는 이처럼 반복학습을 어려워하는 사람에게 최고의 방법이다. 미국 드라마 스크립트를 열 번 이상 읽고 영상을 보라. 그리고 있는 그대로 느껴보라. 마치 기계 속에 모래가 들어간 것처럼 끼긱거리던 영어 듣기가, 윤활유를 친 자동차 엔진처럼 부드럽게 흘러가는 걸 확인할 수 있을 것이다.

그리고 입을 움직여보라. 입을 묶은 것처럼 안 나오던 영어가 술술 흘러나오는 기적을 체험할 수 있다. 잠꼬대도 영어로 하는 기가 막힌 일이 생길 것이다. 실제로 내가 영어책을 미친 듯이 큰소리로 읽고 공부하던 어느 날, 아내가 잠자던 나를 깨우면서 "당신, 영어로 강의하고 있어요." 하고 말했던 기억이 난다.

드라마 선택 조건

미국 드라마로 영어를 공부할 때 지켜야 할 첫 번째 조건은 '좋은 드라마를 선택하는 것'이다. 가급적 액션물보다는 대화가 많이 나오는 시트콤 같은 걸 구하는 게 좋다.

두 번째 조건은 '반드시 방송 스크립트를 구해서 읽는다'는 것이다. 방송 스크립트가 없으면 미국 드라마를 즐기는 것일 뿐 영어 실력 향상과는 아무런 관계가 없게 된다. 여러분은 이미 한 번 들어서 안 들리는 것은 열 번, 백 번을 들어도 안 들린다는 사실을 경험했으리라 생각한다. 미리 방송 스크립트를 보고 어떻게 소리가 들리는지 생각을 해야 진짜 듣기·말하기 공부가 될 수 있다.

여기서 강조하고 싶은 바는 반드시 방송 스크립트를 최소 열 번 이상 큰소리로 반복해서 읽으라는 것이다. 큰소리로 연습하면서 에피소드를 하나씩 진행해나가야지, 드라마 보는 재미 빠져서 큰소리 읽기를 생략하면 듣기도, 말하기도 나아지지 않는다. 이때 스토리 전개를 다른 사람에게 설명할 수 있도록 지문 부분을 함께 읽는 것도 나쁘지 않다.

만약 방송 스크립트를 열 번 읽었는데도 영어가 잘 들리지 않는다면 속는 셈치고 열 번을 더 읽어라. 보통 30분을 넘기는 미국 드라마의 분량이 부담스럽다면 반으로 나누어서 쉬운 부분과 어려운 부분을 따로 공부하는 것도 좋다. 잘 들리는 부분은 열 번, 잘 안 들리는 부분은 스무 번 이런 식으로 말이다.

당연한 말이지만 미국 드라마를 볼 때에는 자막을 깔지 않아야 한다. 직접 귀로 듣고 머리로 이해하며, 어떤 대사인지 확인해야 한다. 잘 들리지 않는 부분은 스크립트를 보면서 다시 읽어보는 것도 좋다. 이렇게 여러 번 말하기를 반복하면 자신도 모르는 사이에 생활 영어의 대가가 될 수 있다.

정리하자면 방송 스크립트를 여러 번 반복해서 큰소리로 읽고 미국 드라마를 즐기는 일은, 영어 말하기 및 듣기를 정복하는 데 가장 좋은 방법이다. 다만, 액션 영화는 피하는 게 좋다. 액션이 화려한 영화는 귀보다 눈을 더 집중시키기 때문이다. 그리고 효과적인 학습을 위해 반드시 방송 스크립트를 확보하도록 하자. 방송 스크립트가 없으면 들리는 것 이상을 이해할 수 없다.

이렇게 큰소리로 스크립트를 읽고 말하기와 듣기를 익히는 일은 권장할 만하지만, 대사를 펼쳐 놓고 읽으면서 드라마를 시청하는 일은 듣기에 전혀 도움이 되지 않는다. 단순히 영어 자막을 읽을 때 귀는 거의 작동을 하지 않는다. 그러므로 방송 스크립트는 사전에 또는 사후에 큰소리로 읽는 것이 좋다.

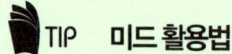 **미드 활용법**

- 미드를 보기 전에 스크립트를 충분히 큰소리로 읽어라. 그러면 드라마의 대사가 귀에 쏙쏙 들어온다.
- 영화 대본을 구할 수 있는 사이트
  http://www.dailyscript.com/movie

듣기 능력 키우기

스크립트 있는 듣기 자료

뭐니 뭐니 해도 듣기 능력을 키우는 가장 좋은 방법은 원어민과 계속적으로 접촉하면서 대화를 나누는 것이다. 그러나 현실적으로 그런 환경을 갖기란 쉬운 일이 아니다. 대신 요즘은 조금만 노력하면 CD나 MP3를 쉽게 구할 수 있다. 웹사이트에 접속하면 바로 원어민 목소리로 뉴스를 들을 수 있는 영미권 신문도 상당히 많다. 이런 방법을 잘 활용하면 큰돈을 들이지도 않고도 듣기 연습을 할 수 있다. 또 다양한 주제에 관한 공부도 할 수 있다.

듣기 연습에서 가장 중요한 점은 앞에 강조한 것처럼 대본이 반드시 있어야 한다는 것이다. 특히 요즘은 오디오 CD와 영어 소설책을 함께 판매하는 경우가 많으므로 이를 적극 활용하도록 하자.

어더블(Audible.com) 같은 유료 사이트에서는 원어민이 직접 책을 낭독한 수만 개의 파일을 저렴하게 다운받을 수 있다. 게다가 음원 파일이 있는 책들은 대부분 인터넷 대형서점에서 원서를 구입할 수 있다. 특히 이 사이트는 회원 가입 후 일정 시간이 지나면 무료로 다운받을 수 있는 음원 파일과 그 책들에 대한 안내를 이메일로 보내준다. 이 밖에도 구글에 들어가서 'free audio books'를 검색하면 저작권이 만료된 책 수만 권의 음원 파일을 무료로 다운받을 수 있다.

요즘에는 MP3가 발달해 외국신문 홈페이지에서 음원 파일을 다운받기가 쉽다. 이런 식으로 음원 파일을 확보하면 출퇴근 시간 또는 한가한 시간에 이어폰으로 들으며 연습할 수 있다. 안 들리는 부분은 기억해 두었다가 나중에 집으로 돌아와서 직접 기사를 읽으며 확인하면 된다. 정보도 알고 영어도 공부하니 정말 일석이조가 아닌가?

학생 신분이어서 듣기 시험을 보거나 유학 시험을 준비하는 경우에는 가급적 책의 두 쪽 또는 세 쪽까지 길게 잡아서 듣기 연습을 하는 게 바람직하다. 요즘은 TOEFL에서도 듣기 문제가 길게 출제된다. 그러니 평소 집중력을 발휘해 오랫동안 듣는 연습을 하면 실전에서 좋은 성적을 거둘 수 있다. 물론 어떤 경우든 스크립트를 미리 준비하는 것은 당연한 일이다.

듣기 연습 방법

　듣기 연습을 할 때 처음부터 너무 욕심부리지 않기를 권한다. 즉, 처음부터 다 들려야 한다고 스스로를 몰아붙일 필요는 없다. 큰소리 영어 공부반에서는 음원 파일을 처음 들려줄 때 책을 함께 보게 했다. 문장이 어려운 경우 두 번을 들려주기도 했다. 그 뒤 세 번째에는 책을 보지 못하게 하고, 그다음에는 다시 책을 보면서 들리지 않았던 부분을 확인하게 했다. 이 모든 과정을 거친 뒤에야 마지막으로 안 보고 듣기를 실시했다.

　이상적인 학습은 이렇게 듣기 연습을 한 다음에 바로 받아쓰기 테스트를 하는 것이다. 그러면 음원 파일을 더욱 긴장해서 듣게 되고, 자신이 들었다고 생각한 게 맞는지 확인할 수 있다.

　이렇게 하면 나중에 TOEFL 말하기 시험에서도 유리한 위치를 차지할 수 있다. TOEFL 말하기에서 가장 중요한 노하우는 핵심 내용을 적었다가 말할 때 이를 다시 활용하는 것이다. 그리고 이 능력은 받아쓰기를 꾸준히 연습해서 기를 수 있다.

　과거 영국에 있을 때 한국 유학생 부부가 우리를 저녁 식사에 초대한 적이 있다. 그때 그 부인되시는 분이 영국 TV를 볼 때, 절대로 자막을 켜지말라고 조언해주었다. 영국에는 청각 장애자를 위해서 자막을 흘려주는 채널이 있는데, 처음에 답답하다고 해서 그 자막을 보게 되면 절대로 영어를 잘할 수 없다는 것이다. 실제로 그 부인은 영국에 간 지 2년이 넘었는데도 영어를 잘하지 못했다.

영어 자막과 함께 영화나 드라마를 본다는 것은 듣는 행위가 아니라 읽는 행위이므로 독자 여러분께 각별히 부탁드리고 싶다. 나 또한 아이들에게 영어 듣기 연습을 시킬 요량으로 화면 아래를 종이로 가려놓곤 했다. 영어 자막 없이 시청하게 하는 부모가 진짜 현명한 부모다.

TIP 듣기 연습을 할 수 있는 사이트

사이트	주소	설명
ABC News	www.abcnews.go.com	생생한 미국 뉴스를 접할 수 있다.
ABC News Radio	www.abc.net.au/newsradio	ABC 라디오 뉴스를 들을 수 있다.
Amateur Radio Newsline	www.arnewsline.org	사회 전반에 관한 다양한 뉴스가 제공된다.
American Poetry	www.poets.org/poetsorg/browse-poems-poets	미국 시인들의 시를 전시해놓았다. 시인들의 육성도 들을 수 있다.
BBC Learning English	www.bbc.co.uk/learningenglish	BBC News 영어 학습 센터. 오디오 파일과 스크립트를 제공한다.
CBC News Online	www.cbc.ca	캐나다의 뉴스 제공 사이트.
CBS 60 Minutes	www.cbsnews.com/60-minutes	CBS News 간판 프로그램인 60Minutes 홈페이지.
CBS News	www.cbsnews.com	미국의 뉴스 제공 사이트.
CNN Justice	www.cnn.com/JUSTICE	법정 뉴스를 다루는 CNN 사이트. 관련 동영상을 제공한다.
Comedy Central	www.cc.com	TV 코미디쇼를 다루는 사이트. 관련 동영상을 제공한다.
C-SPAN	www.c-span.org	미국 케이블 뉴스 홈페이지.
Daily English	www.dailyenglish.com	영어 청취 사이트. 뉴스에서 회화까지 다양한 교육 자료를 제공한다.
Earth & Sky	www.earthsky.org	과학 소식 사이트. 과학 관련된 다양한 음성 파일과 스크립트를 제공한다.
ESL Cyber Listening Lab	www.esl-lab.com	영어 음성 파일을 듣고 문제를 풀 수 있는 사이트. 이 밖에도 다양한 교육 자료를 제공한다.

Free Speech Radio News	www.fsrn.org	독립 라디오 방송국.
Free Speech TV	www.freespeech.org	사회 전반에 관한 다양한 뉴스를 제공하는 비영리 방송국.
Green Works	www.greenworks.tv/tvshow/index.htm	원예 관련 사이트. TV와 라디오를 동시에 접할 수 있다.
Human Nature Review	www.human-nature.com/nibbs/contents.html	대학 웹진. 수준 높은 석학들의 글을 볼 수 있다.
IRN	www.irn.co.uk	영국의 독립 라디오 방송국. 다양한 뉴스를 제공한다.
KBS world	world.kbs.co.kr/english	KBS에서 제공하는 국내 뉴스 영어서비스 사이트. 관련 동영상을 제공한다.
Listening English	www.listeningenglish.com	영어 듣기 전문 사이트. 다양한 주제의 글을 아나운서들이 정확한 발음으로 들려준다.
Living On Earth	www.loe.org	환경 관련 사이트. 환경 이외에도 다양한 분야를 다룬다.
Market Place	www.marketplace.org	경제 전문 사이트. 음성 파일을 제공한다.
NPR(National Public Radio) News	www.npr.com	공영 라디오 뉴스 사이트. 음성 파일을 제공한다.
Stardate Online	www.stardate.org	우주 행성을 소개하는 사이트. 과학적 상상력을 자극한다.
The Auto Channel	www.theautochannel.com	자동차 정보 사이트. 전 세계의 자동차에 관한 모든 정보를 제공한다.
The Bible In MP3 Audio Format	www.audiotreasure.com	성경을 음원 파일로 제공한다.
Travelago	www.attractionview.com	세계 유명 관광지를 동영상으로 볼 수 있다.
TVW	www.tvw.org	미국 정치 관련 이슈 등을 동영상으로 제공한다.
tyu TV	www.trutv.com	범죄 사건을 다루는 사이트. 뉴스 동영상을 제공한다.
UCTV	www.uctv.tv	University of California Television. 캘리포니아대학이 제공하는 지식 채널로서 강의 등을 동영상으로 볼 수 있다.
United Nations	www.un.org/en	UN 홈페이지.
US Chamber of Commerce	www.uschamber.com	미상공회의소 홈페이지.
White House	www.whitehouse.gov	백악관 홈페이지.
영어달인과 수제자	cafe.daum.net/e.4u	CNN 뉴스 청취 카페.

말하기 능력 키우기

영어 배우는 데 체면이라니

　읽기·듣기가 상대방의 의사를 확인하는 수동적 행위라면, 말하기·쓰기는 자기의사를 적극적으로 표시하는 능동적 행위다. 말하기·쓰기는 우리나라 사람들이 가장 두려워하는 영역이기도 하다. 한국인들은 실수를 해서 남한테 비웃음을 사게 될까봐 아예 의사 표시를 안 하는 경향이 있다. 나는 큰소리 영어 공부반 학생들에게 우리 속담을 고쳐서 말해주곤 했다. '말이나 안 하면 절반은 가지.'라는 속담을 "말해서 맞으면 100점, 말해서 틀리면 50점, 말도 안 하면 0점!"이라고.

　심리학자들은 한국인 심리의 1차적 특성을 '수치심'으로 꼽는다. 자식이 공부 못하는 것을 자신의 수치로 여겨 과외를 받게 하고, 작은 차를 수치스럽게 생각해 무조건 큰 차를 끈다. 못 믿겠다면 소형 아파트 단지를 한번 방문해보라. 고급차가 얼마나 많은지 눈이 번쩍 뜨일 것이다. 아파트는 못 끌고 다니지만, 차는 끌고 다니면서 보여줘야 하기 때문에 고급을 뽑는다는 논리다. 굶어 죽을지언정 3D 업종에서는 일하지 않겠다는 태도도 사람들에게 무시받을 것 같다는 수치심 때문이다.

이제는 세계인들도 한국인의 속성에 대해 잘 알고 있다. 한국인이 가장 두려워하는 일, 그것은 '체면을 상실하는 일(losing face)'이라고 분석한 외국인의 글을 읽고는 마치 내가 발가벗겨진 듯한 느낌을 받았다.

체면을 유지하면서 영어를 배울 방법은 없다는 사실을 알아야 한다. 냉정하게 자신의 위치를 파악하고 체면을 내려놓으면 용감해 질 수 있다. 사실 영어를 배우면서 잃는 체면이 얼마나 되겠는가?

원어민 교사의 영어 수업에서 왜 말을 안 하는가? 틀리면 수치스럽기 때문이다. 요즘 청소년은 잘못된 문화를 공유하고 있다. 자기는 영어로 말을 못하면서 말하는 아이들이 조금이라도 틀리면 깔깔대며 놀려 수치를 느끼게 만든다. 자기들처럼 영어를 배워놓고도 말을 못하는 앉은뱅이로 만들어버리는 것이다. 이런 일을 몇 번 당하면 굳센 의지를 가진 아이도 흔들릴 수밖에 없다. 나는 상담을 하면서 이런 수치 문화가 부모들의 정신세계도 지배하고 있다는 사실을 알았다.

"우리 애가 수줍어서 영어로 말을 안 하려고 하는데 괜찮을까요?"

"아뇨. 의식적으로라도 노력을 하게 해야죠. 요즘은 TOEFL에서도 말하기의 비중이 점점 커지고 있습니다. 수줍다고 말하기 점수를 전부 포기할 수는 없잖아요. 회사에 취직하면 영어로 말을 할 수 있는 사람만 외국인을 만날 수 있고, 그런 사람들이 앞서 진급하게 되어 있는데 수줍다고 이 모든 것을 포기할 수는 없잖아요?"

"그럼 어떤 식으로 애가 말하게 할 수 있죠?"

"일단은 제가 내주는 숙제를 충실히 녹음할 수 있도록 해주세요. 녹음도 큰소리로 하게 해주시고요."

요즘 부모들은 아이의 기를 안 죽이려고 대단히 노력한다. 그런데 실수를 한다고 해서 기가 죽는 건 아니다. 오히려 배울 때 실수를 많이 하고, 실전에서 실수하지 않는 게 기를 세우는 길이다.

나는 아이들이 철저히 자신의 의견을 말하도록 격려해왔다. 틀려도 격려해주었다. 발표한 애가 틀려서 다른 아이들이 깔깔거리면, 그 깔깔거리는 아이들을 엄하게 혼냈다. 실수할까봐 말도 못하는 너희 같은 바보들보다는 훨씬 낫다고…….

입 여는 연습하기

공부반 최고 레벨 반에서는 항상 한 시간을 미국인 교사와 함께 진행했다. 우선 수업 전에 《인터내셔널헤럴드트리뷴》을 편집해서 아이들에게 준 다음 어려운 단어를 설명하고 큰소리로 읽게 했다. 그러고는 미국인 교사를 들어오게 해서 함께 수업을 진행했다. 수업 시간 동안 나는 미국인 교사에게 기사에 관련된 내용을 계속 질문했다.

예컨대, 최근 기사 중에서 '유럽의 사회보장제도가 21세기를 위한 것으로 검토되다'라는 기사가 있었는데, 이때 나는 미국인 교사에게 "According to this article, why America and China are studying to adopt the outdated European welfare system, Mr. Baker?(베이커 씨, 이 기사에 따르면 왜 미국과 중국은 시대에 뒤떨어진 유럽식 사회보장제도를 도입하려고 연구하고 있죠?)"라고 물었다. 그러자 그는 그 기사 내용에 자신의 견해를 덧붙여 학생들에게 대답을 들려주었다. 그 뒤 나는 다시 "According to Mr. Baker, what are the reasons that America and China are studying to adopt European welfare system?(베이커 씨의 말에 따르면 왜 미국과 중국은 시대에 뒤떨어진 유럽식 사회보장제도를 도입하려고 연구하고 있지?)" 하고 학생들에게 물으며 자신의 의견도 말하라고 요청했다.

나는 이런 방식이 상당한 효과를 거둘 수 있을 거라 생각했다. 그러나 두어 번 더 시도를 했음에도 불구하고 대답을 하는 학생이 없어서 진행을 미루었다. 그런데 보름 뒤 학부모 간담회에서 다시 그 수업을 진행해달라는 요청을 받았다. 학생들이 당장 대답을 안 한다고 바로 그만두면 어떻게 하느냐는 질책도 들었다. 나는 그 자리에서 바로 다시 그 수업을 진행하겠다고 약속했다.

그렇게 다시 재개된 수업에서는 대답하는 학생의 수가 현저히 증가하기 시작했다. 물론 완성된 문장으로 자신의 의견을 설명하는 경우는 드물었지만 말이다. 어쨌든 나는 그렇게나마 대답한 학생들에게 우리 공부반에서 운영하는 보상 제도에 의거하여 적절한 상을 주었고, 학생들은 수업 자체를 즐기기 시작했다.

사실 이 수업은 나에게도 부담을 주었다. 원어민이 아닌 이상 나도 실수를 할 수 있기 때문이다. 실제로 내가 버릇처럼 사용하는 단어가 나오면 또 그 단어를 사용했다며 박장대소하는 아이들도 있었다. 하지만 오래전부터 꼭 해보고 싶은 수업 방식이었고, 이러한 수업이 학생들의 입을 여는 데 효과가 있을 거라는 확신이 있었기에 도전장을 내밀 수 있었다.

중요한 점은 나 혼자 진행하는 수업보다 이렇게 함께 참여하는 수업이 학생들의 집중력을 더 효과적으로 이끌어냈다는 점이다. 아이들은 원어민 교사의 숨소리도 놓치지 않겠다는 자세로 귀를 기울였다. 언제든 지목을 받으면 단답형으로 대답을 해야 했기 때문이다.

사람들은 원어민과 프리토킹을 하면 말하기 실력이 늘 것으로 생각한다. 그런데 자세히 따져보면 프리토킹을 통해서 느는 것은 70퍼센트가 듣기 실력이고, 30퍼센트만 말하기 실력이다. 그러므로 좋은 말하기를 하려면 책을 많이 읽어서 유용한 표현들을 미리 입에 익혀둬야 한다.

당장 오늘부터라도 어떤 책이든 붙잡고 열 번, 스무 번 소리 내어 읽어라. 원어민과 대화를 나눌 때 자기도 모르게 입이 떨어지는 놀라운 경험을 하게 될 것이다. 학습 속도가 붙으면 말하기와 듣기를 넘어, 쓰기와 읽기도 가능해질 것이다. 이때부터는 반복하는 책 읽기의 수를 줄여도 좋다.

 TIP 말하기를 잘하는 방법

- 체면을 버려라.
- 내가 말하는 것을 녹음해서 들어보자.
- 남이 틀리게 말하는 것을 비웃으면 안 된다. 또 비웃음을 당한다고 기죽지 말고 자꾸 입을 열기 위해 노력해야 한다.

에세이 쓰기

에세이의 구성은 단순하다

"우리 아이는 언제 쓰기 과정에 들어가나요?"

대부분 학원이 읽기·듣기·말하기·쓰기를 동시에 교육하다보니, 나에게도 이러한 질문을 하는 학부모가 많다. 이에 대한 내 대답은 항상 일정하다. 먼저 단어를 외우고, 큰소리 읽기를 통해 어순감각을 익히는 과정이 필요하며, 말하기도 어느 정도 수준에 올라야 한다고. 그 모든 과정에서 수준을 인정받아야 마지막에 쓰기를 가르친다고.

놀랍게도 영어 에세이, 즉 영어 논술은 국어 논술보다 훨씬 쉽다. 국어 논술은 복잡하다. 두괄식, 미괄식, 양괄식 등 논리 전개 방식이 여러

개일 뿐만 아니라 문체도 다양하다. 이에 비해 영어 논술은 매우 단순하다. 논리 전개 방식도 두괄식밖에 없고(95퍼센트 이상), 만연체는 인정되지 않는다. 필요 없이 문장이 길어지면 즉시 감점 처리한다. 영어 에세이는 일단 앞부분에 결론을 내려놓고 뒤에 이를 정당화하는 구체적인 예나 논증을 덧붙인다. 그리고 결론 부분에서는 앞부분에서 결론 내렸던 바를 다시 언급하고 자기주장을 피력하면 된다.

막내는 외고에 외국어 특기자로 입학하기 위해서 영어 에세이 쓰기 연습을 했다. 그런데 나는 막내가 쓴 에세이에 점수를 줄 수가 없었다. 서론 부분에서 핵심을 나열하고, 본론에서 다시 그것을 자세히 풀어 썼기 때문이다.

"막내야, 이렇게 에세이 쓰는 법을 어디서 배웠니?"

"지난여름 방학 때, 누나가 강남 학원에서 에세이 쓰는 걸 봤는데 이런 식으로 쓰던 걸요. 점수도 잘 받았어요."

"아빠도 영어 논문, 에세이 다 써봤지만 이렇게 쓴 적은 없어."

"이상하네요. 그럼 아빠가 누나한테 물어보세요."

나는 작은 딸에게 물었다.

"학원에서 이렇게 에세이를 쓰고 높은 점수를 받았다는 막내의 말이 사실이니? 그렇다면 아빠는 그 강사에게 문제가 있다고 생각해."

"그럼 미국에 있는 큰오빠한테 이메일을 보내서 어떻게 생각하는지 들어보기로 해요."

중대한 문제라고 생각했는지 큰아들은 바로 다음 날 자기 의견을 보내주었다. 서론에 핵심을 나열하고 본론에서 자세히 설명하는 식의 에세이는 미국에 없다고. 결국 막내는 꼬리를 내리고 내 방식대로 첨삭 지도를 받았다. 그리고 15일 만에 시험을 치르고 명지외고에 합격했다.

영어 에세이를 공부하는 가장 좋은 방법은 영어로 debating(토론)에 참가하는 것이다. 토론을 통해서 자기주장을 다른 사람이 어떻게 받아들이는지 확인하고 부족한 부분을 보충하면 된다. 특히 오해를 불러일으키거나 상대방의 공격에 노출될 만한 내용이 있으면 삭제하고, 일관성 있게 자기주장을 밀고 나가야 좋은 평가를 받을 수 있다.

정당화(justification)는 높은 점수로 가는 지름길이다. 적절한 예는 어떤 논증보다도 효과적이다. 큰소리 영어 공부반에서 영어신문을 읽혔던 이유도 이 때문이다. 큰소리로 영어신문을 읽는 학습은 읽기 실력을 향상시켜줄 뿐만 아니라 배경지식도 풍부하게 만들어준다. 특히 한국인만 아는 예는 설득력이 없기 때문에 세계적인 사례를 충분히 아는 게 중요하다.

영어 에세이에서 높은 점수를 받고 싶다면 미국 CollegeBoard에서 추천하는 책들을 읽어보기 바란다. 출제 비율이 높은 책은 환경 문제와 에너지 문제를 다룰 수 있는 헨리 데이비드 소로(Henry David Thoreau)의 『월든(Walden)』, 과학 기술의 한계와 윤리성을 다룬 마리 셸리(Mary Shelly)의 『프랑켄슈타인(Frankenstein)』, 추천서는 아니지만 세계적 베스트셀러이자 퓰리처상을 수상한 『총, 균, 쇠』 등이다. 이 밖에도 CollegeBoard에서 추천한 책들은 인생을 살아가는 데 큰 도움이 되니 꼭 시간을 내어 읽도록 하자.

책과 함께 영자신문도 꾸준히 읽어야 한다. 가급적《인터내셔널헤럴드트리뷴》을 구독하여 읽었으면 하고, 어렵다면《코리아헤럴드》라도 보자. 특히 기사 제목을 왜 그렇게 잡았는지, 핵심 내용과 어떤 관련성이 있는지 꼼꼼히 살펴야 한다. 그러면 배경지식뿐만 아니라 글쓰기 지식도 함께 얻을 수 있다.

에세이는 영미 문화의 일부다. 심지어 SAT에서도 에세이를 중요하게 평가한다. 어떻게 150만 명 이상 치르는 SAT에서 에세이를 평가할 수 있을까 의심할 수 있겠지만, 실제로 응시자들은 모든 과목에서 에세이를 작성한다. 심지어 미국 대학에서는 마치 쪽지 시험이라도 치르는 것처럼 자주 에세이 테스트를 본다. 그러니 혹시 영미권 대학에서 공부할 계획이 있다면 지금부터라도 에세이 쓰는 연습을 철저히 하기 바란다. 다시 강조하지만 에세이는 많은 배경지식을 쌓고 다양한 방식으로 써보는 게 좋다.

> **TIP 에세이를 잘 쓰는 방법**
>
> - 에세이 형식은 두괄식 위주다.
> - 영어로 토론을 하면 에세이 실력이 는다.
> - 배경지식 축적을 위해 CollegeBoard 추천서와 영자신문을 꾸준히 봐야 한다.
> - 에세이는 우리가 생각하는 수필이 아니다. 영미 문화의 일부임을 잊지 말자.

언제 어디서나 빛을 발하는 '큰소리 단어암기법'!

새로운 도전과 예상치 못한 난관들

2014년 11월, 추수 감사절을 며칠 앞둔 어느 날, 나는 미국 라이스 대학에서의 학기를 마무리 짓지 못한 채 서둘러 귀국했다. 살던 집을 급히 정리하고 짐을 싸느라 지인들과 작별 인사도 제대로 하지 못했다. 의과대학 편입 시험이 불과 2주 앞으로 다가왔기 때문이다.

마음이 초조했던 나는 15시간의 시차도 하루 만에 극복하고 집 앞의 도서관에서 온종일 마무리 공부에 매진했다. 그리고 감사하게도 19 : 1의 경쟁률을 뚫고 한양대 의과대학 편입 전형에 합격했다.

내가 응시했던 편입 전형은 서류로 1차 합격자를 가리고, 전공 기초 시험을 통해 2차 합격자를 가렸다. 전공 기초 시험을 치르기 위해서는 일반 화학, 생화학, 세포학 등을 공부해야 했는데, 무엇보다도 아예 접해 본 적 없는 생화학이 가장 큰 문제였다. 게다가 생화학은 미국 의대 지망생들 사이에서도 어렵기로 악명 높은 과목이었다.

한양대 의대에서 지정한 두꺼운 전공 서적 세 권을 국제 배송으로 받은 뒤 나는 망연자실할 수밖에 없었다. 의대 편입 전형이 처음 확대 적용된 해여서 다른 준비생들도 그랬겠지만, 미국에 머물던 나는 학원의 도움을 받을 수도 없어서 어떤 식으로 학습 방향을 짜야할지 깜깜하기만 했다. 지푸라기라도 잡는 심정으로 인터넷 강의를 신청했지만, 기존의 의대 편입 강의는 지정 전공 서적과 어울리지 않는 내용만 담고 있을 뿐이었다.

생화학 공부는 수백 쪽에 걸쳐 서술된 여러 대사 과정을 유기적으로 연결해 암기하는 것이 키포인트였다. 그래서 전공 서적을 두세 차례 완독했지만, 그 내용이 워낙 방대해서 어디에 초점을 두어야 할지 통 알 수 없었고, 볼 때마다 새로운 내용이 튀어나와 낙담하곤 했다. 나는 그렇게 큰 소득이 없는 여름 방학을 보냈다.

그러던 어느 날, 나는 인터넷을 검색하던 중 생화학 지정 전공 서적의 '암기카드 영문판'이 곧 발간 예정임을 발견했다. 당연히 한글 번역본은 아직 출간되지 않은 상태였다. '바로 이거다!' 나는 곧바로 암기카드 세트를 예약 주문했다. 영어를 자유자재로 구사할 수 있는 내게 비장의 무기가 생긴 셈이었다.

암기카드는 책의 내용을 매우 충실하게 구성해놓았으며, 응용 질문과 답변도 수록되어 있었다. 분량도 어마어마해서 일반 편지 봉투 크기의 양면 카드에 깨알 같은 글씨가 빼곡하게 적혀 있었다.
　하지만 암기카드가 모든 문제를 해결해줄 것이라고 생각했던 건 오산이었다. 일단 200장이 넘는 카드 전체를 한 번 훑어보는 것만으로도 시간이 제법 오래 걸렸다. 1/5 분량의 탄수화물 파트를 한 번 보는 데만 해도 반나절이 꼬박 지나갔다. 두 번째로 살펴보았을 때는 전보다 속도가 붙었지만, 정확히 암기된 양은 많지 않았으며 정확도도 높지 않았다. 그 당시엔 학부 강의를 동시에 수강하고 있어서 이 상태로는 세 달 안에 시험을 준비하는 게 어려워 보였다.

큰소리 단어암기법의 효과적인 응용

　그때 아버지가 손수 제작하셨던 '큰소리 영어 학습법 암기카드 BOX'가 떠올랐다. 큰소리 영어 학습법 5단계 암기박스는 에빙하우스의 망각곡선 이론에 따라 암기한 정보가 최대한 적게 소실되도록 하는 데 그 목적을 두고 있다. 충분한 반복학습을 통해 정보를 장기 기억으로 옮겨 언제고 꺼내 쓸 수 있도록 하는 것이다.
　다섯 칸으로 나뉜 서류함은 암기박스를 대체하기에 매우 훌륭한 도구였다. 암기카드와 암기박스를 결합하자 놀라울 정도로 기억력이 향상되었다. 암기카드 전체를 반복하는 데에도 가속도가 붙어서 처음에는 한 번 돌리는 데 무려 일주일이나 걸리던 것이 마지막에는 고작 하루밖에 안 걸렸다.

시험 전까지 암기카드를 5단계까지 5번 꼼꼼히 암기하고, 교과서 다독과 문제풀이도 게을리 하지 않았다. 암기카드를 통해 기억력이 향상되니 그 어려웠던 생화학책의 흐름이 눈에 띄게 선명해졌고, 어느 순간부터는 이야기책을 읽듯이 흥미롭게 책장을 넘길 수 있었다. 암기카드에 적혀 있지 않은 내용은 포스트잇에 정리해두었다가 마지막까지 반복학습을 해서 내 것으로 만들었다.

시험 당일, 내가 가장 자신 있게 푼 과목이 생화학이었음을 두말할 필요 없다. 대부분 문항에서 문제를 보자마자 답을 적었기 때문에 생각할 시간이 더 필요했던 일반 화학이나 상대적으로 난이도가 높았던 세포학에 더 많은 시간을 할애할 수 있었다. 이처럼 생화학의 '생' 자도 몰랐던 내가 독학으로 생화학을 공부할 수 있었던 것은 순전히 큰소리 영어 학습법으로 다져진 영어 실력과 암기박스 활용법을 알고 있었기 때문이다.

카드 제작보다 반복학습이 중요하다

그러나 모든 공부에서 암기카드와 암기박스가 효과를 발휘하는 것은 아니다. 내가 생화학을 이 방식으로 공부했던 것은 오로지 이 과목의 암기카드가 이미 출판되었기 때문이다. 아마 수백 쪽에 달하는 내용을 내가 일일이 손으로 적었더라면 암기카드만 만들다가 시험을 치렀을 것이다.

내용이 방대하고 공부할 기간이 짧은 경우에는 더더욱 암기카드 만드는 것을 권하지 않는다. 대학교 친구 중에 텍사스에서 가장 좋은 의대에 진학한 인도계 미국인이 있다. 이 친구는 아예 생물 전공책 한 챕터를 달달 암송할 정도로 머리가 좋고 노력도 열심히 했다. 그런데 '공부의 신'인 이 친구도 필기 노트와 다독을 통해 암기하지, 암기카드는 절대 만들지 않았다. 암기카드를 만들 노력과 시간으로 내용 전체를 한 번이라도 더 보는 것이 현명함을 알기 때문이었다.

나는 수백 쪽의 세포학 책을 일일이 그림까지 그려가며 직접 암기카드를 만들었던 적이 있다. 그런데 그 과정만 꼬박 한 달이 넘게 걸렸고, 정리 자체에 집중하다보니 머리에는 들어오지 않았다. 상대적으로 시간이 넉넉한 여름 방학이었기에 가능한 일이었다. 지금도 이 암기카드를 보면 가슴이 뿌듯해지지만, 효율적인 공부법은 아니었다고 생각한다. 시중에 암기카드가 없었기 때문에 선택한 차선책이지, 최선은 아니었기 때문이다.

생화학을 공부할 때에도 마찬가지였다. 암기카드에 보충할 내용들을 어쩔 수 없이 포스트잇에 정리했는데, 그때도 암기카드를 만드는 데 최소한의 시간만 사용하는 원칙을 지켰다. 포스트잇은 다른 사람이 알아보기 어려울 만큼 대충 날려 쓴 글씨로 가득하지만, 공을 들이지 않고 만든 덕분에 여러 번 암기하여 자투리 시간을 용이하게 쓸 수 있었다. 여러분도 부득이하게 암기카드를 만들 때에는 카드를 만드는 과정보다 여러 번 반복학습하는 데 초점을 맞출 것을 당부한다.

아버지는 본인이 직접 표를 만들어 프린트하고, 칼로 잘라 정리하면서 학생들이 사용할 암기카드, 암기박스를 만드셨다. 나도 옆에서 그 과정을 도왔기에 암기카드를 만드는 것이 얼마나 많은 시간을 잡아먹는지 알고 있다. 특히 1분, 1초 시간 싸움을 하는 수험생들에게는 그 정도가 더할 것이다. 『큰소리 영어 학습법 암기카드 BOX』가 이미 출판되어 있는 지금, 여러분은 얼마나 큰 혜택을 받으며 공부할 수 있는지 모른다.

chapter 5

큰소리
영어학습법으로
영어 끝내기

앞에서 큰소리 영어 학습법을 어떻게 실천할 수 있는지에 대해 이야기했다. 아마 이보다 더 단순하고 쉬운 영어 학습법은 찾아보기 힘들 것이다. 이제 영어를 정복했으니 그다음 단계로 넘어가야 한다. 어학연수나 유학을 고민하는 분들에게, 자녀를 모두 미국으로 유학 보낸 아버지로서 조언을 드리고자 한다.

어학연수나 유학에는 경제적 부담이 따른다. 그러므로 반드시 가시적인 성과를 얻어야 할 텐데, 그게 참 쉽지 않다. 음식이나 문화가 다르다는 이유도 있지만, 공부를 방해하는 가장 큰 걸림돌은 부모와 떨어졌다는 해방감이다. 갖은 유혹을 이겨내기 위해서는 자제력과 독립심 등이 필요한데, 만약 유혹을 뿌리치기 어렵다면 차라리 한국에서 몰입 교육을 하는 편이 낫다.

"나는(혹은 내 아이는) 유혹을 이겨낼 마음의 준비가 돼 있어요."라고 한다면 유학을 권하고 싶다. 우리나라의 교육 환경은 아이들의 행복 따위는 안중에도 없기 때문이다. 주요 과목 외에도 기술·가정·음악·미술·체육 등을 고3까지 가르쳐 전인(全人)적 인간으로 만들겠다는 야심 찬 목표를 가지고 있는 나라가 바로 대한민국이다. 세계 어느 나라에서 이런 과목으로 한창 공부할 학생을 옭아맨단 말인가? 게다가 성공하는 경우도 거의 없다. 특히 체육이나 음악, 미술을 이론으로 테스트한다는 게 얼마나 무의미한 일인지 알았으면 좋겠다. 나는 고위정책담당자들이 이런 문제를 다 알고 있지만, 한국인 특유의 밥그릇 싸움 때문에 이러지도 저러지도 못하고 있는다 믿는다.

글로벌한 인재가 되겠다는 야심찬 꿈을 갖고 있다면 유학을 다녀오는 건 필요한 일이라고 본다. 유학 경험을 바탕으로 외국에서 일하는 것 또한 청년 실업을 넘어서는 또 하나의 방법이라고 생각한다. 그런데 이렇게 되기 위해서는 무엇보다도 영어 공부에 대한 절박함이 있어야 한다.

가끔 큰소리 영어 공부반 아이들이 "수업 시간에 우리말 써요. 우린 한국인인데 자존심 상하게 왜 영어를 써야 해요?"라고 묻는다. 자존심이 무엇인지 대단히 잘못 알고 있는 것이다. 영국 사립학교 학생들은 프랑스 어는 필수고, 라틴 어까지 배운다. 많은 미국 학교에서도 기본적으로 에스파냐 어나 프랑스 어는 배워야 한다.

정리하자면 우리가 약하기 때문에 외국어를 배우는 게 아니다. 자원 없는 우리가 치열한 경쟁에서 생존하려면 당연히 외국어를 공부해야 한다. 그것도 그냥 하는 게 아니라 잘해야 한다. 어떤 마음가짐을 가지고 외국어를 공부하느냐에 따라 얻을 수 있는 그릇의 크기가 달라질 것이다. 기왕이면 글로벌한 커다란 그릇이 되는 게 본인과 가족, 그리고 나라를 위한 길이 아닐까.

어학연수에서 성공하기

어학연수는 의지의 싸움

많은 학부모가 어학연수에 대한 환상을 가지고 있다. 그러나 런던, 로스앤젤레스 등에 머물며 어학연수 중인 한국 학생들을 본 경험자의 입장에서 말하자면 어학연수만은 말리고 싶다. 그래도 요즘은 '관리형 어학연수'라고 해서 생활 태도까지 돌봐주는 업체가 있다고 하니 잘 알아보고 결정하기 바란다.

한국에서 몰입 영어 교육을 하는 것만으로도 어학연수에 맞먹는 효과를 낼 수 있다. 무엇보다도 아이들이 집에서 생활하기 때문에 학습 상태를 부모가 확인할 수 있고, 정서적 유대 관계도 깊어질 수 있다. 한국에서 학교를 다니며 영어는 영어대로, 다른 과목은 다른 과목대로 실력을 향상시킬 수 있으니 일석삼조가 아닌가?

오래전 로스앤젤레스를 방문했을 때, 10대 초반의 한국 학생들이 몰려다니면서 담배 피우고 맥주 마시는 장면을 보았다. 만일 그 아이들의 부모가 그 모습을 보았다면 얼마나 가슴이 찢어졌을까? 게다가 한국 학생들에게 술과 담배를 팔고 은밀한 장소를 제공하는 사람들은 대부분 다른 나라 사람도 아닌 한국인이다.

몇 년 전, 한국인이 몰려 사는 런던의 뉴몰든 지역에 잠시 머물며 한국 유학생들이 어떻게 지내는지 본 적이 있다. 뉴몰든 지역은 한국 사회의 축소판이었다. 철모르는 아이들이 도처에 널린 만화방과 PC방을 떠돌고 있었다. 그곳에서 여행사를 운영하는 한국인 사장은 나를 보고 이렇게 말했다.

"한국에 있는 부모님들은 분명 아이들이 공부를 열심히 잘하고 있을 거라 생각할 겁니다. 아이들을 돌보는 사람들이 저런 모습을 부모한테 솔직히 얘기하면 당장 아이를 불러들이거나 다른 곳으로 옮겨버리겠죠. 그럼 뉴몰든 지역의 한국인들은 소득이 감소할 테고요. 그러니 부모한테는 무조건 아이들이 열심히 잘하고 있다고 말하는 거예요."

한국 학생들은 영국의 작은 도시 엑서터까지 어학연수를 간다. 내가 엑서터에서 우연히 마주친 한국 아이들 대여섯 명은 팔짱을 낀 채 한국어로만 떠들었다. 나는 그 아이들이 어학연수생이라는 걸 단번에 알아챌 수 있었다. 워낙 그런 아이들이 많았으니까.

아무리 좋은 프로그램을 운영한다 하더라도 대부분의 어학원은 오후 다섯 시가 넘으면 자유 시간을 제공한다. 그러면 외로운 한국 학생들은 함께 몰려다니며 자기들끼리 한국어로 외로움을 달랜다. 심지어 저녁 늦게까지 몰려다니며 밤거리 문화를 배운다. 이러니 어학연수의 효과가 있겠는가. 하지만 아무리 그렇게 방황해도 한국에는 긍정적인 내용의 보고서가 날아간다. 그래야 다음 방학 때 또 연수를 오니까.

내가 본 모습들이 특별한 사례는 아닐 것이다. 조금만 귀를 기울이면 대부분의 어학연수는 실패한다는 사실을 알 수 있다. 심할 경우, 마약에 빠져 폐인이 되는 아이들도 있다. 그렇다면 어떻게 해야 어학연수에 성공할 수 있을까?

첫째, 광고를 많이 하지 않고도 관리를 정말 잘한다고 알려진 업체를 선택해야 한다. 둘째, 가급적 한국 사람이 없는 곳으로 보내야 한다. 밴쿠버나 시드니, 토론토, 로스앤젤레스, 런던 등 대도시는 무조건 피해야 한다. 이상하게도 한국 아이들은 자기들이 영어를 못한다고 생각한다. 그래서 다른 나라의 아이들과 어울리는 것을 상당히 꺼린다. 영어를 잘했다면 왜 어학연수를 갔겠는가? 어쨌든 이런 이유로 한국 아이들은 한국인끼리 붙어 다니려는 성향이 매우 강하다.

내가 아는 젊은 유학생 둘은 같은 과에 다녔다. 그들은 다른 학생들과 말이 안 통하고 수업 내용도 정확히 알아듣지 못해서 힘들다고 했다. 그렇게 서로 숙제나 시험에 관한 정보를 서로 나누다 친한 사이로 발전했고, 이 과정이 1년 동안 반복되어 발전이 없자 결국 서로를 원망하게 되었다.

그런데 성장기에 있는 아이들은 외로움을 잘 견디지 못한다. 한국 사람이 없는 곳으로 자녀를 보낼 때는 아이가 황야의 늑대처럼 혼자서도 잘 지내는 성격인지, 외로움에 대한 저항력을 가지고 있는지 먼저 파악해야 한다. 만약 외로움을 견디지 못한다면 절대 보내지 않는 것이 좋다. 그것이 진정 아이를 위한 길이다.

또한 미국이나 영국 대학의 부설 어학연수 기관에 참여하게 되면 원래 의도했던 영어회화는 거의 배울 수 없다는 사실을 알아야 한다. 대학 부설 어학원에서는 그 대학의 학부나 대학원에서 논문을 쓸 때 주의해야 할 문법이나 인용법, 에세이 작성법, 짧은 논문(주로 1500단어 내외) 쓰는 법 등을 가르친다. 입보다는 손으로 영어를 배우는 셈이다. 심지어 토론도 거의 하지 않는다. 비슷한 점이 있다면 짧은 질문 시간을 제공한다는 것뿐이다.

어학연수는 의지의 싸움이다. 스스로를 자제할 수 있는 아이가 해외로 나가면 분명 소기의 목적을 달성할 수 있다. 그러나 이국적인 낭만을 꿈꾸는 아이는 대부분 실패한다. 다른 과목 학습에 대한 부담을 가중시키면서까지 굳이 아이를 해외에 내보낼 필요가 있을까? 부모님들이 현명한 판단을 하기 바란다.

유학에 성공하기

씁쓸한 대한민국 교육의 현실

    이 글을 쓰기 전에 내가 한국 대학 교육에 일종의 피해의식이 있다는 사실을 고백해야겠다. 내가 대학생이었던 1980년대 초는 우리나라 민주화의 과도기로 대부분의 학교에서 제대로 수업이 진행되지 않았다. 교수님들도 시위 때문에 진도를 나가기 힘들 것이라 생각하시고는 제대로 준비를 안 해오셨다.

    게다가 술 먹는 모임은 왜 그렇게 많은지. MT나 동창회는 왜 그렇게 잦은지……. 물론 나는 술을 못해서 자주 참석하지는 않았지만 개강 파티, 종강 파티, 고등학교 동문회만 따라다녀도 시간은 금방 흘렀다. 그리고 이러한 자리는 수업을 사라지게 하는 이유가 되었다.

나는 코넬대에 다니는 큰아들한테 물었다.

"미국 대학도 한국 대학처럼 개강 파티나 동문회 등의 이유로 어울려서 술을 마시니?"

"아뇨. 첫날부터 진도를 엄청나게 나가는데 그러다간 큰일 나죠. 그리고 미국은 워낙 넓어서 코넬대에 다섯 명 이상 보내는 고등학교가 없어요. 제가 입학할 때 민족사관고에서 아홉 명을 보냈는데, 그게 가장 많은 숫자였을 거예요. 저희도 서로 바빠서 만나지 못해요. 다른 대학도 마찬가지일 거예요. 코넬대가 아이비리그에서 큰 편인데도 학부 입학 정원이 3천 명 정도에 불과하니까 동문회 같은 건 사실상 불가능하죠."

큰아들이 미국으로 들어가기 전에는 심지어 인터넷으로 음주와 흡연, 마약, 성관계 등에 대한 오리엔테이션을 교육을 받았다. 여기서 일정 점수 이상을 받지 못하면 학교 수업을 들을 수 없기 때문이다. 미국에 도착해서도 기숙사 열쇠와 교과서를 받고는 바로 다음 날부터 수업에 들어간다. 그리고 기말시험이 끝나는 다음 날 기숙사를 비워주어야 하기 때문에 다른 볼일이 없다면 곧장 한국행 비행기를 타야 한다. 틈만 나면 자리 만들고 술 마시기에 바쁜 우리나라와 비교할 때 어떤가?

수업 분위기 또한 우리나라 대학은 아쉬운 점이 많다. 의학계열에서 교수로 근무하는 친구들이 한국 의대의 수준이 높다고 할 때는 그러려니 했다. 머리 좋은 이과생들이 교수의 말을 고분고분 따라줄테니까 교수들이 그런 생각을 갖는 건 당연한 일이다. 반면에 외국 대학에서는 교수도 수업 시간에 긴장을 한다. 전 세계에서 찾아온 학생들이 수없이 많은 질문을 던지고, 자신의 생각과 다르면 반론을 제기하기 때문이다. 난 아직도 영국 대학에서 공부할 때의 그 팽팽한 긴장감을 잊을 수가 없다. 우리나라 대학도 그러한 긴장감을 가지고 수업하면 좋으련만 교수들이 학생의 반론 제기를 자신의 권위에 대한 도전으로 여기니 아예 기대하지 않는 편이 나을 듯하다.

이런 대학 분위기는 문화적인 영향으로부터 자유롭지 않다. 유교 사회에서는 먼 과거에 이미 모든 진리가 완성되어 있다고 믿으며, 그것을 깨뜨리지 않는 게 미덕이라고 여긴다. 또한 조직의 평화를 위해서는 침묵하는 게 예의라고 생각하니 서양처럼 치열하게 논쟁하며 학문의 발전을 논할 기회가 없는 것이다.

유학 권하는 사회

앞에서 얘기한 여러 가지 이유로 나는 공부하고자 하는 학생들에게 유학을 권한다. 게다가 오늘날은 몇 년 전보다 환율이 떨어져서 경제적 부담이 많이 줄어든 상태다.

이미 밝혔지만 TOEFL도 실은 SAT를 준비하는 수준 정도만 되면 문제가 되지 않는다. 유명 주립 대학도 70~80점대의 TOEFL 점수면 입학이 가능하다. 그리고 더 반길 만한 사실은 우리나라 대학들이 국제화

되면서 미국 명문 대학에 합격하면 국내 수시전형에서 좋은 조건으로 받아주는 경우가 늘었다는 것이다.

물론 국내 대학에 진학할 요량으로 유학을 준비하라는 것은 아니다. 내가 유학을 권하는 가장 큰 이유는 소통적인 측면에서, 그리고 가르치는 방식에서 우리 교육이 서양 대학을 따라가지 못하기 때문이다. 심지어 서울대나 연세대, 고려대도 가르치는 방식은 영국의 10위권 대학에 못 미친다. 생각해보라. 서울대나 연세대, 고려대 대학원을 졸업하면 기업에서 바로 써먹을 수 있을 정도로 훈련이 되어 있는가?

진짜 교육은 대학보다 기업에서 실시하고 있는 게 우리나라의 현실이다. 영국이나 미국 대학생은 기업의 브랜드 가치를 공부할 때 직접 회사에 찾아가 관련 자료를 받고 생산자, 소비자, 판매자, 광고주 등을 만나 인터뷰를 진행한다. 상품이 진열된 매장을 돌아다니며 몇 시간씩 소비자의 반응을 관찰하는 그런 일을 우리나라 명문대 학생이 할 수 있겠는가? 우리나라에서는 교수나 학생 모두 그 시간에 다른 공부를 하는 게 합리적이라고 판단할 것이다.

그렇다고 해서 내가 영미식 교육이 최고라고 주장하는 것은 아니다. 내가 주장하려고 하는 바는 그만큼 현장 실습이 중요하며, 무엇인가를 배우기 위해서는 체면을 내려놓을 줄 알아야 한다는 것이다. 그리고 우리나라 대학생과 교수는 그런 식으로 수업 방식을 바꿀 용의가 전혀 없다는 것이다.

영국에서 공부할 때 한국에서 유학 온 젊은 친구를 만나 충격을 받은 적이 있다. 그는 한국에서 4년제 대학(University)을 졸업했는데, 지금은 2년제 College에 다닌다고 했다. 내가 굳이 그렇게 공부할 필요가 있느냐 물었더니, 그는 "제가 한국에서 배운 것은 다 가짜예요."라고 답했다. 그 친구는 한국 어느 대학의 조소과에서 조각을 공부했는데, 자기를 포함한 학생들은 교수가 "여기 조금만 파. 한 2mm정도 깊이로." 하면 실제로 그렇게 하고 졸업증을 받았다는 것이다.

"실제로 교수는 자기 손가락 하나도 까닥 안 한다는 거지?"

"조소과 교수 중에서 자기 손가락 하나 까닥하는 교수는 드물어요. 그런 뒤치다꺼리 하느라 제가 하고 싶은 조각을 해본 적이 없기 때문에 일부러 한국을 떠나 영국으로 왔어요. 대학원에 입학할 수도 있었지만 의미 없다고 생각해서 그만두고 College에 입학했죠. 여기서는 저만의 조각술을 익히기 위해 밤을 새우는 일이 많아요."

그 친구는 그곳에서 2년을 공부하며 자신만의 조각술을 익혔고, 미술전에서 몇 번 입상한 뒤 영국 최고의 예술 센터에 들어갔다.

그 친구가 나왔다는 조소과만 그런 현상이 있었겠는가? 은사 중에 한 분은 펜 한 번 들지 않고 책을 쓰기도 했는데……. 우리나라에서는 어느 대학이든 관계없이 교수가 논문심사권을 틀어쥐고 학생들을 자기 부하처럼 부려먹는 것 같다.

문화적인 면에서 우리나라 교육은 도제(徒弟)를 양성하는 과정이다. 선생은 자신의 이론을 받들고 발전시켜 나갈 수 있는 충실한 제자를 기르는 데 혈안이 되어 있다. 만약 선생의 이론에 반기를 들었다가는 그

교수로부터 논문 지도를 받을 수 없다. 학점도 포기해야 한다.

반면에 영미권 대학에서는 교수가 끊임없이 도전(challenge)할 것을 학생에게 주문한다. 그들은 자신이 얘기한 내용에 대해 학생이 적극 고민하고 코멘트해주기를 바란다. 이렇게 긴장감이 있는 곳에서 학문은 발달하게 되어 있다. 특히 영국의 대학들은 대부분 기업과 연계되어 있어서 학생들이 배운 내용을 확인해볼 기회가 많다. 이런 면들 때문에 이론만 중시하고 실무는 우습게 아는 한국 대학과는 다르다는 것이다. 우리나라 기업이 해외 유학생을 선호하는 데에는 이런 까닭도 있다. 이 정도로 교육의 질이 다르니 독자들에게 어찌 유학을 추천하지 않을 수 있겠는가? 만약 우리나라의 교육 제도가 개선될 여지가 있다면 굳이 유학을 가지 않아도 좋다. 그러나 아직은 갈 길이 멀게만 느껴진다.

개인적으로는 유럽에 가서 유학하라고 추천하고 싶다. 아직도 우리나라에는 유럽 전문가가 드문 편이다. 속된 말로 엉성하게 외국을 배워 한국에서 경쟁하기보다는 차라리 아시아 전문가가 필요한 유럽 기업에 취직하라는 것이다. 오늘날 유럽은 구(舊) 공산주의 국가까지 흡수하면서 시장이 2배 가까이 확대되었다. 그만큼 무궁무진한 가능성을 품고 있는 셈이다. 게다가 유럽권 국가는 학비가 저렴하고 각종 장학금 혜택이 많아서 부모의 부담을 줄일 수 있다. 다만 우리나라처럼 졸업장을 쉽게 주지 않기 때문에 독한 마음을 먹고 도전해야 한다.

초등학교 때 영어 끝내버리기

나는 앞에서 우리나라 고3 학생의 영어 수준은 미국 초등학교 고학년 수준에 불과하다고 하였다. 내 말이 의심스럽다면 미국 교과서로 수업하는 학원에 가서 확인해봐도 좋다.

그런데 우리나라의 교육 정책을 보면 내신의 비중을 점점 강화하고 있다. 공교육 정상화를 위한 노력이라는 점에서는 인정하지만, 영어 교육은 그 방법이 틀렸다. 영어 교육은 다른 교과목과 달리 아직 잠재력을 건드릴 수 있는 수준에 이르지 않은 데다, 가르치는 방법 또한 올바르지 않기 때문이다. 즉 영어 교육은 내신에 머무르지 말고, 조금 더 학생의 잠재력을 자극할 수 있는 수준으로 진행되어야 한다.

대표적인 예로 외국어고 입시 정책을 보자. 현행 제도하에서 외국어고에 들어가려면 영어는 기본이고, 모든 과목에서 꾸준히 높은 점수를 얻어야 한다. 그런데 영어를 기본으로 둔다는 게 얼마나 어려운 일인가? 영어 성적이 특히 중요한 외국어고 입시에서 영어와 다른 과목을 동시에 공부하면 밸런스가 맞지 않아 합격할 수 없다. 그렇다고 해서 영어만 집중적으로 공부하면 다른 과목의 성적이 떨어져 또 합격할 수 없다. 남은 방법은 무엇인가?

바로 초등학교 때 영어를 끝내버리는 것이다. 초등학교 때 영어를 끝내지 않으면 아이들의 중학교생활은 절대 행복해질 수 없다. 우리 집 아이들은 초등학교 때 영어를 끝낸 덕분에 중학교 때는 다른 과목에 집중할 수 있었다. 우리 집 아이들이 특별했던 거 아니냐고? 큰소리 영어 공부반에 6개월 다닌 뒤 성인들이 읽는 영어 성경을 읽게 된 초등학생들 떠올려보라. 그렇게 따지면 공부반에서 영어를 배운 아이들은 모두 천재다.

다시 말하지만 영어는 쉽다. 그리고 재미있다. 그런데 지금까지 이 재미있는 영어를 재미없고, 어렵게, 잘못 가르쳐왔다. 큰소리 영어 학습법으로 공부해보면 영어가 재미있다는 사실을 충분히 느낄 수 있다. 영어를 정나미 떨어지게 만드는 첫 번째 요인인 파닉스와 문법 교육을 하지 않으면 아이들은 영어를 취미처럼, 오락처럼 느낄 수 있다.

이렇게 영어를 취미와 오락으로 만들면 아이들이 초등학교를 마치기 전에 대학생 수준의 영어를 구사할 수 있게 된다. 외국어고 입시나 수능을 준비할 때에도 따로 공부할 필요가 없다. 나는 작은 딸이 수능을 보기 전이나 학교 시험을 보기 전에 영어 공부하는 모습을 본 적이 없다. 문법을 몰라도 지문을 해석하고 문법을 구분하는 데에는 전혀 문제가 없었기 때문이다. 그 애는 다른 아이들이 영어를 공부하는 시간의 80퍼센트 이상을 다른 과목을 준비하는 데 보냈기 때문에 내신이 좋을 수밖에 없었다. 만약에 다른 학생들도 영어 시험을 준비하는 시간의 70퍼센트 이상을 다른 과목에 할애한다면 내신 점수가 상승할 수밖에 없을 것이다.

이런 일도 있었다. 큰소리 영어 공부반에 다녔던 중학생이 학교 자습 시간에 『나니아 연대기』를 읽다가 선생님한테 걸렸는데, 문법도 제대로 모르면서 왜 이런 책을 읽느냐는 이야기를 들었다. 그래서 그 학생이 이해할 수 있다고 말하자 그 선생님은 반항한다면서 수행 평가 점수를 깎았다는 것이다. 학교 일을 부모에게 잘 이야기하지 않던 아이였는데, 얼마나 서러웠던지 엄마 앞에서 펑펑 울었던 모양이다. 그래서 엄마가 학교로 찾아가 수행 평가 점수를 다시 회복시켰다고 한다. 그 학생은 결국 경기도에 위치한 최고 명문고 중 한 곳에 들어갔다. 앞에서도 언급했지만 문제풀이 중심으로 공부해서 서울대나 연세대, 고려대에 들어간 학생들 중에는 『나니아 연대기』를 영어로 자연스럽게 읽을 수 있는 학생이 20퍼센트가 되지 않는다.

나는 초등학교 때 우리 아이들에게 영어를 끝내게 했던 것이 아이들의 삶을 위한 최고의 선물이었다 말하고 싶다. 영어로 인해 우리아이들은 평생 길어 마실 수 있는 사막의 샘을 얻었다. 그렇다. 교육에서 중요한 것은 독립적으로 살 수 있는 능력과 근성을 길러주고, 자기의 꿈을 실현할 수 있게 돕는 것이다. 영어는 내가 아이들에게 주고자 했던 바로 그런 선물이었다.

초등학교 때 영어를 끝내버리라고 이야기했던 최고의 학자가 있다. 바로 인지주의 언어학자 놈 촘스키(Noam Chomsky)이다. 그의 주장에 따르면 아이들은 언어를 습득할 수 있는 능력을 가지고 태어나며, 그 능력은 12세 때 최고조에 달한다. 그리고 그 이후 언어 습득 능력은 서서히 쇠퇴하기 시작한다. 그의 이론대로라면 아이들의 언어 습득 능력이 최고조에 달하는 초등학교 고학년 때 영어를 끝내버리는 게 최고의 방법이다.

나는 유치원생부터 초등학교 저학년생까지는 아이가 즐기면서 따라올 수 있게 하는 데 공을 들여야 한다고 생각한다. 큰아들도 초등학교 5학년 때 영어 공부를 시작했지만 영어를 구사하는 데 아무런 문제가 없다. 영어 공부에서 가장 중요한 때는 초등학교 4~6학년 사이다. 그전까지는 영어 공부를 열심히 안 했더라도 상관없다. 4~6학년 때 집중하면 부족했던 공부량을 단숨에 회복하고 추월할 수 있다.

영어 시험 완벽하게 준비하기

왜 공부하는지 설정하자

요즘은 어디를 가든 자기주도학습이란 용어를 쉽게 볼 수 있다. 자기주도학습은 인지심리학 학습이론을 알면 누구나 설계 가능한 프로그램이다. 작은 딸이 중학교 2학년 1학기 중간고사 때 반에서 8등을 하자 나는 심리학 이론을 따라서 프로그램을 만들고 계획을 세웠다. 그 뒤 딸에게 딱 보름 동안만 함께 공부하자고 설득하여 기말고사 때에는 반에서 1등을, 반년 뒤 기말고사에서는 전교 1등을 하게 했다.

시험공부를 할 때 가장 중요한 것은 '시험을 왜 잘 봐야 하며, 이것이 내 삶에 어떠한 영향을 미칠까'에 대한 자각이다. 시험 목적에 대한 자각이 선행되지 않으면 당연히 좋은 결과를 얻을 수 없다. 자기주도학습을 진행할 때에도 가장 먼저 이 질문에 대한 답을 얻어야 한다. 학생이 스스로 도전적인 목표를 만들고 이에 가치를 부여하지 않으면 절대 자기주도학습을 시행할 수 없다.

부모도 자녀가 왜 공부를 하고 시험에서 높은 점수를 얻어야 하는지 공감할 수 있어야 한다. 학교에서 치르는 영어 시험은 변별력이 없다. 한 개를 틀리면 전교 20등 밖으로 밀리고, 두 개를 틀리면 50등 밖으로 밀려난다. 문제 하나에 학부모의 신경이 날카로워지는 건 당연한 일이다. 하지만 자녀에게 불만을 늘어놓아서는 안 된다. 자녀가 공부를 하고 시험을 보는 건 꿈을 이루고 자신의 인생을 더욱 풍성하게 가꾸기 위함이지, 부모의 욕심을 만족시키기 위함이 아니다. 항상 노력하는 자세가 중요하다는 걸 자녀가 느낄 수 있도록 해주자. 그럼 공부는 절반 이상 끝난 셈이나 마찬가지다.

프린트물을 포기하자

앞으로 제시하는 영어 공부법은 성적이 제법 떨어지는 아이뿐만 아니라 한두 개밖에 안 틀리는 아이도 대상으로 한다. 한두 개의 오답을 실수라고 인정하다 보면, 그 실수가 누적되어 언젠가는 건널 수 없는 도랑이 되어버린다. 정말 실수로 틀렸다 하더라도 주의에 주의를 거듭할 필요가 있다.

　큰소리 영어 공부반을 운영하면서 학교나 학원에서 받는 프린트의 양이 두꺼운 책 한 권 정도나 된다는 사실을 알았다. 아무리 열성적으로 가르친다 해도 이렇게 많은 양이 정말 필요할까? 학생들은 프린트물을 숙제, 그 이상으로 생각하지 않는다. 내가 내린 결론은 학생들이 지나치게 많은 양을 공부하기 때문에 성적이 오르지 않는다는 것이다. 학교나 학원에서 받는 프린트의 양도 너무 많아서 도저히 다섯 번 이상 복습이 어렵다.

　요즘 학생들이 불행한 까닭은 모든 과목에 소위 '유형'을 중시하는 경향이 생겼고, 이에 따라 모든 문제 유형을 다 풀어보아야 하기 때문이다. 풀어야 할 문제의 양이 너무 많아진 것이다. 더 심각한 문제는 어떤 관점으로 해석하고 풀어야 할지 모른다는 사실이다. 학교나 학원에서 나누어주는 프린트는 모든 정보가 담겨 있어서 양이 엄청나다. 그런데 학생들은 그 엄청난 정보를 해석할 수 있는 틀이 무엇인지 모른다.

　비유를 들면 이렇다. 안에서만 자란 아이에게 하루는 동그란 창문으로 바깥을 보게 하고, 다음 날은 네모난 창문으로, 그다음 날은 별 모양의 창문으로 보게 하는 것이다. 이런 경우 밖은 동일하게 생겼어도 안에서 바라보는 틀이 다르기 때문에 세상이 뒤죽박죽으로 보일 수밖에 없다. 이런 아이에게는 세상을 동일하게 바라볼 수 있는 일정한 틀을 제공하는 게 우선이다.

　학생들이 가지고 있는 프린트물은 문제에 접근하는 방법이나 유형,

답을 도출해내는 과정이 모두 다르다. 여기저기서 문제를 짜깁기하거나 그대로 복사했기 때문이다. 각기 다른 문제 유형과 접근 방법을 모두 이해하려고 하면 과부하가 걸릴 수밖에 없다.

그래서 나는 공부반 학생들에게 간단하게 공부하라고 요구했다. 참고서나 문제집을 하나 고른 뒤 다섯 번 정도 풀도록 했다. 출제자의 의도를 파악하고 해결 방법에 다가가는 연습을 시키기 위해서다. 예를 들어 출제자가 "~이 아닌 것은?"이라고 제시한 문제는 아닌 것을 빼고 나머지 '~인 것'을 외우게 했다. 그러면 당연히 아닌 것과 맞는 것을 따로 구분할 필요 없이 동시에 공부할 수 있는 것이다. 나머지 문제는 학습한 내용을 다르게 응용하도록 연습시키면 된다.

이렇게 공부하면 절대적인 학습량이 적어지고, 무엇보다도 한 가지 틀로 해석할 수 있게 되니 시험공부가 쉬워질 수밖에 없다. 그리고 도움이 되지 않는 프린트는 과감히 버리라고 이야기한다. 제대로 된 참고서나 문제집 하나를 여러 번 반복해서 푸는 게 더 도움이 된다. 만약 문제집을 충분히 풀고도 시간이 남으면 그때 프린트물을 보면 된다.

영어 시험 준비 요령

본격적인 영어 시험 준비 요령을 말하도록 하겠다. 영어 시험에서 100점을 받는 일은 절대 어렵지 않다. 답을 틀리는 까닭은 대부분 실수를 하기 때문이지, 실력이 없어서 그런 게 아니다.

먼저 문법은 서너 문제가 출제되므로 지나치게 공부할 필요가 없다. 자습서에 나와 있는 문법 해설을 잘 읽어보라. 아무리 문법 지식이 풍부한 사람이라도 다섯 번 이상은 읽어야 자기 것이 된다. 그리고 자습서의 문제를 풀면서 이 문법이 무엇을 의미하는지 깨닫는다. 이 과정을 2~3일 간격을 두고 다섯 번씩 공부해서 장기기억으로 저장한다.

문법 문제는 다양한 각도에서 출제될 수 있다. 그러나 앞에서 말한 것처럼 문제를 이해하는 틀은 하나다. 선생님이 수업 시간에 어떤 문법을 강의했는지, 왜 이런 문제를 출제했는지 이해하면 핵심에 다가갈 수 있다. 역시 2~3일의 간격을 두고 여러 번 문제집을 풀어본다. 이미 충분히 답을 이해했다고 해서 대충 보지 말고 그때그때 처음 보는 문제처럼 집중하는 게 좋다.

요즘 중학교나 고등학교 시험에서는 문장의 전후관계, 동사의 변형 형태, 접속사, 틀린 것 찾기 등의 문제 비중이 높아지는 추세다. 이런 문제는 본문을 암기해버리면 쉽게 대비할 수 있다. 한 과의 본문은 얼마 되지 않으므로 반드시 암기한 뒤 시험에 임하도록 하자.

시험은 실력이 얼마나 되는지 측정하는 데에만 의의가 있는 게 아니다. 시험을 준비하는 기간 동안 최고의 집중력을 발휘해 실력을 향상시키는 데 더 큰 의미가 있다. 그러니 시험 기간만 되면 불평불만을 늘어놓지 말고 자신의 실력을 향상시킬 수 있는 절호의 기회라고 생각하기 바란다.

그리고 요즘에는 변별력을 갖추기 위해 영어 시험을 교과서 밖에서 출제하는 경향도 강해지고 있다. 교과서만 공부해서는 원하는 성적을 받을 수 없다는 얘기다. 그러므로 평소 영어 소설이나 동화 등을 열심히 큰소리로 읽고 꾸준히 그 의미를 파악하기 위해 노력하는 자세가 중요하다. 이는 다른 과목에도 해당하지만 영어에서는 더욱 그렇다.

 TIP 영어 시험 준비 요령

- 영어뿐만 아니라 모든 공부는 '왜 공부하는가'를 설정하는 데에서부터 시작한다.
- 많은 분량의 프린트물을 한 번 보는 것보다 참고서, 문제집 한 종류를 다섯 번씩 보자.
- 프린트물은 여유가 될 때 하나를 엄선해 다섯 번 정도 보자.
- 영어 시험 준비 요령

  ① 자습서의 문법 해설을 다섯 번 이상 읽어 내 것으로 만든다. 그 뒤 문법 문제를 푼다.

  ② 문제집도 한 종류를 다섯 번 푼다.

  ③ 문장 전후관계, 동사의 변형형태, 접속사, 틀린 것 찾기 등의 문제 비중이 높아지는 추세다. 이런 문제들은 본문을 암기해버리면 한 번에 대비할 수 있다.

  ④ 교과서 밖 출제 경향에 맞추어 영어 소설이나 동화 등을 열심히 큰소리로 읽자.

영어가 없으면 안 된다는 절박감 갖기

교육은 '백년대계'라는 말이 있다. 하지만 우리나라는 '십년대계'도 이루지 못한다. 딸아이도 정부의 수능 정책에 불만을 토로한 적이 있다. 딸의 말에 따르면 자기가 고등학교 1학년 때 그 난리를 쳤던 수능등급제는 2년만 제대로 시행하고 그 뒤에는 사실상 폐지되었단다. 도입할 때는 모든 문제를 해결할 수 있을 것처럼 떠들썩하게 굴더니 부작용이 생기니 공식적인 발표도 없이 흐지부지되었다는 것이다. 이게 우리나라의 백년대계다. 이미 대부분 학부모는 잦은 입학 제도의 변경에 지쳐버렸지만 그래도 자식 일이라는 이유로 포기하지 못한 채, 여기저기 조언을 구하러 학원을 뒤지고 다닌다.

다음 주에는 어떤 입시 정책이 튀어나올까? 지난주에는 과학고나 영재고 입시에 경시대회 입상 성적을 반영하지 않겠다고 했는데 혹시 번복하지는 않을까? 매주, 매달마다 새로 나오는 교육 정책은 학생이나 학부모를 가만두지 않는다. 그런데 아마 그들도 새로운 정책이 과거의 정책보다 더 좋을 것이라고 확신하기는 어렵지 않을까?

영어는 과학이나 수학과는 다르다. 단번에 없어질 수도, 비중이 낮아질 수도 없는 과목이다. 따라서 꾸준히 해두어야 한다. 게다가 영어는 입시에서만 사용되는 공부가 아니다. 일생을 두고 따라다니며 취업과 진급, 삶의 질을 결정짓는다. 실제로 영어가 진급을 결정적으로 좌우하는 대기업이 무수히 많다.

언젠가 우리 학원에서 영어캠프를 주최했을 때 일어났던 사건을 잊을 수 없다. 등록 상담을 하는데 키가 크고 잘생긴 귀공자 타입의 학생이 엄마와 같이 왔다.

"어머니, 애를 보니까 고등학생 같은데 어떻게 오셨죠?"

"사실 아들은 부산영재고등학교 1학년이에요. 영어가 부족해서요."

"우리가 집중 캠프를 하는 대상은 초등학생과 중학생인데 창피하지 않겠습니까?"

"얘가 다른 공부는 다 잘해서 부산영재고등학교까지 갔는데 영어를 못해서 모든 과목이 막혀버렸어요. 그래서 영어에만 집중하기로 결심하고 온 겁니다."

"중학교 시절에는 영어 공부를 안 했습니까?"

"입학시험 과목에 없어서 그렇게 열심히 하지는 않았죠."

"그런데 왜 지금은 공부를 시키려고 하시는 거죠?"

"아시다시피 영재고등학교에서는 원서로 《사이언스》나 《네이처》를 보지 않습니까? 다른 책도 원서가 많고요. 그런데 애는 영어가 안 되니까 모든 과목에서 문제가 생긴 거죠. 저도 이 캠프가 초등·중학생을 대상으로 한다는 건 알아요. 하지만 이제는 체면이 중요하지 않을 만큼 절박해요. 이 캠프에 대한 좋은 평도 들었고요."

"그럼 등록은 하세요. 하지만 애가 얼마나 버틸지 모르겠습니다."

미안하게도 그 학생은 워낙 기초가 약해서 어쩔 수 없이 중학생도 아닌 초등학생 고학년 반에 배치되었다. 하지만 학생의 결심도 대단해서 그 제안을 순순히 받아들였다.

학생은 캠프 과정을 열심히 따랐다. 문제는 일주일이 지나서 발생했다. 같은 반에서 공부하는 아이들과 얘기를 하다가 자신의 정체를 드러낸 게 문제였다.

"형, 어느 학교 다녀?"

"부산영재고등학교 다녀."

"우아~, 좋은 학교 다닌다! 근데 왜 우리랑 같이 공부해?"

그 뒤 그 학생의 어머니는 남은 기간에 해당하는 금액을 환불받았다. 나는 그 학생이 잘되기를 바라지만, 큰소리 영어 학습법이 아니면 문제를 해결하기 어려웠을 것이라 생각한다.

요즘은 국제기구에 진출하는 한국 사람이 많다. 앞으로도 더 많은 한국 사람이 국제기구에서 일할 것이라는 게 외국인들의 전망이다. 물론 그러기 위해선 한국인의 영어 실력이 꾸준히 상승해야 한다.

　미래를 위해서 영어를 잘하는 것은 당연하다. 영어 시험 점수만 높일 게 아니라 실제로 영어를 잘해야 한다. 그렇다면 영어를 잘한다는 건 무엇일까? 말하기·읽기·듣기뿐만 아니라 그 실력을 바탕으로 정보를 파악하고 자기의 소신을 밝힐 수 있어야 한다. 다른 사람들과의 토론에서 확실히 눈도장을 찍을 수 있어야 한다. 에세이를 잘 써서 문서로 보고까지 할 수 있다면 금상첨화다.

　국제기구나 글로벌 기업에서 원하는 사람은 바로 이런 사람이다. 국가를 초월하고 인종을 초월해 세계를 이끄는 사람, 그 기본에 바로 영어가 있다. 다시 한 번 강조하지만 속된 말로 영어는 끝내주게 잘할 필요가 있다. 이를 위해 노력한 모든 과정은 반드시 보상받게 되어 있다.

영어를 통해 새로운 세상을 경험하다

영어가 준 선물, 하나! 학생 중심의 연구 시스템

나는 학부 생활을 하면서 라이스대학 건너편의 MD 앤더슨 암센터에서 2년 동안 연구를 하고, 논문 작성에도 기여할 수 있었다. 한국 사람의 입장에서 보면 대단한 일이지만, 미국에서는 그다지 어려운 일이 아니다. 의대 진학에 관심 있는 미국 학부생이라면 누구나 문을 두드려 얻을 수 있는 기회이며, 이를 통해 학점 이수 또한 가능하기 때문이다.

미국과 한국은 연구실에서 학부생의 역할도 다르다. 한국에서 학부생은 연구실의 막내 역할을 담당한다. 연구에 직접 참여하기보다는 잡무를 처리하는 데 집중하고, 운 좋게 참여하게 되더라도 연구 내용과 학부생의 학업 내용이 달라서 방학 때 단기적으로 손을 거드는 정도다. 제대로 된 연구 결과를 얻기 위해서는 몇 달, 길게는 몇 년이 걸리는데 한두 달의 짧은 기간 동안 도대체 무엇을 배울 수 있을까?

반면에 미국에서는 학부 과정의 실험 수업이 강도 높게 이루어지기 때문에, 교수들도 이를 잘 알고 학부생에게 많은 역할을 기대한다. 학부생에게 배움의 기회를 제공하는 것을 당연하게 여기며, 실험을 제대로 배운 학생은 방학 때 실험실에 고용되어 함께 프로젝트를 진행하기도 한다. 나 역시 방학 때마다 휴스턴에 남아 연구실에서 프로젝트에 깊이 참여하곤 했다.

이처럼 학부생이 실질적인 연구 프로젝트에 참여할 수 있는 것은 수업 담당 교수와 실험실의 지도 교수, 박사 후 과정 등의 멘토, 그리고 학부생이 협력하도록 수업 시스템이 짜여 있기 때문이다. 나는 연구에 참여하며 굉장히 많은 실수를 했고, 실험실에 폐만 끼치고 있다는 생각에 심적으로 힘들었던 때도 있었다. 하지만 인내를 가지고 나를 지도했던 실험실의 멘토들 덕분에 나중에는 독립적으로 실험을 진행하는 수준에 이를 수 있었다. 실험이 재미있어서 남들 쉬는 주말에 들러 공부를 하기도 했다. 그리고 그 결과물이 나왔을 때의 성취감을 아직도 잊을 수 없다.

영어가 준 선물, 둘! 시카고 봉사 활동 여행

　미국 전역의 대학생들은 교내에서 봉사 팀을 조직해 봄 방학 동안 봉사 활동을 하러 떠난다. 나는 친구들과 함께 9일 동안 시카고 봉사 활동 여행을 하면서 소외 계층의 삶을 확인하고, 교육 수준 등의 사회적 요인이 보건에 어떤 영향을 미치는지 직접 관찰할 수 있었다.

　시카고는 미국 내에서 경제적·사회적 불평등이 가장 심한 도시 가운데 하나로, 내가 봉사 활동을 했던 초등학교는 여섯 개의 갱단에 둘러싸여 있어서 아이들이 극심한 위험에 노출되어 있는 상황이었다. 갱단의 폭력 때문에 아이들의 야외 활동은 제한되어 있었고, 주민들은 심리적·물리적으로 위협을 받는 상태였다. 엎친 데 덮친 격으로 시카고 시가 교육 예산을 삭감하면서 아이들은 3~6시까지 보호막이 되어주던 방과 후 활동 프로그램을 더 이상 할 수 없게 되었다.

　이런 환경은 아이들의 삶을 지속적으로 변화시켰다. 평범해 보이는 한 여자아이도 학교에서는 화장실에 숨어 대마초를 피우고, 집에서는 대마초를 피우는 할머니의 보호 아래 경찰의 눈을 피했다. 그 어린아이가 술을 마시는 파티에 참석하는 것도 예삿일이었다. 어두운 환경의 뿌리가 너무 깊어서 우리는 어떻게 해야 할지 답을 찾을 수 없었다. 다만 팀 리더의 말처럼 우리와 아이들 안에 잠재적으로나마 봉사의 시간이 남아서, 장기적으로 서로에게 영향을 미치길 바랄 뿐이었다.

　하지만 봉사 활동을 하면 할수록 나는 희망의 빛을 발견할 수 있었다. 특히 청소년들에게 글쓰기 워크숍을 제공하는 단체는 폭력, 인종차별 등을 주제로 이야기를 나누며 서로 소통할 수 있는 계기를 만들어주었고, 결국 계층 간에 화합이 이루어지는 장면을 연출하기도 했다. 이러한 경험을 통해 학업으로 돌아오는 아이들이 있다니, 아직 희망은 우리들 곁에 존재하는 게 분명했다.

9일 동안의 봉사 활동은 내가 학부 생활을 하면서 가장 행복했던 시간이었다. 여행 경비를 마련하기 위해 모든 참가자가 지인들에게 기부금을 요청해야 했는데, 이런 문화에 익숙지 않았던 나도 평소 나를 아껴주시던 실험실의 한국인 교수님과 집주인 할아버지에게서 선뜻 도움을 받을 수 있었다. 특히 집주인 할아버지는 자신이 전에 근무했던 기업을 통해 기부해주셨는데, 은퇴한 직원도 상당한 금액의 회사 기부금을 사용할 수 있다는 사실에 깜짝 놀랐다. 이처럼 미국의 식당이나 가게는 사회 환원을 위해 상품이나 음식, 또는 일정 시간의 수익을 기부하는 문화가 활성화되어 있다.

우리는 최소 비용으로 최대 수익을 만들어야 한다는 리더의 전략에 따라 주택가를 돌며 캐럴을 부르고 기부금을 모았다. 총장님 댁에 가면 기부금을 많이 받을 수 있을 것이라는 누군가의 당돌한 제안으로 총장님 댁을 깜짝 방문하기도 했다. 총장님은 우리 열세 명의 악동을 격 없이 반겨주었는데, 안내를 받아 사택 구석구석을 구경했음은 물론이거니와 그분의 트위터에 우리 사진이 실리는 영광도 누렸다. 이 밖에도 우리 팀은 다양하고 재미있는 활동을 하면서 서로 우정을 쌓고 추억을 만들었다.

이처럼 외국에서의 봉사 활동 여행은 소중한 만남과 깨달음이 가득한 시간이다. 단체 생활을 하면서 리더십과 희생정신을 다듬고, 사람을 섬기는 자세와 생각하는 법, 대화하는 법 등을 고루 배울 수 있기 때문이다.

예를 들어 우리 팀은 열세 명이 함께 생활하다보니 항상 마지막 두세 명은 찬물 샤워를 할 수밖에 없었다. 그래서 나는 뜨거운 물을 쓰기 위해 항상 아침 일찍 일어나곤 했는데, 나중에 리더들이 자진하여 늦게 샤워했다는 사실을 알고는 부끄러워 몸 둘 바를 몰랐다. 그 밖에도 매번 조용히 쓰레기를 처리하던 친구에게서는 묵묵한 희생을, 현실적인 판단으로 길을 잃지 않게 도와주던 친구에게서는 냉철함을, 흥미로운 주제로 분위기를 띄우고 음악을 틀어주던 친구에게서는 당당함과 긍정적인 마음을 배웠다.

휴대 전화와 컴퓨터 사용을 지양하며 모두 함께 장을 보고, 요리하고, 자기 전에 둘러 앉아 고민을 나누었던 성찰의 시간은 내게 매우 뜻깊은 경험이었다. 죽자 살자 술판만 벌이는 한국 대학생들도 이제는 건설적인 학교생활을 위해 변화할 필요가 있지 않을까?

영어가 준 선물, 셋! 생생한 병원 봉사 활동

부끄럽지만 휴스턴 메디컬 센터 Methodist 병원 응급실에서의 봉사 활동은 사실 대학원 진학에 필요한 이력을 만들기 위해 시작한 일이다. 그러나 나는 병원 봉사 활동을 통해 책상 앞에서는 얻을 수 없는 가치 있는 경험을 할 수 있었다.

겨울 방학이 되자 나는 연구실 일을 끝낸 뒤 저녁 늦게까지, 또는 주말마다 하루 8시간 이상을 병원 응급실에서 보냈다. 덕분에 간호사들과 금세 친해졌는데 여기에는 약간의 요령이 있었다. 비품 창고를 출입할 때 직원증을 따로 빌려야 했는데, 이때 이름을 외웠다가 친근하게 부르는 것이었다. 이 방법은 나의 오랜 멘토가 추천해준 『카네기 인간관계론』이라는 책에 소개되어 있는 내용이다.

이렇게 가까워진 의료진은 내게 실전을 통해서만 알 수 있는 많은 정보를 알려주었다. 교과서에서 보았던 환자의 엑스레이를 직접 보여주며 증상을 설명해주고, 미국 의료법의 문제가 무엇인지도 얘기해주었다. 심지어 외부인은 볼 수 없는 응급 상황 시의 대처도 직접 옆에서 지켜볼 수 있었다. 하루는 심장 마비로 쓰러진 할머니에게 심폐 소생술을 시도하는 장면을 보았는데, 분위기가 심각하리라는 예상과 달리 서로 미소를 지으면서 농담을 던지곤 하는 것이었다. 의아한 생각을 품은 내가 질문을 던지자, 일부러 긴장감을 최소화하고 평정심을 유지하기 위해 그러는 것이라고 했다. 그때 생각났다. 의료 사회학 수업 시간에 의사들이 환자를 대상으로 농담하는 것은 감정적으로 힘든 상황에서 자기를 방어하기 위한 목적이라고. 나는 그 상황을 의사가 되기도 전에 체험한 셈이었다.

이 밖에도 고통을 못 이겨 우는 환자를 보며 눈물을 흘렸던 일, 화장실에서 엉덩이뼈가 부러진 할머니를 도와드리며 눈을 어디에 두어야 할지 몰라 쩔쩔맸던 일 등이 기억에 남는다. 하지만 이런 일들 역시 봉사 활동을 하다 보니 금방 단련되어 능숙하게 이겨낼 수 있었다.

한국의 병원에서도 봉사활동을 할 수 있지만, 아마 미국과는 조금 다른 경험을 하지 않았을까 싶다. Methodist 병원에서 봉사를 시작하기 전 여름 방학 때, 나는 연세대학병원에서 봉사 활동을 하고자 담당 사무실을 찾았다. 그런데 담당자는 내가 무슨 일을 하면 되냐는 질문에 "그냥 남는 일이나 하면 돼요." 하고는 쌀쌀맞게 대꾸하는 것이었다. 내가 두 번 다시 그곳을 방문하지 않았음은 물론이다. 돕고 싶은 마음이 우러나게 하지 않는 곳에서 내 소중한 시간과 노력을 낭비할 필요는 없기 때문이다.

영어가 준 선물, 넷! 소중한 사람들과의 인연

라이스대학에 다닐 때, 기숙사 신청을 하지 못해 다급히 학교 근처의 방을 알아보게 되었다. 듀이 할아버지 가족과의 인연은 그렇게 한국에서의 국제 전화로 시작되었다.

알고 보니 할아버지는 6·25 전쟁 당시 송유관 건설 제작에 참여했던 기술자였고, 샬럿 할머니는 은퇴한 목사였다. 내가 한국인이어서 그런지 할아버지는 한국에 파견되었던 이야기를 종종 해주셨다. 한번은 반세기 동안 보관했던 한국 사진들을 보여주었는데, 나는 깜짝 놀라지 않을 수 없었다. 박물관에서나 볼 수 있을 법한 수백 장의 빛바랜 흑백 사진 속에 그 옛날의 인천과 서울, 두루마리를 입고 긴 담뱃대를 문 노인, 벌거벗고 뛰어노는 아이들의 모습이 그대로 담겨 있었기 때문이다.

할아버지는 여든이 넘은 나이에도 불구하고 평생 그랬듯이 스스로 집을 손봤다. 일을 하다가 쉴 때면 종종 나와 함께 정원의 흔들의자에 앉아 대화를 나누곤 했다. 할머니는 소녀 같은 감성을 지닌 아주 유쾌한 분이었다. 맞벌이하는 딸과 사위를 도와 개구쟁이 손주들을 돌봐주었는데, 늘 내게 손주들 이야기를 하셔서 나는 누가 말을 안 듣고 사고를 쳤는지 속속들이 알고 있었다.

할아버지와 할머니는 핼러윈이나 크리스마스, 새해에도 나를 꼭 가족 저녁 식사에 초대하셔서 미국 문화를 한껏 느끼게 해주었다. 나도 한국 문화를 알리려는 마음으로 한국 음식을 만들어 대접하곤 했는데, 맛탕과 잡채는 할아버지에게 극찬을 받았다. 이제 와 생각해보면 학기 중에는 수업과 기타 활동으로, 방학 때는 연구실 일로 여유가 없어서 할아버지, 할머니 가족과 많은 시간을 보내지 못한 것이 얼마나 안타까운지 모른다. 할아버지, 할머니와 함께 살면서 나는 2년 반 동안 감당할 수 없을 만큼 많은 사랑을 받았다.

집주인 할아버지, 할머니처럼 함께 생활하며 인연을 맺은 사람들도 있지만, 때로는 스쳐 지나는 사람들에게서 위로를 얻은 적도 있다. 의대 편입 공부를 할 때에는 흰 가운을 입은 의사와 간호사들이 내 공부를 어깨너머로 바라보며 응원해주었고, 교회에서 우연히 만난 할머니는 내 손을 꼭 잡고 눈을 마주보며 "하림아, 너는 사회의 자산이 되는 훌륭한 의사가 되리라 꼭 믿는다."며 용기를 주었다. 학업 스트레스로 무기력과 우울함을 느끼던 내게 정말 단비처럼 따스한 위로였다.

가만히 생각해 보면 미국, 아니 미국 남부 사람들은 오지랖이 넓다 싶을 정도로 남의 일에 관심이 많고 따뜻하다. 그들은 사람은 누구나 나약하고 외로우며, 한여름의 크리스마스 모자나 엉뚱한 농담이 얼마나 큰 기쁨을 선사할 수 있는지 잘 아는 사람들이다.

한국에 전화해서 미국에서 만난 좋은 사람들을 얘기할 때마다 엄마는 이렇게 말씀하셨다.

"네가 그곳에서 고마운 분들을 많이 만나고 배우는 모습을 보니, 미국까지 가서 고생해서 일하고 공부하는 게 하나도 아깝지 않게 느껴지는구나."

나는 그들이 내게 보여준 값비싼 친절에 아직도 감사한다. 그리고 나 역시 베풀고 싶은 마음으로 가득하다. 숫기 없던 내가 모르는 사람에게 먼저 말을 걸 수 있게 된 것은 모두 미국에서 공부하며 넓은 세상을 만났기 때문이다. 뭐, 가끔은 얼굴에 철판을 깐 아줌마가 된 것 같아 웃음이 나기도 하지만 말이다.

유학, 정말 필요할까?

결과적으로 의대 편입에 성공했기 때문에 나는 내 유학 경험이 성공적이었다고 말할 수 있다. 하지만 오늘날에 이르기까지 나 스스로도 유학이 가치 있는 투자인지 확신할 수 없는 순간이 많았으며, 그 과정 또한 절대 순탄치만은 않았다.

고등학교 3학년이었던 내가 돌연 유학을 결심한 이유는 대단한 게 아니었다. 어렸을 때 거주했던 영어권 국가에서의 즐거웠던 기억과 가 보지 않은 미국에 대한 동경, 유학 중이던 오빠에 대한 부러움이 합쳐진 것뿐이었다. 게다가 그때만 해도 미국은 경제적 위기에 빠지지 않은 상태였고, 외국인도 약학대학을 나오면 비교적 쉽게 약사로 취업이 가능한 상황이었다. 문과를 졸업하고 이과로 대학을 진학한 건 이런 현실적인 판단이 바탕에 깔려있었다. 지금 생각해보면 무슨 자신감이었나 싶기도 하다.

사실 오빠는 이런 나의 선택을 우려의 시선으로 바라보았다. 미국에서 내 영어 실력은 현지인에 비하면 보잘 것 없는 것이고, 그래서 영어 외에도 잘하는 것이 있어야 한다는 오빠의 말을 나는 간단히 묵살해 버렸다. 중학생 때 이미 토익에서 고득점을 얻어 주변에서 영어깨나 한다는 소리를 들어왔기 때문이었다.

아니나 다를까, 대학교 1학년 생활은 그다지 추억하고 싶지 않은 시간이 되었다. 독특한 문답식 교육과 서술형 시험을 통해 고등학교에서 상급 레벨의 화학 과목을 이수하고 온 현지 친구들조차도 대학 일반 화학 과목에서 고전을 면치 못했다. 그렇다면 공부 욕심은 앞섰지만 기초조차 제대로 배우지 못했던 나는 어땠을까? 화학 시험이 끝날 때마다 부모님께 전화를 걸어 수화기를 붙잡고 울기 일쑤였다. 나중에 미국의 경제 상황이 악화되어 약대를 졸업하고도 취직이 어렵다는 멘토를 말을 들었을 때에는 당장이라도 적성에 맞지 않는 공부를 포기하고 싶었다. 미국 약사 자격증은 한국에서는 무용지물이기 때문이다.

결국 내 진로를 두고 온 가족이 머리를 맞대는 일이 벌어졌다. 그러나 나는 수학에는 소질이 없어서 취직에 유리한 공학을 공부할 수도 없었고, 대안인 경제학에도 큰 흥미를 느끼지 못했다. 일단 유학을 갔으니 꼭 졸업해야겠다는 의지는 있었으나, 넉넉하지 않았던 집안 형편을 알고 있어서 늘 죄송한 마음뿐이었다. 휴학을 마치고 복학할 때 오빠가 의학 전문 대학원 입시 준비를 권했지만, 이 역시도 남의 얘기만 같았다.

복학한 뒤 첫 일 년은 유기 화학과 물리로 고생을 하느라 외롭고 고독한 시간을 보냈다. 하지만 다행히 의료 불균형 문제를 다룬 의료 사회학 등의 수업을 들으며 의학의 인문 사회학적인 면에 매력을 느낄 수 있었다. 또한 인생의 소울메이트가 되어준 친구들을 만나 행복하게 학교생활을 마무리할 수 있었다. 지금에야 말하지만 이렇게 힘들었던 순간들이 있었기에 즐거운 순간을 더욱 진실하게 누릴 수 있는 마음을 갖게 되었는지도 모른다.

내 경험은 수많은 유학생들 가운데 한 명의 이야기일 뿐이다. 분명

나보다 성공적으로 유학한 사람도 있을 것이고, 한국 사람들끼리 어울리다가 소중한 기회를 그냥 흘려보낸 사람도 있을 것이다. 이처럼 유학생활은 직접 부딪쳐보기 전까지는 아무도 알 수 없다. 유학을 결정하는건 순전히 독자들의 선택이라는 말이다. 다만 대학 진학 추천서를 써주신 고등학교 원어민 선생님의 말씀처럼 한 가지는 이야기해줄 수 있다.

"You will never be the same."

그리고 무엇보다도 성공적인 유학 생활을 하기 위해서는 탄탄한 영어 실력이 뒷받침되어야 한다. 현지인들과 소통하고 공감할 수 있는 능력이 없으면 아무리 많은 돈을 들여도 배울 수 있는 게 없다. 그런 점에서 영어를 배우는 것은 새로운 세계를 여는 도구를 얻는 일이다. 큰소리 영어 공부법이 그 기초를 세우고, 나아가 여러분을 세계와 연결하는 통로가 되길 기대한다.

chapter 6

큰소리 영어로 키운 아이들

앞에서 우리나라 영어 학습 환경에 대한 비판과 이런 현실을 타개할 수 있는 유일한 방법으로 큰소리 영어 학습법을 제시했다. 여기까지 읽은 독자라면 큰소리 영어 학습법에 대한 믿음이 싹트고 있을 것이라 생각한다. 이 믿음을 확신으로 이끌기 위해 이 방법으로 영어를 마스터한 사람들의 이야기가 필요할 것이다.

사실 나는 완벽한 이론을 가지고 큰소리 영어 학습법을 시도한 게 아니다. 경험을 통해 내 나름의 방법을 구축하고 나를 비롯해 우리 세 아이에게 실험 아닌 실험을 해 확신을 얻게 된 것이었다. 그러니 우리 세 아이에 대한 이야기를 빠뜨릴 수가 없다.

큰소리 영어 학습법을 시도하게 된 계기는 내 나이 서른여덟에 찾아온 영국 유학 기회였다. 딱 1년 기한으로 다녀올 수 있었는데 그전까지는 영어를 꼭 익혀야겠다는 생각을 해본 적이 없었다. 그래서 어떤 분들은 내가 아이들을 영국에서 키웠기 때문에 영어 마스터가 가능했다고 말한다. 그러나 영어를 현지에서 1년 배웠다는 건 단기 어학연수를 조금 더 늘린 수준에 불과하다. 게다가 3년 이상 유학한 아이들보다 우리 아이들이 더 영어를 잘한다는 사실은 단지 햇수가 모든 것을 좌우하는 변수는 아니라는 걸 입증한다.

큰소리 영어 학습법의 성공담을 이야기하기 전에 서른여덟이었던 내가 어떻게 영어에 다가설 수 있었는지를 먼저 이야기하겠다.

서른여덟 살이었던 1999년 7월 초, 1년 동안 영국으로 공부하러 갈 기회가 생겼다. 워낙 갑자기 찾아온 기회였기 때문에 내가 가진 정보라곤 영국의 대학원 석사 과정이 1년이라는 사실밖에 없었다. 그래서 정보를 입수하러 서울 정동에 있는 영국문화원에 갔다가 거기서 구입한 IELTS(영연방에 유학하려고 하는 경우에는 TOEFL과 유사한 시험인 IELTS를 치른다) 모의고사를 혼자 치러보았다. 대부분 영국 대학원은 6.5 이상의 점수를 요구했는데 나는 10점 만점에 3.5밖에 나오지 않아 절망할 수밖에 없었다.

그 뒤 한국에서 유학 준비를 하는 것보다 영국으로 날아가서 직접 해결하는 게 빠르겠다는 생각을 하고는 필요한 서류를 준비해 무작정 영국으로 갔다. 런던에 아는 분 댁을 연락처로 정하고, 곧바로 내 전공 분야가 개설되어 있는 대학들의 입학담당관을 만났다.

영국 모든 지역의 대학을 훑고 다녔지만 내가 마음에 드는 대학은 나를 받아주지 않았고, 나를 받아주는 대학은 내 마음에 들지 않았다. 무엇보다도 산업 혁명이 진행되었던 도시들은 좀 지저분한 면이 있었고, 흑인과 무슬림이 많았을 뿐 아니라, 영어 초보인 내가 들어도 사투리를 사용한다는 사실을 알 수 있었다.

그러다 남부 항구 도시인 플리머스 위에 있는 '엑서터(Exeter)'라는 지역에 도착했는데, 평화롭고 아름다운 경치에 매료되어 이 도시에 자리 잡기로 결심하고는 엑서터대학의 입학담당관을 만났다. 그녀는 공인 영어점수가 없는 것을 보고는 조건부로 입학 허가를 내줄 테니 두 달 동안 어학연수를 받고 IELTS 시험에서 7.0 이상을 받으라고 하였다.

내 공부도 중요하지만 아이들에게 다른 문화를 접하게 해줄 둘도 없는 기회라고 생각했기에 나는 그녀의 제안을 받아들였다. 만약 그 조건을 충족시키지 못해 정식 학생으로 인정받지 못해도 괜찮다고 판단했다. 그리고 바로 한국으로 날아와 일주일 만에 모든 출국 절차를 마치고 1999년 7월 말 한국을 떠나 가을 학기부터 대학원 공부를 시작했다.

늦은 나이에 시작한 영어 공부는 생각처럼 쉽지 않았다. 간단한 영어조차 사용 안 한 지 오래되어 기억이 나지 않았다. 결국 옛날에 일본어를 익혔던 방식에 영어 공부를 접목해보기로 결심했다. 그 방식은 문법을 무시한 채 크게 반복적으로 책을 읽고 듣는 단순한 방식이었다.

일본어를 배울 때 나는 일본어 학원의 진도가 너무 느리다고 판단했다. 그래서 일본어 책과 듣기 테이프를 사서 하루에 서너 시간씩 문법을 무시하고 3개월 가량을 큰소리로 읽고 듣기에만 집중했다. 그랬더니 일본어 학원에 1년 반 정도 다닌 직원들만큼 일본어를 할 수 있었다.

그 기억을 살려 오전 9시부터 오후 3시까지는 수업을 듣고, 오후 4시부터 밤 10시까지는 한국에서 가져간 영어 성경을 아주 큰소리로 매일 읽고 들었다. 목이 붓고 쉬었지만 시험을 코앞에 앞두고 있으니 멈출

수가 없었다. 듣기는 한국에서 가져간 시청각 자료를 매일 한 시간 이상 반복적으로 들으면서 준비했다. 그리고 두 달 뒤 드디어 정식 IELTS시험을 치렀는데, 입학담당관이 요구했던 7.0의 점수를 받았다.

이렇게 익힌 영어의 위력은 개강 이후에 나타났다. 우리 반은 40명으로 이루어져 있었는데 4명의 영국 학생을 제외하고는 아시아인, 동유럽인, 아프리카인으로 구성되어 있었다. 외국인 중에서 가장 나이 많은 내가 영어를 가장 잘했다는 사실은 놀랍기만 했다. 팀장으로 프레젠테이션을 진행할 때도 많았고, 무엇보다도 교수들과 논쟁을 벌일 때가 많았다. 이런 이야기가 알려져 나는 한국인 사회에서 유일하게 수업 시간에 말하는 학생으로 통했다.

전공 책들도 전부 큰소리로 읽어서 내용 파악을 했다. 영국의 대학원 과정은 1년이기 때문에 3개월마다 한 학기씩 끝내야 했고, 그만큼 읽어야 할 책도 많았다. 그 모든 것을 대부분 입으로 소리 내어 읽었기 때문에 내 목은 유학을 마칠 때까지 항상 쉬어 있었다. 그렇지만 영어로 의사를 밝히지 못하는 일은 없었다.

이렇게 효과를 본 나는 아이들에게 본격적으로 큰소리 영어 학습법을 적용해보았다. 다음은 처음부터 끝까지 큰소리 영어 학습법으로 공부한 우리 아이들과 큰소리 영어 공부반 학생들의 이야기다.

삼 남매의 1년

애초 엑서터대학의 무리한 요구 조건을 받아들였던 이유는 우리 아이들 때문이었다. 이왕 영어를 익힐 수 있는 환경에 온 이상, 1년을 알차게 보내겠다는 게 내 목표였다. 영어를 영국에서 마스터한다는 거창한 목표를 위해 내가 IELTS를 준비하는 두 달 동안 아이들에게는 중학 수준의 영단어 1800개를 암기하도록 했다.

당시 12살, 10살, 8살이었던 아이들에게는 다소 벅찬 목표였지만, 저녁이 되면 그날 암기한 것을 반드시 확인하고 상벌을 주었다. 누적적 암기를 통해 단기기억이 장기기억으로 가게 한 것은 물론이다. 다행히 아이들은 내 말을 잘 들어서 두 달이 지날 무렵에는 정말 1800개 영단어를 거의 외워버렸다.

이제 아이들을 위한 영어 교재를 찾아야 했다. 동기 부여를 위해 다음 내용이 궁금해서라도 읽을 수밖에 없는 책을 찾고 싶었다. 그 당시에는 영어책에 대한 어떤 정보도 없었으므로 일단 서점으로 가서 가장 재미있을 것 같은, 그리고 아이들에게 충분히 호기심을 불러일으킬 만한 책을 찾기 시작했다. 서너 시간 정도 걸려 내 손에 잡힌 책이 로알드 달의 『찰리와 초콜릿 공장』이었는데 얼핏 보아도 상당히 재미있었다. 하지만 작은 활자에 150쪽이 넘는 이 책을 과연 아이들이 읽어낼 수 있을까 하는 의구심은 있었다.

나는 결국 그 책을 사가지고 와서 아이들에게 큰소리로 읽게 했다. 5퍼센트를 이해하든, 10퍼센트를 이해하든, 아니면 전혀 이해하지 못해도 상관없으니 무조건 안방까지 들리게 큰소리로 읽으라는 것이 내가 아이들에게 주문한 핵심 내용이었다. 내가 IELTS를 준비하면서 큰소리로 읽는 모습을 보고 들었던 아이들은 자연스럽게 나를 따라서 큰소리로 읽기 시작했다.

큰소리로 책 읽기는 아이들에게도 효과가 있었다. 큰아들은 한 달이 채 지나지 않아 낄낄대고 웃으며 이해하기 시작했고, 보름 정도 더 지났을 때는 『찰리와 초콜릿 공장』은 내용을 다 알아서 재미없으니 로알드 달의 다른 책을 사달라고 부탁했다.

작은 딸은 오빠보다 보름 뒤에 그런 현상을 보였고. 초등학교 1학년이었던 막내는 우리말 발음조차 이상해지면서도 악착같이 달라붙어서 한 달이 지났을 때 형이나 누나처럼 이해할 수 있게 되었다. 결국 아이들도 두 달만에 영어 징크스를 떨쳐낸 것이다.

그 뒤 로알드 달의 다른 책 열 권, C. S. 루이스의 『나니아 연대기』, 조안 롤링의 『해리 포터』, 브라이언 자크(Brian Jacques)의 『레드월(Redwall)』 시리즈와 잭클린 윌슨(Jacqueline Wilson)의 책을 아이들에게 사주면서 두세 번씩 읽게 하였다.

사실 나는 유사자폐로 고생하던 막내가 영어 교육에서도 제일 큰 문제일 것이라고 생각했다. 막내는 특정한 것에 집착하는 고착성 때문에 초등학교 1학년인데도 곰 인형을 들고 다닐 정도였다. 그런데 그랬던 막내가 뜻밖에도 영어책이 재미있다는 것을 발견하고는 영어책에 푹 빠졌던 것이다. 간단히 말해 영어에 미쳐버린 것이다. 막내는 서점에 놀러가면 자기의 관심사인 과학책들을 주로 골랐고 집에 돌아와서는 미친 듯이 읽었다.

이렇게 1년 내에 영어를 아예 끝내버리자는 야심찬 목표를 세우고 영어책을 읽게 하니 아이들의 수준은 하루하루 높아져서 겨울 방학이 끝났을 무렵 큰아들은 보통 영국 아이들보다 영어를 더 잘하는 수준에 도달했다. 두 달 뒤에는 작은 딸과 막내도 영국 아이들을 추월할 수준에 도달했다. 한국에 돌아올 무렵 작은 딸에게 4~5쪽 분량의 단편 소설을 써보라고 했더니 문법이나 어휘 선택에서 거의 문제가 없을 정도로 빽빽하게 작문할 수 있었다.

작은 딸 이야기

작은 딸은 아주 평범한 애였다. 다만 공부는 머리로 하는 게 아니라, 엉덩이로 한다는 것을 좀 일찍 깨달았다. 장시간 의자에 앉아 책을 읽으면서 문맥이 끊어지지 않게 반복해서 읽으면 뜻은 저절로 깨닫게 된다는 사실을 믿었다. 그 모습이 꼭 나 같았다.

딸이 중학교 2학년 1학기 중간고사 때 반에서 8등을 하자 기말고사는 아빠와 함께 준비하자는 제안을 했다. 지금은 자기주도학습이라는 이름으로 많이 알려져 있는 방법을 사용하여, 기말고사 20일 전에 함께 계획을 세우고 15일 전부터 매일 실천해 나갔더니 1학기 기말고사에서는 반에서 1등을 했다. 그리고 그로부터 4개월 뒤인 2학기 기말고사 때는 전교 1등을 했다. 다시 말해 반에서 8등 하던 애가 단 7개월 만에 전교 1등으로 올라선 것이다.

작은 딸은 경기도 소재 일반고등학교에 다녔는데 선생님이나 친구들은 항상 작은 딸을 의아하게 생각했다. 왜냐하면 고3이 될 때까지도 현재분사와 동명사를 구분하지 못하는 애가 영어 시험에서는 전교 1등을 도맡아 했고, 수능 모의고사는 20분만에 다 풀었기 때문이다. 그 모든 일의 중심에 큰소리 영어 학습법이 있다는 사실을 주변에서는 몰랐다.

우리 부부는 작은 딸도 오빠를 따라서 미국에서 공부하기를 바랐다. 지방에 있는 일반 인문계 고등학교에서 누구로부터도 도움을 받지 않고 SAT, AP(Advanced Placement의 약자로 미국 대학 1학년 교양과목을 선 이수하게 하는 제도) 준비를 한다는 것은 어려운 일이었다. 민족사관고에 다녔던 큰아들은 학교에서 SAT와 AP를 직접 가르쳤기 때문에 그런 어려움이 없지만 딸한테는 대책이 없었다.

물론 강남에 전문 학원이 있다는 걸 알았지만 형편상 오랫동안 보내줄 수 없었고, 딸이 원하는 과목은 개설되어 있지 않은 경우도 많았다. 또 경기도에서 강남까지 왔다 갔다 하는 것도 딸한테는 피곤한 일이었다.

앞에서 말한 것처럼 딸은 엉덩이로 공부하는 스타일이었다. 일단 책상에 앉으면 무조건 두세 시간은 자리를 뜨지 않고 책을 읽었다. 딸의 공부 과정을 다르게 표현하자면 반복과 반복의 연속이었다. 나는 우리 아이들에게 항상 한 과목당 책 한 권을 반복해서 읽게 하였다. 물론 중요한 내용을 형광펜으로 표시해놓는 일의 중요성도 강조했다. 딸은 책을 붙들고 악착같이 책을 읽고 다시 또 읽었다. 그 결과 2008년 5월에 본 AP 두 과목에서 만점이 나왔다. 2008년 12월에 본 SAT에서는 2100점 가까이 받았다.

문과를 나온 딸은 약학을 전공하겠다고 미리 정했다. 미국은 사회 통계학이 발달한 나라여서 거의 모든 직업의 초봉이 공개되어 있는데, 딸은 약사(소매 약사)의 평균 초봉이 11만 불을 넘는다며 새로 이과 과목을 공부해서 지원 가능한 점수를 받았던 것이다.

딸이 급여에 민감하게 까닭은 내 사업이 어려울 때 감당하기 어려운 시절을 보냈기 때문이다. 그래서 문과를 나온 딸이 이과 과목을 혼자 공부해서라도 안정된 직장을 갖고자 마음먹은 것을 알고 뭐라 할 수 없는 미안함을 느꼈다.

어쨌든 딸은 이과 과목을 새로 공부해야 했다. 수학은 물론이고 생물과 화학 등을 혼자서 공부했다. 특히 약학에 필요한 과목인 생물과 심리학을 AP시험에서 선택해 우등을 받았고, SAT에서도 좋은 성적을 받았다.

딸은 퍼듀대, 워싱턴주립대, 텍사스주립대, 윌리엄-메리대 그리고 라이스대학 등 응시한 학교에 대부분 합격했다. 그중에서 우리는 텍사스 휴스턴에 위치한 미국 대학 서열 17위 라이스대학을 선택했다.

라이스대학이 우리나라에 잘 알려지지 않은 이유는 대학원생까지 포함하여 학생수가 6천 명밖에 되지 않기 때문이다. 그래서 학생 대 교수 비율이 5 : 1밖에 되지 않는, 교정이 아름다운 학교였다. 아는 사람들은 그 학교를 '남부의 하버드'라 부른다고 했다. 큰아들도 동생은 큰 대학에 가면 적응이 어려울 수 있다며 라이스대학에 진학하는 것을 적극 찬성했다.

한편 딸은 인터넷에서 알게 된 라이스대학 합격자 모임에 다녀오더니 민사고, 대원외고 등 유명 특목고 출신이 대부분이고, 일반고 출신은 자기 혼자밖에 없는 듯하다며 불안을 토로했다. 막내는 이런 누나를 보고 갑자기 자기는 이제 죽었다고 이야기했다. 영어를 비롯한 모든 분야에서 자기가 누나보다 잘한다고 생각했는데 누나가 라이스대학에 가버렸으니 자기는 형처럼 코넬대 정도는 가야 본전 아니냐며 농담을 했다.

작은 딸 이야기를 통해 독자들에게 말하고 싶은 것은 딸이 일반고를 졸업했고, 학원도 거의 다니지 않았다는 사실이다. 그리고 그렇게 불리한 상황에서도 미국 대학 서열 17위의 대학에 들어갔다는 것이다. 누구나 의지만 있으면 외국 대학에 진학할 수 있다. 만약 머리가 좋은 친구라면 우리 딸보다도 더 쉽게 목적을 이룰 수 있다. 우리 딸은 그야말로 보통 수준의 머리로 공부했으니까 말이다.

미국 대학 진학을 원하는 학생은 내신 관리와 봉사 활동 관리가 중요하다. 미국 대학에서는 기본적으로 4년 치 내신 성적을 보기 때문에 정말 괜찮은 대학에 바로 가고 싶다면 중3 때부터 내신 관리를 해야 한다. 물론 우리나라와는 달리 추세도 중시하기 때문에 꾸준히 전체 과목을 공부해야 한다.

재미있는 사실은 큰아들나 작은 딸이 입학에 중요한 에세이를 그런

대로 쉽게 썼다는 것이다. 그리고 그 배경에는 큰아들의 어린 시절 이야기가 있었다.

큰아들은 에세이에 자기가 세 돌이 안 되었을 때 완전 대머리였다는 것, 그래서 아빠가 회사에 사표를 내고 1년 동안 서울대 병원 대머리 클리닉에 데리고 다녔던 것, 해로우스쿨 시험 준비를 하면서 대머리가 되었던 것, 다시 민족사관고에서 공부하느라고 내머리가 되었던 것을 쓰면서 그때의 심정 등을 호소력 있게 언급했던 모양이다.

딸은 에세이를 쓰면서 자기가 생물학을 전공해야 하는 이유로(딸은 그 당시 생화학과 세포생물학 전공을 염두에 두고 있었다. 미국은 약대가 6, 7년제여서 약학은 대학원에서 선택하기 때문이다) 오빠가 대머리였던 사례를 언급했고 그 분야를 심도 있게 연구하고 싶다고 썼다. 그런 이야기가 심사하는 사람들에게 호소력을 가졌던 모양이다. 이 얼마나 우스운 이야기인가?

막내 이야기

　내가 가장 자랑스러워하는 막내. 막내는 약 10년 간 유사자폐증으로 고생한 뒤 평범한 중학교를 졸업했다. 우리는 특목고에 보낼 생각이 없었기 때문에 학원에 보낸 적도 없었다. 그러다가 중학교 2학년말 아이가 다른 아이들과 전혀 어울리지 못한다는 가정 통신문을 접하고는 일반 인문고에 가서는 따돌림 당하기 쉽겠다는 생각이 들었다. 그래서 3학년이 되어서야 부랴부랴 그 애를 외국어고등학교에, 그것도 일반전형으로는 합격할 가능성이 전혀 없으므로(영어는 잘했지만 수학과 국어는 엉망이었다) 영어특기자로 진학시키기로 결심했다.

　그런데 학교 내신이 거의 4등급이어서 공인영어점수로 이를 보충하지 않으면 안 되겠다는 생각이 들었다. 나는 즉시 막내에게 TOEIC 점수를 높이는 데 최고의 교재라 생각되는 《인터내셔널헤럴드트리뷴》을 읽었다. 다행히 막내는 2007년 8월에 있었던 첫 TOEIC 시험에서 990점 만점을 받아 10점의 가산점을 받았다.

영어특기자 전형에서 마지막으로 중요한 것은 영어 에세이 쓰기였다. 나는 큰소리 영어 학습법을 마지막으로 테스트해볼 겸 막내에게 두 달 정도 남은 기간 동안 영어 고전과 형이 남기고 간 영어책을 읽게 하고, 에세이 연습은 시험 보름 전부터 매일 열 개씩 연습을 하자고 했다.

그렇게 두 달이 지나 막내에게 매일 열 개의 에세이 문제를 출제하여 다섯 개는 학교에서 써오도록 하고, 다섯 개는 내 옆에서 쓰게 하며 첨삭 지도를 해주었다.

마침내 시험을 마치고 돌아온 막내는 연습했던 것 중 하나와 비슷한 주제로 에세이 테스트가 출제되었고, 또한 자기가 두 번 읽은 대학생용 「Introduction to Psychology」에서 좋은 예가 있어 인용했다고 이야기했다. 시험 문제는 '내적 동기 부여와 외적 동기 부여'에 대해 기술하는 것이었는데, 그 책에서 읽은 스코틀랜드 교수들의 실험을 인용했다는 것이다. 그래서 상대적으로 쉽게 쓰고 나왔다는 막내의 설명을 들은 나는 다른 준비는 할 필요가 없다고 판단하여 그냥 쉬라고 했다. 그리고 이틀 뒤 명지외고(현 경기외고)에서 합격 소식을 전해왔다.

막내는 명지외고에 진학한 뒤 기숙사 생활을 하면서 다른 아이들과 어울리기 시작했고, 매주 유사자폐에 해당하는 증상을 하나씩 하나씩 떨쳐냈다. 지금은 친구들과 잘 어울릴 뿐 아니라, 가끔 나에게 농담을 던지기도 한다. 지방 중학교에서 100등 정도 하던 아이가 중3 때 시험 준비를 시작하여 첫 TOEIC 시험에서 990점 만점을 받고 외고에 합격한 데 대해 나는 지금도 감사하는 마음을 가진다.

무엇보다도 중요한 것은 막내 역시 학원에 다니지 않고 꾸준히 입으로 공부를 해서 영어의 어순감각을 익혔다는 사실이다. 독서량과 영자신문 구독량을 늘려서 비판적인 사고방식을 갖게 한 점도 입시 성공에 유효했다고 본다.

나는 막내가 유사자폐에서 벗어날 단초를 영국에서 잡았다고 생각하며, 그런 점에서 영국 교육에 고맙게 생각한다. 영국 학교 선생님들은 우리 아이들이 계속 질문을 하도록 격려해주었다. 나중에 학교 선생님을 만났는데 이런 얘기를 들려주었다.

빛의 굴절을 배우는 수업에서 있었던 일이다. 선생님은 유리컵에 물을 넣으면 왜 스푼이 커지고, 빛이 꺾어지는지를 설명하셨던 모양이다. 이때 갑자기 막내가 손을 들고 질문했다.

"선생님, 질문 있는데요?"

"톰, 뭔데?"

"선생님, 컵은 뭘로 만들어요?"

"아, 톰. 정말 좋은 질문을 했다. 너희들도 잘 들어. 바다에 가면 모래가 많지? 그 모래를 규사라고 하는데 그것을 원료로 해서 만드는 거야."

이런 엉뚱한 질문을 한국에서 했다면 반 친구들에게 얼마나 놀림을 받았을까? 아마 거의 모든 친구가 웃음을 터뜨렸을 것이다. 그러나 영국 아이들은 전혀 그렇지 않았다. 오히려 진지한 표정으로 막내와 선생님의 대화를 귀담아들었다. 영국에서 이런 과정을 거친 덕분에 막내는 질문에 대한 두려움을 없앨 수 있었고 자폐에서도 벗어날 수 있었다.

큰아들 이야기

우리 부부는 교육에 극성이 아니었기 때문에 내가 대학원을 마치면 다 함께 한국으로 돌아올 생각이었다. 그런데 큰아들은 생각이 달랐다. 큰아들은 계속 영국에서 공부할 수 있도록 혼자라도 남겨 달라고 조르기 시작했다. 우리 부부는 큰아들의 요구를 완곡하게 거절했지만 큰아들은 집념이 강했다.

2000년 4월 말 가족 모두가 함께한 프랑스 여행조차 따라오지 않고 일제고사를 준비했던 큰아들은 학기를 마칠 때쯤 모든 과목에서 최고점을 받고 영국에서의 잔류를 간절히 부탁했다. 이렇게까지 나오는 큰아들을 이길 수 없어서 '마운트 하우스(Mount House)'라는 기숙 학교에 입학시키고 나머지 가족은 귀국했다.

큰아들은 우리와 떨어져서도 적응을 잘했다. 세 학기 동안 성적이 좋고 미래가 기대된다는 성적표를 연속으로 받아왔다. 게임에 빠졌던 한 학기를 제외하고 말이다. 영국에서는 공부 외에 특기 활동을 적극 권장해서 피아노, 플루트, 수영도 수준급의 실력을 갖추게 되었다. 우리 부부는 아이가 한국에 있었다면 공부에만 찌들었을 텐데 그렇지 않아서 다행이라고 생각했다.

큰아들은 그 좋은 영국 교육 환경에서 계속 공부하기 위하여 또 협상을 해왔다. 윈스턴 처칠 등 6명의 노벨상 수상자를 배출하고, 케임브리지와 옥스퍼드에 전교생의 30~40퍼센트를 입학시키는 '해로우스쿨(Harrow School)'에 합격하면 돈을 대줄 수 있느냐고 물었다. 나는 웹사이트를 통해 큰아들의 말이 맞는지 확인하고 만약 합격하면 돈을 지원하겠다고 약속했다.

문제는 다른 영국 아이들은 시험으로 선발하는 50명 안에 들기 위해 4~5년을 공부하는데, 겨우 1년 3개월만 남은 상황에서 외국인이 합격할 수 있겠느냐였다. 큰아들은 당연히 최선을 다하겠다고 했다.

2002년 3월 초, 결국 해로우스쿨 합격증을 받아낸 아들은 스트레스로 원형탈모증에 걸려 꼴이 말이 아니었다. 그런 아들을 위로할 겸 놀러 간 레고랜드에서 아들이 지어보였던 그 해맑은 웃음을 아직도 잊을 수 없다. 이처럼 놀이 기구 타는 것을 좋아하는 어린 나이임에도 불구하고 원형탈모증에 걸릴 때까지 자신과 싸워 이긴 아들이 대견했다.

가을학기부터 다니기 시작한 해로우스쿨은 큰아들에게 공부 외에도 여러 분야에 흥미를 느끼게 해주었다. 큰아들은 해로우 사격 대표선수로 뽑혀 이튼스쿨과의 경기에 나가기도 했다.

2학년이 되어서는 2학년 중에서 영어 성적 상위 10퍼센트에 드는 기염을 토했다. 날고 긴다는 해로우스쿨 학생들 사이에서 거둔 이 성적은, 제대로 된 영어 학습법은 큰소리 영어 학습법밖에 없다는 사실을 다시 한 번 확신하게 해주었다.

그러나 큰아들의 해로우스쿨 학교생활은 끝까지 이어지지 못했다. 내가 진행하던 사업이 어려워지면서 학비를 대기가 어려워졌기 때문이다. 결국 큰아들은 유학은 2004년에 끝났다. 16살이었던 큰아들은 공부를 마치지 못하고 중간에 한국으로 돌아왔고, 그때 마침 민족사관고등학교에서 편입생을 선발한다는 소식이 들려왔다. 우리 부부는 민족사관고도 해로우스쿨 못지않은 훌륭한 학교이니 시험에 응시하라고 권유했다. 다행히 큰아들은 짧은 준비 과정을 잘 이겨내고 해외반 2학년으로 편입했다.

해외 생활에 익숙해졌기 때문인지 처음에는 큰아들도 민족사관고 생활에 적응하기 힘들어했다. 하지만 2학기가 되자 승부 근성을 회복하고 본격적으로 공부에 집중하기 시작했다. 한 달에 한 번 금요일에 집에 와서 잠을 자고, 일요일 아침 일찍 학교로 돌아가곤 했다.

큰아들은 자기가 영국에서 잘했던 과목을 전략과목으로 삼고 영어, 역사, 생물학, 프랑스 어 등을 집중적으로 공부해 나갔다. 특히 민족사관고 내에서 역사동아리를 만들고 그 동아리를 이끌어나갔다.

큰아들은 민족사관고에서 역사를 가르치는 독일 선생의 수제자라는 이야기를 들을 정도로 역사에서 두각을 나타내었다. 이 독일 선생은 역사를 아주 체계적으로 잘 가르쳤지만 한국 선생들과는 달리 추천서를 써 달라고 부탁하면 있는 그대로 써주는 사람이었다. 그래서 한국 학생들은 그에게 추천서 받기를 꺼렸는데, 나중에 큰아들이 대입원서를 준비할 때는 자발적으로 훌륭한 추천서를 써주었다.

그렇게 7개월을 보내니 바로 고3이 되었다. 고1 학생이 7개월 만에 고3 학생이 되어버린 셈이다. 큰아들은 2005년 5월에 있었던 AP 과목 다섯 개에서 우등을 받았고, 이를 계기로 미국 시험에 자신감을 갖게 되었다. 10월에 있었던 SAT시험에서는 2340점을 받아 민족사관고 남자 수석을 차지했다.

11월이 되어 원서를 쓰게 되자 큰아들은 다시 나와 협상을 해야 했다. 큰아들은 코넬대밖에 안 된다 했고, 나는 하버드, 예일, 프린스턴 중 하나를 원했다. 나는 영국에서 학비로 사용했던 돈과 앞으로 7년 정도 사용할 돈을 상기시키면서 코넬대 정도에 또다시 그 많은 돈을 사용할 수 없음을 명백히 했다. 큰아들은 전년도에 11개 이상의 미국 명문대에 합격한 학생 때문에 한국인 쿼터가 많이 소진되어서 부모들 간에 정기 응시에서는 서너 개 이상의 학교는 쓰지 않기로 했다며, 그런 경우에는 고등학교를 1년 반밖에 다니지 못한 자기는 원서에 쓸 내용이 없어 확실히 합격하기가 어려우니 코넬대가 자기에게 맞는 곳이라고 했다.

우리 부자는 열흘 동안 말없이 지냈다. 재협상은 아들이 먼저 제안

했다. 만약 코넬대 학부에서 자기가 원하는 전공을 하게 해준다면 대학원에서의 전공은 아버지가 원하는 대로 하겠다는 안이었다.

큰아들이 말한 대학원 전공은 로스쿨이었다. 내가 증권회사에서 지켜본 바 대규모 인수합병이나 국가 간 통상문제가 변호사 간에 이루어지는 것을 보고 느낀 것이 있어 아들에게 그런 전공을 하면 좋겠다고 간간히 이야기를 흘려왔던 참이었다.

이 새로운 협상안은 그나마 합리적이라는 생각이 들어 코넬대에 수시 지원을 허락했고 바로 합격했다. 큰아들은 미국에 간 후에 처음으로 다른 아이들과 출발선이 같은 곳에 서게 되었다.

두 번째 학기를 마치고 큰아들이 4.3 만점에 4.0을 받았다고 했을 때 믿기지가 않았다. A+를 거의 주지 않고, 학점이 매우 짜기로 유명한 코넬대에서 4.0이란 점수를 그리 쉽게 주지는 않을 텐데……. 큰아들은 도서관에서 쉬지 않고 공부하다가 허리가 아파 입원했다는 이야기, 반드시 읽어야 하는 600~700쪽 짜리 책을 3~4일간 밤을 세워가며 읽었다는 이야기 등을 해주었고, 나는 내 자식이지만 그 노력에 감탄할 수밖에 없었다.

큰아들은 4학기 동안 아랍어를 수강했는데 영어를 익히듯이 아랍어도 큰소리 영어 학습법으로 익혔더니 아랍어에서도 계속 만점이 나왔다고 했다. 그러면서 아랍어 교수로부터 아랍에 가서 아랍어로 중동사 공부를 하면 어떻겠느냐는 제안을 받았는데 그 제안을 받아들이면 2008년 가을학기에는 요르단으로 가서 아랍어로 16학점을 따야 한다고 했다. 큰아들이 나한테 가도 좋겠냐 했을 때 흔쾌히 승낙했고 아주 좋은 기회라고 격려해주었다.

　2학년을 마치면서 큰아들은 아랍어 최우수학생으로 선정되어 아랍어 학과장으로부터 표창장과 용돈 100불을 받아왔다. 그 뒤 국립요르단대학에서 2008년 가을학기에 중동사 16학점을 마치고, 주요르단 한국대사관내 KOICA(한국대외협력단) 요르단지사에서 교관으로 근무하며 한국에서 봉사 온 사람들을 훈련시키는 일을 했다. (큰아들은 현재 코넬대를 평점 4.0이 넘는 마그나 쿰라우데로 우수 졸업하고 하버드 법학대학원에 진학해 공부하고 있다.)

이 방법으로 배운 많은 학생들

　우리 아이들의 이야기를 들은 사람들의 공통적인 첫 번째 반응은 우리 아이들이 영어에 뛰어난 자질을 가지고 있기 때문이 아니냐는 것이다. 만약 우리 아이 셋만 놓고 본다면 그런 것일 수도 있겠지만, 큰소리 영어 공부반에서 만났던 아이들의 믿지 못할 영어 실력 향상결과를 생각하면 단순히 우리 아이들에게만 효과가 있었던 것은 아니라고 확신한다.

　큰소리 영어 공부반을 시작한 지 얼마 되지 않아 우리 공부반은 다른 학원과 달리 재미있는 소설로 수업을 한다는 소문이 퍼져나갔다. 강도 높은 단어암기 훈련과 큰소리 훈련법이 성적 향상에 효과적이라는 이야기가 퍼지자 순식간에 학생들이 몰리기 시작했다. 실제로 적절한 경쟁과 보상을 통해 학생들을 자극하고 꼼꼼히 과제 수행 여부를 체크하자 학생들의 실력은 단기간에 향상되었다. 결국 내가 운영했던 큰소리 영어 공부반은 1년이 안되어 다니는 학생이 100명이 넘을 정도가 되었다. 그중 몇몇 학생의 이야기를 해보겠다.

초등학교 5학년 김인섭 학생은 숙제로 내주는 양보다 더 많이 녹음을 해와서 나를 즐겁게 해주었는데, 마침내 국내에서 공부한 것만으로 2008년 청심국제중학교에 합격하는 기염을 토했다.

2009년 민족사관고에 합격한 김시우 학생도 인섭이의 경우와 유사했다. 시우는 공부는 엉덩이로 하는 것이라는 사실을 깨달은 학생이었다. 녹음 숙제를 해오라고 하면 항상 내준 양보다 더 많이 해왔고, 단어 시험에서도 당연히 최고 점수를 받았다. 시우도 인섭이와 마찬가지로 유학 한 번 다녀오지 않고 민족사관고에 당당히 합격했다.

이 방법으로 공부했던 대다수의 학생은 영어 실력이 현저히 향상되었다. 물론 공부를 아예 안 하기로 작정한 학생들은 어쩔 수 없이 내가 탈락을 시키거나 스스로 떨어져 나갔다.

공부반이 좁아져서 학원을 개원한 이후에는 전문 프로그램을 개발하고 초등학교 3~6학년 중에서 12명을 선발하여 하루에 6시간, 일주일에 6일 동안, 그리고 6개월에 걸쳐 『찰리와 초콜릿 공장』, 『나니아 연대기』 일곱 권, 『해리포터』 세 권을 읽게 했다. 또 매일 미국 드라마 한 편씩을 보게 하고, 단어 약 5천 개를 암기하도록 하면서 숙제는 내주지 않고 집에서는 쉬게 하는 방식으로 진행했다.

이 프로그램을 따라온 학생들은 단기간에 상당한 수준으로 실력을 끌어올릴 수 있었다. 6학년 진우와 5학년 연지, 4학년 동규는 금세 대학생 상위권 수준에 이르렀고, 우리 학원에 다닌 지 6개월밖에 되지 않은 4학년 혜민이는 어른들이 읽는 영어 성경을 자유롭게 읽어서 온 가족을 깜짝 놀라게 했다. 큰소리 영어 학습법을 정통으로 실시했는데도 결과가 나오지 않는다면 그것이야말로 비정상적이라고 말하고 싶다.

인터넷에서 어떤 사람이 영어 실력을 획기적으로 향상시키는 비결 몇 가지를 올려놓은 글을 본 적이 있다. 그 사람의 입장에서는 아주 타당하게 써놓은 글이었다. 예컨대 문법을 배우지 말라든가, 한국식으로 번역하며 읽지 말라든가 하는 내용들이었다. 나도 그 말이 아주 타당하다고 생각했는데, 그 밑에 달린 댓글을 보니 인신모독으로 가득 차 있었다. "너는 문법을 배웠으니까 문법 없이도 되는 것처럼 이야기하지.", "네가 우리말로 번역을 하지 않는다면 너는 뜻도 모른 채 읽는다는 이야기냐?" 등 다양한 비판이 수백 개나 올라와 있었다.

이렇게 비판하는 사람들은 그 글을 올린 사람의 진정한 뜻을 전혀 이해하지 못하고 악플을 달았을 것이다. 그러나 내 입장에서는 그 사람 말이 당연하고 타당했다. 미국 출장을 다니면서 문법으로 단련된 영어의 무력감을 철저히 느꼈기에 우리 아이들에게는 절대로 영어 문법을 가르치지 않겠다고 결심했고, 10년 이상을 그대로 실천해왔다.

실제로 작은 딸은 고3이었을 때에도 현재분사와 동명사를 구별하지 못했고, 더 깊이 들어가면 나오는 분사구문이나 가정법도 이해하지 못했다. 중3때 첫 TOEIC에서 990점 만점을 받았던 막내도 중학교를 졸업할 때까지 비인칭주어를 이해하지 못했다. 그리고 아마 지금도 모르리라 생각한다.

그러나 작은 딸은 우리말 번역본도 읽기 어려운 버지니아 울프의 『등대』를 원서로 끝까지 읽었으며, 500쪽 이상 되는 책도 부담 없이 소화했다. 내가 『등대』를 읽고 뭘 느꼈느냐고 물었을 때 딸은 의뭉스럽게 "앞으로 다시는 버지니아 울프의 작품은 읽지 말아야겠다고 느꼈어요."라는 대답을 하긴 했지만……. 마찬가지로 막내도 영어 원서들을 부담 없이 읽고 이해했다.

우리 아이들이 문법을 배웠기 때문에 이것이 가능했단 말인가? 아니다. 지금도 우리 아이들은 한국식 영문법이나 한국식 직독직해는 전혀 하지 못한다. 내가 서른여덟 살 이후에 영어를 자유롭게 구사할 수 있게 된 것은, 그리고 훨씬 더 빨리 영어책을 읽을 수 있게 된 것은 그동안 문법공부를 더 했기 때문이 아니다. 문법에 신경을 쓰지 않고 거의 반사적으로 나올 만큼 빨리 읽고 듣는 연습을 했기 때문이다. 작은 딸이 수능 모의고사 영어 과목을 20분 만에 해치웠던 것은 우리말로 번역하지 않고 영어를 바로 영어로 이해했기 때문이다.

마지막으로 다시 한 번 강조한다. 영어를 가장 완벽하게 이해하는 방법은 '큰소리 영어 학습법'에 답이 있다. 문법을 강조하는 한국식 영어교육으로는 아무리 공부해도 빛을 볼 수 없다. 아직 늦지 않았다. 지금이라도 빨리 잘못된 영어 공부 방식을 버리고 올바른 길을 찾기 바란다.

에필로그

영어를 쉽고 재미있게 끝내야 한다!

나는 격정 속에서 이 글을 짧은 시간에 써 내려갔다. 그동안 교육 정책, 행동 과학, 학생 지도, 영어 교육 등에 대한 생각이 많았던지라 글을 쓰는 데 막힘이 없었다. 그만큼 나는 할 말이 많았다.

먼저 나는 내 책으로 인해 상처를 받았을 분들에게 진심으로 위로의 말을 전하고 싶다. 그동안 문법이나 문제풀이 중심으로 영어를 가르쳤던 분들이 마치 무슨 못 할 일을 하는 분들처럼 비쳐졌다면, 그것은 전혀 내 의도가 아니었다는 점을 분명히 하고 싶다. 내가 말하고자 했던 '영어를 쉽고 재미있게 끝내야 한다'는 메시지를 워낙 열정적으로 전달하다가 유탄을 많이 발생시킨 것이라고나 할까.

그러나 그렇다고 해서 그분들이 지금까지의 방식으로 계속 가르쳐도 좋다는 건 아니다. 올바른 방법으로 바뀌어야 한다. 게다가 지금까지 그렇게라도 영어를 가르쳐온 분들이 영어를 새로운 방식으로 익히는 것은 어려운 일이 아니다. 다르게 표현하면 그분들은 다른 분들보다 훨씬 유리한 입장에 있음을 강조하고 싶다. 즉, 영어 수업에 들어가기 전 오늘 수업할 내용을 미리 집에서 3~5회에 큰소리로 읽기만 해도 아이들과 영어로 수업을 진행하는 수준에 도달하기가 어렵지 않다는 얘기다. 그러면 내가 지금까지 강조한 말이 어떤 것인지를 금방 깨달을 수 있을 것이다.

이제 정말 글을 마감할 시점이 된 것 같다.

나는 우리나라 사람이 똑똑하다는 말을 믿는다. 승부 근성도 강하다. 그런 특성을 가졌기 때문에 전자, 조선, 철강, 디스플레이 등 대부분을 일본으로부터 배웠지만 일본을 넘어서지 않았는가? 그런데 일본 사람들보다 우리가 영어를 더 잘한다는 것은 우리들의 착각일 뿐, 다른 나라 사람들은 그렇게 생각하지 않는 것 같다.

나는 언어를 배우기 위해 두 가지가 갖추어져야 한다고 믿는다. '올바른 방법'과 '끈기'를 갖추지 못하면 절대로 다른 언어로 의사 표시를 할 수 없다. 나는 독자 여러분이 이 책을 통해 올바른 영어 학습 방법을 익히고, 나아가 영어를 끝내버리기 바란다.

세상에서 가장 간단한 영어 학습의 비밀
큰소리 영어 학습법 플러스

초판 1쇄 발행 2015년 6월 1일
초판 2쇄 발행 2015년 7월 17일

지은이 곽하림
펴낸이 김선식

경영총괄 김은영
마케팅총괄 최창규
콘텐츠개발3팀장 김서윤 **콘텐츠개발3팀** 이여홍, 김윤실, 최수아
마케팅본부 이주화, 이상혁, 최혜령, 박현미, 반여진, 이소연
경영관리팀 송현주, 윤이경, 권송이, 임해랑
외부스태프 본문디자인 김수미

펴낸곳 다산북스 **출판등록** 2005년 12월 23일 제313-2005-00277호
주소 경기도 파주시 회동길 37-14 3, 4층
전화 02-702-1724(기획편집) 02-6217-1726(마케팅) 02-704-1724(경영관리)
팩스 02-703-2219 **이메일** dasanbooks@dasanbooks.com
홈페이지 www.dasanbooks.com **블로그** blog.naver.com/dasan_books
출력 · 인쇄 (주)현문 **종이** 월드페이퍼(주)

ⓒ 2015, 곽하림
ISBN 979-11-306-0568-5 (13740)

- 책값은 뒤표지에 있습니다.
- 파본은 구입하신 서점에서 교환해드립니다.
- 이 책은 저작권법에 의하여 보호를 받는 저작물이므로 무단 전재와 복제를 금합니다.

> 다산북스(DASANBOOKS)는 독자 여러분의 책에 관한 아이디어와 원고 투고를 기쁜 마음으로 기다리고 있습니다.
> 책 출간을 원하는 아이디어가 있으신 분은 이메일 dasanbooks@dasanbooks.com 또는 다산북스 홈페이지 '투고원고'란으로
> 간단한 개요와 취지, 연락처 등을 보내주세요. 머뭇거리지 말고 문을 두드리세요.